CÓMPLICES DE LA NATURALEZA

CÓMPLICES DE LA NATURALEZA

Soluciones innovadoras para las crisis planetarias

Siddarth Shrikanth

Traducción de Antoni Bosch Domènech

Antoni Bosch ◯ editor

Antoni Bosch editor, S.A.U.
Manacor, 3, 08023, Barcelona
Tel. (+34) 93 206 07 30
info@antonibosch.com
www.antonibosch.com

Título original: *The Case for Nature: Pioneering Solutions for Other Planetary Crises*
Copyright © by Siddarth Shrikanth
© de la traducción: Antoni Bosch Domènech, 2024
© de esta edición: Antoni Bosch editor, S.A.U., 2024

ISBN: 978-84-125631-3-9
Depósito legal: B. 19783-2024

Diseño de la cubierta: Compañía
Maquetación: JesMart
Revisión lingüística y corrección de pruebas: Olga Mairal y Maite Martín
Impresión: Liber Digital, S.L.

MIXTO
Papel | Apoyando la
silvicultura responsable
FSC
www.fsc.org
FSC® C134275

Impreso en España
Printed in Spain

*A aquellos que me precedieron: mi padre, Shrikanth,
su madre, Savitri, y su padre, Thirumurthi.
Su amor eterno por la naturaleza sigue vivo en mí*

Índice

¿Por qué la naturaleza?
¿Por qué ahora?

A nuestra derecha, justo al otro lado del río monzónico, se extendía un bosque sala (shorea robusta), con un zumbido constante de cigarras entre la maleza, solo interrumpido por el insistente canto de un cuco indio. A pocos minutos de donde nos encontrábamos, habíamos visto al nuevo tigre macho dominante en la zona, Neela Nala. Este se pavoneaba en un claro marcando su territorio, mientras los ciervos chitales se dispersaban a su paso.

Al otro lado del río, el paisaje era totalmente distinto: campos de arroz salpicados por las vistosas casas de barro y terracota típicas de las comunidades tribales gond y baiga. En cambio, los tractores y las relucientes motocicletas aparcados en los alrededores representaban la reciente, aunque todavía modesta, prosperidad de gran parte de la India rural.

Hace unas décadas, las dos vistas eran idénticas. En 2022, la diferencia era como de la noche al día. La zona central del célebre Parque Nacional de Kanha, al otro lado del río, se había mantenido prácticamente virgen, lo que favoreció el repunte de las poblaciones de tigres a medida que disminuía la presión de la caza furtiva dentro del parque.

El reto se encontraba en la llamada zona «intermedia», a nuestra izquierda. La reubicación de las aldeas tribales fuera del parque, combinada con el reciente crecimiento económico de la India, propició que los arrozales y las carreteras desplazaran lo que antes había sido un corredor densamente boscoso que conducía hacia las reservas de tigres que se hallan más alejadas. Lo que había sido un ecosistema natural vasto e interconectado a lo largo de las tierras altas de la India central se estaba convirtiendo en un puñado de reservas de vida salvaje diseminadas en un paisaje cada vez más marcado por la presencia humana.

Una semana después, me encontré con un escenario parecido en el centro de Indonesia. Tras haber realizado una serie de emocionantes inmersiones entre mantarrayas y tiburones en el Parque Nacional de Komodo, al salir del mar me topé con el lamentable espectáculo de un dragón de metro y medio que caminaba con cautela sobre los tapones de botella y las bolsas de plástico que llegan a diario a las costas de la isla. Vistas desde arriba, las verdes islas del estrecho de Sape, que están protegidas, contrastan con la pujante ciudad de Labuan Bajo, donde el cemento se ha impuesto en lo que hace unos años era la rica selva del extremo occidental de Flores.

El Parque Nacional de Kanha, un enclave en un paisaje cada vez más agrícola. © Aaran Patel.

Tanto Kanha como Komodo son ejemplos de éxito de una de las primeras oleadas de ecologismo del siglo xx e ilustran una conservación tipo fortaleza, es decir, el intento de definir unas áreas para que sean protegidas activamente y, por lo general, queden libres de la influencia humana. Pero ambos enclaves están chocando ahora con los límites de lo que una conservación tipo fortaleza puede lograr, rodeadas como están de una creciente presión económica. La construcción de infraestructuras, la agricultura, la explotación maderera y la contaminación de todo tipo están minando sus ecosistemas, aunque las zonas centrales sigan estando bien protegidas. Con el telón de fondo de una crisis climática cada vez más grave, corren el riesgo de pasar desapercibidos en medio del bienintencionado cambio de enfoque mundial para hacer frente a las emisiones de gases de efecto invernadero. Sin embargo, la crisis de biodiversidad en la que nos estamos sumiendo es igual de peligrosa y urgente para todos los habitantes del planeta. La India e Indonesia no son los únicos países que están luchando para equilibrar el desarrollo económico y la conservación de su medio natural; para encontrar formas de dar espacio a la naturaleza y, al mismo tiempo, ayudar a su gente a progresar.

Pensando en lugares como estos, con dinámicas locales complejas y prioridades contrapuestas, me propuse escribir este libro para defender la naturaleza: una defensa que apela tanto a la cabeza como al corazón, y que propone un camino radical, esperanzador y pragmático para regenerar nuestro planeta y, de paso, reactivar nuestras economías y sociedades.

Mi argumentación se fundamenta en un conjunto de ideas recientes basadas en el concepto de «capital natural». La base de este enfoque es que, en sí mismo, el mundo natural *no tiene precio*, pero eso no significa que no tenga *valor*. Todos estamos familiarizados con los conceptos de capital financiero, capital humano y capital social. El capital natural es simplemente un marco que nos permite reconocer una parte del valor que obtenemos del mundo natural: nos muestra cómo nuestros activos naturales, como los bosques y los océanos, pueden proporcionar una serie de servicios ecosistémicos que constituyen bienes económicos y sociales. Estos servicios pueden ser tangibles –como el aire limpio, el agua potable, el almacenamiento de carbono, los suelos fértiles o la polinización– o bien valores intangibles de tipo cultural y espiritual que complementan a los primeros. Si queremos cumplir con el imperativo de proteger y restaurar nuestro planeta, no podemos seguir tratando la naturaleza como una maravilla lejana de la que disfrutar ocasionalmente antes de replegarnos de nuevo en nuestra carrera hacia la modernidad: el capital natural sustenta de manera fundamental nuestro bienestar y merece un lugar central en nuestro enfoque económico.

En una economía sacudida una y otra vez por crisis consecutivas, a veces puede parecer que la única alternativa es acabar con el sistema actual y empezar de nuevo, proponiendo el decrecimiento o limitando drásticamente la economía de mercado. Pero el «mercado» no deja de ser una construcción social y un sistema que ha sido gobernado en gran medida por un estrecho conjunto de objetivos financieros. Ahora que el tiempo apremia, creo que debemos hacer un serio esfuerzo por integrar el valor de la naturaleza en el sistema que ya tenemos: un sistema que, afortunadamente, ha permitido un asombroso progreso y ha mejorado el nivel de vida de mucha gente, pero que ha ido demasiado lejos en la destrucción del medioambiente.

Mientras que nuestro objetivo en la lucha contra el cambio climático es la reducción neta a cero de las emisiones de carbono, este libro expone algunas de las maneras en que podemos pasar también a desarrollar una economía «positiva para la naturaleza»: una economía que invierta la pérdida de biodiversidad en todo el mundo y empiece a restaurar los ecosistemas y las comunidades que los gestionan. Esta visión no tiene nada de gradual. Hemos creado esta economía; ahora podemos rehacerla.

Podemos empezar simplemente por ver la naturaleza de otra manera. Espero que las ideas de este libro lleven al lector, como me han llevado a mí, a creer que proteger y restaurar la naturaleza no solo redunda firmemente en nuestro interés económico, sino que también es lo apropiado desde un punto de vista moral y espiritual. Porque la naturaleza debe estar estrechamente ligada a nuestras sociedades, tal como lo está en muchas cosmovisiones indígenas, en lugar de apartada y protegida en fortalezas.

Aunque este libro se centra en qué podemos ganar y cómo hacerlo, no en lo que ya hemos perdido, los elementos básicos del colapso de los ecosistemas son innegables. Desde el intercambio mundial de especies transportadas en nuestros barcos hasta los 375.000 millones de toneladas de dióxido de carbono que hemos vertido a la atmósfera, hemos doblegado el planeta a nuestra voluntad, cambiándolo irrevocablemente. Tanto en la tierra como en el mar, la biodiversidad del planeta se desploma mientras seguimos expandiéndonos, extrayendo, exportando y generando vertidos. Hemos destruido un tercio de los bosques del planeta y, con ellos, numerosas especies. Desde el dodo hasta el leopardo nublado de Formosa, gran parte de la flora y

Un dragón de Komodo vadea entre los plásticos que llegan a diario a las costas de la isla.

la fauna desplazadas del planeta ya solo pueden encontrarse en los gabinetes de curiosidades. Por no hablar de las numerosas especies que siguen en vías de extinción, desde los orangutanes y los rinocerontes negros hasta el león asiático y el delfín del río Yangtsé. Nuestro mundo natural está más domesticado que nunca: el 96 % de la biomasa de mamíferos del planeta lo constituimos nosotros y nuestro ganado, si bien durante los primeros cinco mil años de civilización humana no superábamos el 2 %. Hemos saqueado los mares con la pesca industrial, provocando una reducción sin precedentes de especies, incluso entre algunas antaño muy extendidas; casi el 90 % de las poblaciones mundiales de peces están sobreexplotadas o agotadas. Incluso en el bentos –sobre el que sabemos menos que de la Luna– se dejan sentir los efectos de la humanidad cuando las redes de los pesqueros de arrastre arañan los fondos marinos. Aunque hace tiempo que conocemos los peligros que todo ello entraña, las escorrentías agrícolas, los residuos industriales y los vertidos de petróleo siguen llegando a nuestros mares y ríos, provocando muertes masivas y fomentando la acumulación de compuestos tóxicos. La contaminación por plásticos también afecta los océanos y un remolino de residuos tres veces más grande que Francia se agita ahora en el Pacífico, entorpeciendo y envenenando la vida marina. Nunca antes la biosfera se había visto tan desproporcionadamente afectada por una sola especie.

Todo esto se produce en el contexto del cambio climático, con un rápido calentamiento global. El año 2020 fue el más caluroso de la historia, con temperaturas globales de hasta 1,3 °C por encima de los niveles preindustriales.[1] En los dos últimos años, incendios forestales sin precedentes han calcinado vastas zonas de California, Australia, Indonesia, Europa e incluso Siberia; potentes tormentas han causado estragos tanto en el Caribe como en el Indo-Pacífico. Pakistán ha sufrido las peores inundaciones de su historia, mientras la sequía se apoderaba de China y la hambruna, del Cuerno de África. Incluso el seguidor más despreocupado de los acontecimientos mundiales está ya al corriente de todo ello, pero pocos lo exponen con tanta crudeza como David Wallace-Wells en su libro *The Uninhabitable Earth* (*El planeta inhóspito*, Debate, 2020).

Contra la idea de que hemos entrado en una «nueva normalidad», escribe, «la verdad es en realidad mucho más aterradora [...] Es decir, es el fin de lo normal, que nunca más será normal. Ya hemos salido de las condiciones medioambientales que permitieron al animal humano evolucionar [...] el sistema climático que nos vio crecer y que vio crecer todo lo que conocemos como cultura y civilización humanas, como un padre, está muerto».[2] Es difícil culpar a Wallace-Wells de catastrofista. Su argumento básico es acertado; de hecho, eso es lo que indican los modelos climáticos sobre la situación actual.

«Este es el verano más cálido que has vivido, y el más frío del resto de tu vida», declara un meme muy compartido. El humor negro puede ser el último recurso en tiempos como estos, pero creo que hay razones para ser cautelosamente optimistas, incluso si las probabilidades siguen siendo pequeñas. En relación con el cambio climático, los años transcurridos desde los Acuerdos de París de 2015 se han caracterizado por una serie de importantes reformulaciones del tono y las iniciativas con los Gobiernos y por las empresas que abordan el reto del carbono. Decenas de Gobiernos se han comprometido a lograr emisiones netas cero para 2050 o alrededor de esa fecha, un compromiso que incluye fuertes recortes de las emisiones (cerrar el grifo) y el aumento de la eliminación natural y artificial del carbono (vaciar la «bañera atmosférica»). Las políticas actuales nos sitúan en torno a los 2,7 °C de calentamiento por encima de los niveles preindustriales a finales de siglo, lo que sigue siendo catastrófico, pero está muy por debajo de los 4 °C que parecían casi seguros antes de París.[3] Como señala el propio Wallace-Wells, solo eso ya es motivo de esperanza: un mundo con un calentamiento de cuatro o seis grados sería increíblemente peor que un mundo con un calentamiento de dos grados y pico desde el punto de vista de la magnitud del colapso social que provocaría.

Sin duda, todavía nos queda mucho por hacer para limitar el calentamiento a 1,5 o 2 °C, y parece que no dejamos de dar pasos atrás, a la vista, por ejemplo, de las consecuencias sobre el mercado energético de la invasión de Ucrania o de la elección de negacionistas del clima y fundamentalistas del libre mercado para muchas posiciones de poder. Pero, al menos, nuestros pasos positivos en la reducción de las emisiones de carbono se están acelerando, aunque sea de forma tardía.

Lamentablemente, no puede decirse lo mismo de la crisis de la biodiversidad. A pesar de toda la atención que reciben las reuniones anuales sobre el clima, como la de París en 2015 o la de Glasgow en

2021, poca gente se da cuenta de que, desde hace décadas, un conjunto paralelo de reuniones mundiales sobre biodiversidad reclama soluciones con escaso éxito. La última reunión, que debía celebrarse en Kunming (China) en 2020, se aplazó dos veces; y se diría que casi nadie reparó en ello. Detrás de estos destinos divergentes hay un origen común: tanto la Convención Marco de las Naciones Unidas sobre el Cambio Climático como el Convenio sobre la Diversidad Biológica se concibieron en la Cumbre de la Tierra celebrada en Río en 1992, anunciada entonces como la conferencia que iba a salvar el mundo.

Tres décadas después, sigue siendo necesario un mayor reconocimiento de la profunda interrelación de las crisis de la biodiversidad y las del clima. La lucha contra el cambio climático no puede llevarse a cabo sin combatir ciertas formas de agricultura, además de la deforestación, que actualmente son responsables de una quinta parte de las emisiones mundiales, así como sin restaurar los sumideros naturales (bosques, humedales, turberas y similares), que pueden invertir el calentamiento al absorber miles de millones de toneladas de carbono. El cambio climático, a su vez, está acelerando el colapso de la biodiversidad de la Tierra a medida que las especies de todo el mundo luchan por adaptarse.

Pero, en los años transcurridos desde Río, la agenda de la reducción de las emisiones de carbono ha ido ganando terreno a la de la biodiversidad, a medida que las empresas y los Gobiernos han ido fijando, sin prisa pero sin pausa, objetivos de reducción del carbono a cero, invirtiendo en energías renovables y apostando por nuevas tecnologías relacionadas con el clima. Me anima que decenas de compañeros estén desarrollando carreras profesionales centradas en abordar la crisis climática. Christiana Figueres, exsecretaria ejecutiva de la Convención Marco de las Naciones Unidas sobre el Cambio Climático –y posiblemente la principal negociadora del mundo sobre el clima, que durante años lideró las acciones diplomáticas que culminaron en los Acuerdos de París sobre el Clima de 2015–, comentó en una entrevista que en las más de dos décadas que llevaba trabajando en asuntos relacionados con el clima había visto un aumento espectacular de las carreras profesionales vinculadas a este tema. «Antes conocía a todo el mundo que trabajaba en el tema del clima pero ahora ya no –me dijo–. Y eso es maravilloso [...]. Cada nueva generación aporta nuevas habilidades, nuevos puntos de vista, una capacidad renovada para comprometerse con un tema tan complejo. Estoy encantada de que haya tanta gente nueva pensando sobre el clima, y especialmente tantos jóvenes».

En mi caso, decidí centrar este libro en la naturaleza en parte porque me di cuenta de que los que me rodeaban –los líderes, actuales o futuros, del mundo de la empresa, la tecnología o la política– estaban despertando por fin al reto energético-climático, mientras que a menudo parecían ignorar el alcance y la importancia de la crisis de la biodiversidad. Nunca fue por falta de interés: si el cambio climático es ahora el tema de muchas carreras profesionales, la naturaleza sigue siendo el reino de nuestras pasiones más verdaderas. Cuando hablo de mi amor por la naturaleza, mis compañeros y colegas se entusiasman. «A mí también me encanta la naturaleza [...] Me lo pasé genial en [tal o cual parque nacional, bosque o mar]», oigo una y otra vez. Siempre encuentro a alguien con quien comentar nuestras inmersiones y excursiones; todos valoran la sensación de paz que aporta un paseo por un espacio verde.

Este es, en mi opinión, el legado en gran medida positivo del movimiento de conservación de la naturaleza, que ha enseñado ya a diversas generaciones a mirar la naturaleza con asombro y amor. Un buen ejemplo de ello es la creación de parques nacionales como los de Kanha y Komodo en todo el mundo a lo largo de la década de 1990 (aunque a menudo con la violenta exclusión de los pueblos indígenas, volveremos sobre este tema más adelante), o también el haber conseguido proteger a un puñado de especies carismáticas, así como otros logros tácticos notables. La pasión de los seres humanos por el mundo natural se ha canalizado en un argumento poderoso y principalmente ético a favor de la conservación. La lógica, por decirlo en términos deliberadamente reduccionistas, es clara y en un primer momento puede resultar convincente: debemos reservar zonas para que las plantas y los animales prosperen, y para que nosotros podamos maravillarnos al visitarlas, mientras nuestras sociedades y nuestras economías continúan precipitándose hacia la modernidad.

No es de extrañar, pues, que en muchas de estas conversaciones se hable de la naturaleza como algo separado de la vida moderna, típicamente urbana, del *Homo economicus*. Cuando planteo la idea de que también podría tener sentido valorar e invertir en la naturaleza, suelo recibir miradas de perplejidad de personas que tienen muy claro que la creciente crisis climática es una amenaza directa y real para nuestras economías y sociedades. Personas firmemente convencidas de que luchar por el clima redunda en nuestro interés económico, incluso desde un punto de vista egoísta. Fue este tipo de posturas lo que provocó una cascada de nuevos compromisos sobre el carbono (junto con las inversiones de miles de millones que los acompañaron) en los años transcurridos desde Río y París.

En cada una de esas conversaciones, aprendo algo de nuestro fracaso colectivo a la hora de comunicar la urgencia de esta «otra» crisis y la necesidad de sacar a la naturaleza del reino de lo agradable y colocarla en el universo de las cuestiones existenciales. Para continuar la labor que se inició con la primera oleada de preocupación por el medioambiente, cada vez tengo más claro que tenemos que defender la naturaleza de forma más amplia y profunda; elevar el capital *natural,* junto con su primo –igualmente olvidado–, el capital *humano,* al mismo nivel de importancia que el capital financiero que tan bien conocemos.

«En el caso de la energía, tenemos modelos económicos convincentes que se han desarrollado a lo largo de muchos años [...] Ahora existe una lógica de mercado, con un modelo de negocio rentable –explicó Figueres–. El problema con las soluciones orientadas hacia la naturaleza, a diferencia de las soluciones basadas en la energía, es que no hay un modelo económico porque aún no hemos acordado una valoración en términos de naturaleza del carbono de caminar, volar, nadar o crecer».

El éxito que hemos tenido al describir el reto climático en términos económicos es, en última instancia, la razón por la que este no es un libro sobre el reto energético-climático. Aunque en los capítulos siguientes exploro los numerosos vínculos entre la crisis climática y la defensa de la naturaleza, esta merece un tratamiento independiente para describir las nuevas formas radicales en que se valoran por fin las formas de vida que vuelan, crecen o nadan. Y en los pocos casos en que llegar al cero neto de carbono y la construcción de una economía positiva hacia la naturaleza entren en conflicto –por ejemplo, la extracción de minerales en zonas ecológicamente sensibles o la ubicación de líneas de transmisión–, quiero que ambas partes sean tenidas en cuenta para que, si deben establecerse compromisos, estos puedan debatirse honestamente y definirse con transparencia.

Con palabras que siguen siendo tan pertinentes y escalofriantes como en 1985, un participante lanzó la siguiente advertencia en una conferencia pública organizada por la ONU en los años previos a Río. «Habláis muy poco de la vida –dijo–. Habláis demasiado de supervivencia. Es muy importante recordar que solo cuando se acaban las posibilidades de vida empiezan las posibilidades de supervivencia. Y hay pueblos aquí, en Brasil, especialmente en la región amazónica, que todavía viven [...] [y que] no quieren bajar al nivel de la supervivencia».[4]

Incluso si fuera posible utilizar la geoingeniería para paliar los efectos de un planeta que se calienta mientras ignoramos la extinción masiva en el mundo natural (que no lo es), esas palabras continuarían siendo instructivas. Porque ese camino solo nos ofrecería supervivencia, sin vida. La lucha contra el cambio climático es, por sí sola, la defensa de la supervivencia humana; la defensa de la naturaleza es, en última instancia, la defensa paralela de un planeta vivo en el que merezca la pena vivir.

La declaración de intenciones del título de este libro oculta cierta complejidad, ya que, en última instancia, existen varias maneras de argumentar a favor de la naturaleza. Estudiosos mucho más cualificados que yo han explorado, desde hace décadas, los argumentos económicos para preservar la naturaleza y la noción de «capital natural»; activistas y artistas llevan siglos defendiendo la naturaleza de forma intrínseca, y existen tradiciones espirituales que llevan milenios apelando a ideales superiores en relación con la naturaleza. Sin embargo, durante demasiado tiempo se ha considerado que todos estos argumentos estaban desconectados, o incluso que estaban en conflicto, cuando en realidad todos forman parte de una poderosa e indivisible defensa de la naturaleza.

Desde que empecé a investigar para este libro en 2020, mi propio pensamiento ha evolucionado. Empecé suponiendo que los argumentos intrínsecos ya se habían expuesto suficientemente bien. Creía que habían llegado a un público amplio y cada vez más receptivo, quizá como un reflejo de la burbuja de conciencia medioambiental en la que vivo y trabajo. Tras cientos de conversaciones, incluso con personas que no estaban de acuerdo conmigo, cambié de opinión: llegué a la conclusión de que ambas motivaciones, la económica y la intrínseca, merecían mucha más atención.

Para poner mis cartas sobre la mesa: el argumento intrínseco por sí solo siempre ha sido más que suficiente para mí. Crecí en una familia de conservacionistas de la India, impregnada de una cultura que valoraba la naturaleza y la minimización del sufrimiento ecológico en sí mismos. Mi abuela y mi padre fueron durante años voluntarios en Blue Cross, y pasaban parte de su tiempo cuidando animales heridos para que recuperaran la salud; mi madre encontró su propio camino para apoyar la conservación de la naturaleza a través de su pasión por la fotografía de la vida salvaje. Mientras investigaba para escribir este libro, me acordé a menudo de la necesidad profundamente importante y complementaria de cultivar el amor y el respeto por la naturaleza, y quizá incluso una relación espiritual con el mundo natural. Muchos han defendido este tipo de argumento de forma persuasiva a través de sus escritos, sus películas y sus estudios.

Dicho esto, gran parte de lo que sigue se centra en los argumentos económicos a favor de la naturaleza.

Por un lado, es, con mucho, el conjunto de argumentos menos comprendido, incluso en los círculos ecologistas en los que yo y quizá usted nos movemos. A pesar de que investigadores y profesionales llevan décadas esforzándose por comprender el valor de la naturaleza para el bienestar humano, las ideas en las que se basa el capital natural solo han saltado ocasionalmente del mundo académico y de las ONG al lenguaje común. En los casos en que se debaten, como en el reciente aumento del interés por las soluciones naturales para el clima, la utilidad de la naturaleza suele considerarse de forma limitada (por ejemplo, en la plantación de árboles para reducir la contaminación por carbono). Por eso, al reunir una serie de ejemplos empresariales y describirlos en términos accesibles y sin jerga, espero dar vida al concepto de capital natural como un todo integrado que es mayor que la suma de sus partes.

También tengo que admitir una urgencia de la que no puedo librarme. El mundo ya industrializado, tras haberse dedicado a saquear durante varios siglos, nos ofrece a las generaciones presentes y futuras un conjunto de paisajes terrestres y marinos peligrosamente denudado. Pero la tarea es aún más urgente en el mundo en vías de desarrollo: me refiero a países como la India e Indonesia, con poblaciones en aumento que albergan legítimas aspiraciones económicas. Está muy bien pedir a los consumidores de las ciudades ricas que paguen más por productos respetuosos con la naturaleza. Otra cosa muy distinta es esperar que las comunidades que viven en entornos naturales –y que normalmente los administran– renuncien a sus vías extractivas de prosperidad sin facilitarles otras mejores en su lugar. Qué tragedia sería que se vieran obligados a seguir el mismo camino que Occidente, expiando tardíamente sus pecados décadas después, cuando los tigres y los dragones de Komodo no sean más que recuerdos lejanos. Si la disminución de las cosechas, las inundaciones históricas y los incendios forestales cada vez más frecuentes son señales de alarma que estos países no pueden ignorar, entonces los modelos de restauración del entorno natural que al mismo tiempo tengan sentido desde el punto de vista económico merecen una atención inmediata.

Y, más allá de la relativa novedad y la urgencia absoluta de los argumentos a favor de la naturaleza, lo que me ha animado a escribir este libro son las nuevas posibilidades que ofrecen las innovaciones tecnológicas y financieras con las que he entrado en contacto durante mis años de estudiante, empresario e inversor en este campo. Como veremos, ahora somos capaces de controlar los ecosistemas con una precisión increíble, creando la confianza y la transparencia sobre las que se construyen todos los mercados que funcionan bien. Estamos remodelando las herramientas de las altas finanzas para canalizar la financiación hacia la protección y la restauración, en lugar de hacia la destrucción. Estas innovaciones hacen posible invertir en la naturaleza para obtener beneficios financieros y sociales. Aunque no todos estos proyectos alcanzarán la escala suficiente, todos ellos me dan una inmensa esperanza. Esta vez parece que va en serio.

* * *

Los capítulos siguientes se adentran en las numerosas y apasionantes formas en que este imperativo económico a favor de la naturaleza está cobrando vida. Veremos cómo los manglares de Colombia nos ayudan a hacer frente al cambio climático al valorar sus servicios en la reducción de carbono; cómo las comunidades de Fiyi protegen la vida marina mediante el ecoturismo sostenible; cómo los agricultores de muchos países demuestran que la recuperación de la salud del suelo y de los ecosistemas puede aportar seguridad alimentaria y garantizar el sustento, y cómo las ciudades de todo el mundo se están volviendo más seguras, más frescas y más habitables al acoger la naturaleza, en lugar de dejarla fuera.

En el pasado, estos esfuerzos solían encallar cuando se trataba de traducir estos nobles ideales a modelos de negocio tangibles, capaces de medir y valorar la contribución económica de la naturaleza. Hoy en día, disponemos de herramientas extraordinarias que hacen que este reto sea eminentemente solucionable; además de la teoría del capital natural, también exploraremos los instrumentos tecnológicos y financieros que están aportando confianza y escala a los nuevos mercados medioambientales.

No he pretendido incluir en el libro una lista exhaustiva de los estudios importantes sobre esta cuestión, tal como haría un libro de texto. He tenido la suerte de poder escribir de manera flexible, aprendiendo sobre la marcha, permitiendo que cada nueva entrevista y visita sobre el terreno me condujeran a nuevos hallazgos e interrogantes. Algunos capítulos, como el dedicado al ecoturismo, se prestaban de forma natural a ser examinados a través de la lente de (mis propias) experiencias personales. Otros, como el capítulo sobre los mercados de carbono, exigían una inmersión más profunda en los fundamentos científicos y técnicos. En cada capítulo trato de poner de relieve las distintas vertientes de los intensos debates alrededor de los diversos planteamientos, y de aportar mi propia perspectiva al respecto.

También debo aclarar de antemano que los argumentos «económicos» o «empresariales» a los que me refiero no son patrimonio exclusivo de las empresas; como veremos, los Gobiernos pueden invertir en la naturaleza en nombre de sus ciudadanos, y de hecho lo hacen, y suelen poner a disposición de la gente los bienes públicos que surgen. No se trata de argumentos en aras al beneficio privado, sino de la lógica económica, la fuerza motriz que, para bien o para mal, anima nuestras economías y sociedades. En un mundo así, sigo creyendo firmemente que la naturaleza merece tener su propio lugar en la mesa de las finanzas si queremos evitar relegar la flora y la fauna a un mosaico cada vez más reducido de zonas protegidas al margen de la economía moderna o, lo que es lo mismo, convertirlas finalmente en piezas de museo. Pero la lógica económica, por muy aplicable que sea, solo puede llegar hasta cierto punto; cada argumento que presento se basa también en un conjunto de motivaciones subyacentes e intrínsecas a favor de regenerar nuestro sufrido planeta. Quizá el capítulo que más me ha hecho reflexionar y del que más he aprendido ha sido el dedicado a las visiones indígenas sobre la naturaleza. Solo arañando la superficie del profundo legado de sabiduría que atesoran las culturas indígenas, comprendí que abordar las crisis de la biodiversidad y del clima exigía una nueva concepción de nuestra propia relación con el planeta. Mi investigación me llevó a replantearme la estructura del libro, porque me di cuenta de que esta defensa espiritual de la naturaleza, arraigada en tiempos remotos, es una parte importante pero olvidada del problema más amplio de la biodiversidad. Espero de todo corazón haberle hecho justicia, aunque soy consciente de que mi comprensión y mi lenguaje probablemente tengan limitaciones, impregnados como están del paradigma occidental.

Animo a los lectores a que, a medida que exploren la variedad de ejemplos de este libro, formulen y pongan a prueba sus propias perspectivas. Por ejemplo, puede que usted termine este viaje más convencido del potencial de la agricultura regenerativa que del éxito a largo plazo de los mercados de carbono, con mayor confianza en el poder de la tecnología que en la promesa de la innovación financiera para lograr los cambios deseados. En general, yo he llegado a creer en el potencial de cada uno de estos argumentos, pero invito a todo el mundo a considerar el contenido de estas páginas como una muestra de cuanto se está haciendo en el mundo, a evaluarlo con una dosis de sano escepticismo, y a que hagan lo mismo con lo que lean en otros lugares, pues lo mejor es que sigan explorando estos temas a través de otros libros, artículos y documentales, y que, en última instancia, decidan por sí mismos. Sea cual sea la conclusión a la que lleguen, espero que al concluir esta lectura se sientan mejor informados, más esperanzados y más motivados para defender, a su manera, la naturaleza.

Le pregunté a Christiana Figueres qué había detrás de su «optimismo obstinado» sobre nuestra capacidad para hacer frente a esta emergencia creada por nosotros mismos. «Lo que me da esperanza es ver que, a pesar de nuestras estúpidas acciones, la naturaleza sigue teniendo una capacidad de recuperación increíble. Ver que en el momento en que le quitamos presión a la naturaleza, ella tiende a recuperar su fuerza», me contestó con su característico estilo, antes de continuar charlando sobre el éxito de su Costa Rica natal para revertir la deforestación y desarrollar una próspera economía del turismo basada en la naturaleza como principal fuente de ingresos. Ver cómo las poblaciones de animales salvajes se iban recuperando le pareció asombroso, «porque la naturaleza podría haber decidido hace mucho tiempo que somos tan idiotas que no nos va a aguantar más. El hecho de que aún nos tolere es de una increíble generosidad».

En efecto. En los dos años que he pasado investigando para escribir este libro, he encontrado más razones para el optimismo de las que podría haber imaginado cuando me puse en marcha. Estoy encantado de poder compartirlas con los lectores. Entremos en materia.

Un aliado natural en la lucha contra el cambio climático

«¿Y bien? –preguntó Jhon, chasqueando los dedos por encima del sonido del motor–. ¿La magia de la ciénaga también te ha seducido?». Mientras mi anfitrión dirigía nuestro barco por la brillante superficie del agua, admití que estaba entusiasmado. Estábamos en la impresionante costa caribeña de Colombia, adentrándonos a toda velocidad en un vasto humedal, con agua hasta donde alcanzaba la vista. Mi mente divagaba, reflexionando sobre la variedad de ecosistemas maravillosos que han hecho que este país se encuentre en la lista de lugares que todo amante de la naturaleza desea visitar.

Colombia, situada en la encrucijada de América, alberga la exuberante selva tropical que constituye el flanco occidental de la selva amazónica. Menos conocidas son las diversas praderas del Páramo, azotadas por el viento, en lo alto de los Andes colombianos. «Tal vez en ningún lugar se puedan encontrar reunidas en tan poco espacio, manifestaciones tan hermosas y notables en lo que respecta a la geografía de las plantas», escribió Alexander von Humboldt, el gran polímata y naturalista prusiano. Más del 80 % de las especies del Páramo son endémicas, no se ven en ningún otro lugar del planeta.

Había llegado a la soleada costa norte, donde las montañas se adentran en el mar y los nebulosos bosques se encuentran a pocos kilómetros de las playas de arena blanca. También es donde el Magdalena –el caudaloso río que recorre el país y que ha definido su historia desde la época precolombina– se ralentiza antes de abrirse paso en un vasto mosaico de humedales, ciénagas y manglares.

Había viajado hasta allí para entender el papel protagonista que esas ciénagas están desempeñando en el intento de aprovechar los mercados de carbono para financiar la conservación y restauración de la naturaleza. Los humedales de manglares son tremendamente ricos en carbono: además de ofrecer protección contra las inundaciones y otros muchos beneficios al ecosistema, sus suelos húmedos y sus árboles almacenan grandes cantidades de carbono. Pero las tierras costeras que ocupan los manglares suelen estar muy cotizadas. No es de extrañar, pues, que hayan sufrido los estragos del desarrollo en todo el mundo. La costa colombiana no es una excepción.

Hace solo dos generaciones, estos humedales caribeños estaban abiertos al mar; las aguas del estuario rebosaban vida, y no eran raros los manatíes y los jaguares, como escribe Wade Davis en *Magdalena*, su original y muy amena historia de Colombia vista a través de la perspectiva de su mayor río. Decenas de especies de peces desovaban al abrigo de los manglares antes de adentrarse en aguas más abiertas para proporcionar abundantes capturas a pescadores como los antepasados de Jhon.

Después, una tormenta perfecta de capitalismo y autoritarismo se apoderó de Colombia, y esto trajo consigo el desarrollo de infraestructuras, la agricultura intensiva y la tala de árboles que fueron devastando sin cesar los manglares. En Cispatá, al oeste, los espesos manglares de antaño se fueron degradando gravemente. Sin embargo, en cierta ocasión, mientras conducía hacia el este por la carretera costera hacia Santa Marta para reunirme con Jhon, observé un signo muy visible de lo que aquejaba a estos ecosistemas. Al pasar Barranquilla, la carretera se convierte en una franja de asfalto de dos carriles sobre lo que parece ser un banco de arena flanqueado por vastas extensiones de agua a ambos lados. A la izquierda, por supuesto, está el brillante mar Caribe. Pero a la derecha está la Ciénaga Grande de Santa Marta –la mayor de las ciénagas–, aislada del océano por la carretera.

La carretera se construyó en los años cincuenta, convirtiendo un ecosistema mareal abierto en un lago cerrado. Más tarde, las plantaciones de plátanos absorbieron gran parte del agua dulce, dejando que decenas de miles de hectáreas de manglares se marchitaran. Los conductos construidos posteriormente por debajo de la autopista apenas sirvieron para restablecer el flujo natural del agua, y las poblaciones de peces no dejaron de disminuir durante décadas. A finales de la década de 1990 hubo un rayo de esperanza, cuando un aguacero torrencial hizo que las presas río arriba se desbordaran y se restauró de forma natural parte del humedal; aun así, este se encontraba lejos de su antigua gloria.

Pero incluso la degradada ciénaga era impresionantemente bella y parecía no tener fin. Al cabo de una hora de viaje, llegamos a Buenavista y Nueva Venecia, dos pueblos construidos sobre pilares en lo más profundo de los humedales. Nos recibió la famosa cumbia de la región y Zenit, una *mamo* o matriarca que recordaba cómo había sido aquel paisaje, salió a nuestro encuentro.

«¡Cuando era niña –nos contó Zenit–, el agua estaba tan llena de peces que bastaba con meter las manos en la ciénaga para poder comer! Los manglares todavía nos lo dan todo», añadió señalando las tablas del suelo de su casa y los peces de su cocina. «Me encantaría que volvieran a ser como cuando éramos jóvenes, ¡pero alguien tiene que pagar por ello! Mientras tanto, no se nos puede culpar por intentar sobrevivir». Los planes del Gobierno para financiar la restauración de la ciénaga habían surtido algún efecto, pero los programas seguían adoleciendo de una escasez crónica de fondos.

Prácticamente todo el mundo está de acuerdo en que estos valiosos humedales son fundamentales para las comunidades locales, la conservación del medioambiente y el clima en general. Los Gobiernos nacionales y regionales, cortos de dinero, han podido hacer poco en la mayoría de los casos. Los propietarios privados, cuando los hay, suelen dar otros usos a lo que muchas veces es una propiedad privilegiada frente al mar. Y, aunque muchos pueblos indígenas y locales son los guardianes de estos ecosistemas, ¿quién puede culparlos por vivir de la tierra?

Ahora, por fin, los mercados de carbono empiezan a valorar el servicio ecosistémico que prestan estos manglares: concretamente, su capacidad para almacenar carbono y estabilizar el clima. Con mis visitas a Cispatá, el primer proyecto de «carbono azul» del mundo, y a la Ciénaga Grande, un proyecto mucho mayor en la costa, esperaba ver de primera mano lo que los mercados de carbono habían empezado a hacer en el primer caso, y lo que permitirían conseguir en el segundo.

Los mercados de carbono distan mucho de ser perfectos, como veremos. Pero representan un punto de entrada real y cada vez más viable para pagar la protección y restauración de manglares como el que visité aquella mañana, y de los bosques y praderas que no podemos permitirnos perder. Si se hace bien, la financiación del carbono por parte de empresas y Gobiernos puede recuperar el entorno y, a la vez, crear medios de vida para las comunidades locales como la de Zenit, que están ansiosas por proteger estos paisajes pero que exigen, y con razón, los frutos económicos de su trabajo.

Las soluciones climáticas naturales son aquellas que aprovechan el extraordinario poder de la naturaleza para estabilizar el clima. Los estudios estiman que la restauración de los ecosistemas naturales podría ayudar a absorber un tercio de las emisiones netas mundiales previstas hasta 2050.[1] Ese ambicioso objetivo se basaría en el incansable servicio que ya prestan los sumideros de carbono terrestres y marítimos del mundo, que absorben más de 20 gigatoneladas de carbono cada año.[2] La crisis climática sería mucho más peligrosa si no fuera por la capacidad natural del planeta para amortiguar el aumento de las emisiones.

Pero milenios de actividad humana han deteriorado el mundo natural. Los arqueólogos han descubierto que los humanos ya transformaron el planeta con la caza, la recolección y la agricultura hace 3.000 años.[3] Esta tendencia se aceleró de forma dramática con el advenimiento del colonialismo y la revolución industrial.

En la actualidad, el Fondo Mundial para la Naturaleza (WWF, por sus siglas en inglés) calcula que solo una cuarta parte de la superficie terrestre del planeta está libre del impacto humano, cifra que se reducirá al 10 % en 2050 si las tendencias actuales se mantienen.[4] Debemos invertir estas tendencias y restaurar la naturaleza si queremos proteger y ampliar la capacidad innata de la Tierra para retener el carbono y moderar el clima global.

Al lector se le podría perdonar pensar que este potencial de restauración se limita a zonas tropicales como las de Colombia. Nada más lejos de la realidad; de hecho, los ecosistemas de Norteamérica y Europa se han alejado más de sus antiguos estados salvajes que cualquier otro lugar de la Tierra. El hecho de que la destrucción se haya producido antes y de forma más generalizada no significa que estas regiones no sean también muy prometedoras como sumideros naturales de carbono.

Puede que nos guste la idea de restaurar la naturaleza, pero ¿no es acaso la captura tecnológica del carbono una apuesta más segura y, en cierto modo, más sencilla a largo plazo? La captura de carbono puede adoptar muchas formas y es cierto que las soluciones tecnológicas tienden a ser más duraderas: una vez que el carbono se almacena geológicamente, es poco probable que vuelva a liberarse durante cientos o miles de años.

Cada vez hay más soluciones de ingeniería, como las máquinas de captura directa del aire –que extraen el carbono directamente de la atmósfera– y los métodos que se basan en procesos geológicos, como la meteorización de rocas trituradas para capturar el carbono gracias a una reacción química con el dióxido de carbono de la atmósfera. También existen soluciones híbridas que utilizan la biomasa natural –como los residuos de madera– y la convierten en carbono estable y de larga vida en forma de biocarbón o bioaceite con ayuda de la tecnología de pirólisis.

Pero, aunque los investigadores y las empresas de nueva creación están trabajando en una amplia gama de soluciones tecnológicas, todavía queda mucho camino por recorrer antes de que estén listas para un uso generalizado. La captura directa de carbono en el aire, la mejora de la meteorización de las rocas y otros métodos similares son actualmente muy caros, ya que cuestan entre quinientos y mil dólares por tonelada de CO_2 eliminada. Aunque se han capturado y pagado algunos miles de toneladas, estas soluciones están lejos de alcanzar la escala de las gigatoneladas que necesitamos. A todos nos interesa invertir ahora en esta tecnología para reducir los costes a niveles manejables de unos cien dólares por tonelada.

Una serie de planes innovadores, desde el compromiso de empresas como Stripe para pagar la eliminación de carbono de alto coste hasta generosos créditos fiscales como los de la Ley de Reducción de la Inflación de 2022 que se promulgó en Estados Unidos, están ayudando a impulsar este mercado. Pero aún faltan una o dos décadas para lograr unos costes más bajos y unos volúmenes significativos. Nada lo ilustra mejor que el ambicioso objetivo que se ha fijado Climeworks, una empresa líder en captura directa de carbono en el aire: capturar un millón de toneladas en 2030. Teniendo en cuenta que la primera planta de la empresa en Islandia podía capturar 4.000 toneladas en 2022, conseguirlo requerirá una inversión de miles de millones de dólares e importantes avances en ingeniería.

Aunque puede resultar tentador pensar que la tecnología y la naturaleza están reñidas, la realidad es que, dada la urgencia y la envergadura de la tarea que tenemos entre manos, necesitamos ambos extremos de ese espectro y todo lo que hay en medio.

No podemos esperar a que se amplíen las soluciones tecnológicas. Afortunadamente, ya tenemos una forma de absorber carbono y almacenarlo durante décadas, si no siglos, por una fracción mínima de su precio actual. Los ecosistemas naturales del planeta –sus bosques, humedales y praderas– son nuestros mejores aliados, al menos a corto plazo, en nuestra carrera por limitar el catastrófico cambio climático. Las cifras son asombrosas: solo el proyecto piloto de Cispatá habrá eliminado un millón de toneladas de carbono en sus treinta años de existencia.[5]

En el resto de este capítulo, básicamente analizo las soluciones climáticas basadas en proteger y restaurar los ecosistemas. No lo hago para restar importancia al inmenso potencial de la eliminación tecnológica del carbono, sino para centrarme en las soluciones que pueden impulsar paralelamente la acción sobre el clima y la protección de la naturaleza. Quiero demostrar que invertir hoy en nuestros ecosistemas es un argumento económico de peso, incluso mientras seguimos apostando con audacia por tecnologías transformadoras de las que esperamos depender en décadas futuras.

Veamos con más detalle los mercados de carbono para comprender cómo pueden ayudar a financiar nuestros objetivos de protección y restauración de los ecosistemas. Estos mercados –mecanismos que permiten la compraventa de créditos (unidades de reducción o eliminación de carbono)– surgieron como respuesta al desafío climático. En la actualidad, el mundo emite el equivalente a 52.000 millones de toneladas de CO_2 al año.[6] El dióxido de carbono es responsable de aproximadamente dos tercios de esa cifra, mientras que el resto corresponde al metano y otros gases de efecto invernadero. Ni siquiera la pandemia del covid alteró esa cifra; las emisiones de CO_2 equivalente (CO_2e) cayeron alrededor de un 7 % en 2020, pero repuntaron rápidamente hasta la tendencia anterior a la crisis en 2021. Sabemos que el mundo necesita pasar a un nivel de cero emisiones netas de carbono en 2050, o idealmente antes, para evitar un cambio climático catastrófico. Por desgracia, el informe de la ONU sobre el exceso de emisiones deja claro que no vamos por buen camino.[7] Las emisiones de gases de efecto invernadero aumentarán a 59 gigatoneladas en 2030 si seguimos como hasta ahora. Habrá que hacer grandes cambios para eliminar las emisiones de carbono de nuestra forma de fabricar, de desplazarnos y de alimentar al mundo.

El objetivo es el cero neto, pero eso no significa que tengamos que llegar al cero absoluto de emisiones de carbono en todo el sistema económico (un objetivo aún más ambicioso que pocos creen factible). Mientras científicos y empresarios se apresuran a eliminar las emisiones de carbono en vastos sectores de la economía, desde la generación de electricidad al transporte, es probable que siempre haya emisiones que sean demasiado difíciles de evitar por completo o cuya eliminación absoluta resulte demasiado cara. En un mundo con emisiones netas cero en 2050, es posible que las emisiones de carbono de la aviación de larga distancia o la producción de cemento aún no se hayan eliminado por completo. Minimizar las emisiones allí donde podamos es una tarea urgente y esencial, pero la parte restante tendrá que equilibrarse extrayendo carbono de la atmósfera y encerrándolo en sumideros de carbono.

Aquí es donde entran en juego las compensaciones de carbono, tanto ahora como para ese futuro mundo con emisiones netas cero. En teoría, debería ser posible compensar en otros lugares cada tonelada de CO_2e emitido en algún sitio. Después de todo, el dióxido de carbono, a diferencia de otras formas de contaminación, se dispersa por todo el mundo una vez emitido. Una tonelada de dióxido de carbono emitido por una central eléctrica de carbón en Texas, por ejemplo, entrará en la atmósfera terrestre y permanecerá en ella durante siglos, lo que supondrá una cantidad concreta de potencial calentamiento adicional. El metano, en cambio, es mucho más potente, pero no permanece tanto tiempo en la atmósfera. Los científicos comparan los distintos gases que contribuyen al efecto invernadero en equivalentes de CO_2, o CO_2e, cotejando su contribución al calentamiento con una tonelada representativa de CO_2. Así, una tonelada de metano producida en una granja lechera de Gales representaría aproximadamente 25 toneladas de CO_2e, que podemos comparar con los daños causados por la chimenea de Texas.

Los contaminadores, ya sean granjas lecheras o empresas tecnológicas, pueden compensar sus emisiones de dos maneras: pueden pagar para evitar emisiones equivalentes que de otro modo se habrían producido (emisiones evitadas), o para financiar la extracción física de gases de efecto invernadero directamente de la atmósfera (eliminación de carbono).

Ambos modos son de vital importancia. Solo la deforestación es responsable del 10 % de las emisiones mundiales de gases de efecto invernadero, ya que los árboles se talan o queman y los suelos forestales, antes ricos, se secan y pierden carbono. Necesitamos reducir urgentemente a cero las nuevas emisiones derivadas de la deforestación y la degradación del paisaje, y el dinero que pueda lograrlo en ausencia de una regulación pública perfecta es, sin duda, bienvenido.

Pero también es cierto que, en un mundo con emisiones netas cero, necesitaremos capturar nuevas toneladas de carbono para equilibrar esas últimas toneladas de emisiones que persistirán. No bastará, por tanto, con evitar las emisiones futuras derivadas de la deforestación y similares; tendremos que restaurar los sumideros de carbono anteriormente activos y crear otros nuevos. Como veremos más adelante, hay dos cosas que ayudan a reducir la complejidad de los mercados de carbono. En primer lugar, centrarse en el lado de la oferta para garantizar que los impactos sobre el terreno sean reales, fiables y beneficiosos para la naturaleza y las comunidades. En segundo lugar, animar a los actores del lado de la demanda, normalmente grandes empresas, a compensar sus emisiones inevitables solo a través de créditos de alta calidad, en los que se puedan hacer verificaciones rigurosas de su impacto, mientras siguen tratando de reducir enérgicamente al mismo tiempo sus emisiones evitables.

Aunque los conocimientos científicos sobre la captura de carbono en la naturaleza mejoran día a día, el arte de convertir estas acciones en créditos fiables, que permitan cobrar por ello, es igual de importante.

Pensemos en la distinción que acabamos de hacer entre créditos de evitación y de eliminación. Históricamente, la mayoría de los créditos basados en la naturaleza han sido del primer tipo: pagar para proteger ecosistemas razonablemente sanos que de otro modo podrían estar en peligro, en lugar de restaurar activamente zonas degradadas. ¿Cómo podemos saber si se han producido realmente los impactos sobre el carbono, derivados, por ejemplo, de la protección de un bosque o de la restauración de un prado? Ambos tipos de créditos deben ser verificados, normalmente por terceros. Los proveedores de créditos pueden adherirse a cualquiera de los diversos conjuntos de normas de uso generalizado, cada uno de los cuales les da derecho a acceder a diferentes «mercados» de estos créditos en todo el mundo.

A grandes rasgos, estos mercados pueden dividirse en dos. Los primeros, llamados «mercados de cumplimiento», han sido creados por Gobiernos u organismos internacionales para incentivar la reducción de las emisiones de carbono. La Unión Europea y el estado de California, por ejemplo, han establecido sistemas de *cap-and-trade*, por los que los grandes emisores, como las centrales eléctricas y las industrias siderúrgicas, reciben asignaciones anuales de emisiones. Estos límites se establecen para incentivar a las empresas a reducir sus emisiones utilizando combustibles más limpios o depurando los gases que salen de sus chimeneas. Si se mantienen por debajo del límite anual de emisiones, que disminuye con el tiempo, estas empresas no pagan nada. Pero no siempre funciona así: a veces los emisores consideran que los límites son demasiado caros o difíciles de cumplir desde el punto de vista técnico. Ahí es donde entra en juego la parte «comercial» de un sistema de *cap-and-trade*, que permite el comercio de derechos de emisión con la fijación previa de unos límites máximos.

Los mercados de cumplimiento permiten a los contaminadores compensar su excesiva contaminación comprando derechos de emisión a otras entidades que han logrado reducciones mayores de las previstas. Este tipo de sistemas de fijación de precios del carbono, o impuestos sobre el carbono como los de Sudáfrica o Suecia, se han extendido a docenas de países y contribuyeron a regular casi una cuarta parte de las emisiones mundiales en 2020.[8] No todos permiten a los emisores comprar créditos basados en actuaciones directas sobre la naturaleza, pero algunos sí. La Unión Europea, por ejemplo, no permite que los créditos basados en la naturaleza sustituyan a los derechos de emisión; las entidades reguladas en el mercado de California, en cambio, pueden compensar una pequeña proporción de sus emisiones (entre el 4 % y el 6 %) comprando créditos forestales certificados.[9]

Mientras los mercados de cumplimiento pueden considerarse un freno para los contaminadores más grandes y tradicionales, los mercados voluntarios han surgido para servir a un conjunto diferente de compradores. Desde los particulares que quieren compensar el impacto de sus vuelos hasta las grandes empresas que desean reducir las emisiones de carbono de su consumo de electricidad o los desplazamientos de sus empleados, los mercados voluntarios, por pequeños que sean en la actualidad, han sido un importante catalizador de las soluciones climáticas basadas en la naturaleza. Administrados por organismos sin ánimo de lucro como Verra, Gold Standard o el American Carbon Registry, se basan en una red de verificadores independientes para garantizar que las reducciones realmente se llevan a cabo.

¿Cuánto cuesta un crédito de carbono? En los mercados de cumplimiento negociados, los créditos deberían denominarse «derechos de emisión» (dada la obligatoriedad de los límites que se imponen), y su precio suele determinarse tal como se haría en una bolsa de valores. Compradores y vendedores intercambian créditos, y los precios suben o bajan en función de la demanda, sujetos, por supuesto, a unos precios mínimos que puedan fijar los Gobiernos para garantizar que los precios del carbono no bajen demasiado durante las recesiones o los períodos de volatilidad del mercado. A mediados de 2022, el precio de los derechos de emisión regulados en el régimen de comercio de derechos de emisión de la Unión Europea oscilaba entre 80 y 90 euros, tras haber experimentado una fuerte subida desde los 25 euros de finales de 2020.

El mercado voluntario es un poco más salvaje, aunque los Gobiernos de todo el mundo están empezando a regularlo a medida que los mercados voluntarios y de cumplimiento se van integrando. Por ahora, compradores y vendedores intercambian compensaciones directamente o a través de una red de intermediarios que se extiende por todo el mundo. Los precios pueden negociarse por proyecto o bien los créditos pueden agruparse en una cartera y venderse. Los precios de las compensaciones basadas en la naturaleza en estos mercados rondaban los diez dólares por tonelada a mediados de 2022, pero pueden llegar a los veinte-cuarenta dólares por tonelada si ofrecen absorciones, en lugar de emisiones evitadas, o dan lugar a «beneficios colaterales» como la biodiversidad o la creación de puestos de trabajo para las comunidades locales. Los precios de ambos tipos de créditos han subido desde el año 2020.

Si estos precios siguen pareciendo bajos es porque lo son. La naturaleza, incluso en el extremo superior de ese intervalo, permite captación de carbono a entre una décima y una cincuentava parte del coste actual de la captura tecnológica de carbono. Los mercados de carbono pueden canalizar un dinero valioso hacia la financiación de la conservación en algunas de las zonas más pobres y/o con mayor biodiversidad del mundo. Pero, como ocurre con todo, se obtiene un beneficio en función de lo que se paga, como veremos cuando analicemos los problemas relativos a la calidad en la segunda mitad de este capítulo.

Los mercados de carbono pueden parecer una solución abstracta y extrañamente tecnocrática a los retos reales e hiperlocales de proteger y restaurar los ecosistemas. De hecho, poner en marcha estos proyectos exige trabajar sobre el terreno, ya que es necesario combinar estudios de campo con la participación de las comunidades locales y la gestión a largo plazo. En última instancia, los mercados de carbono ayudan a sufragar todas estas actividades, pero los proyectos más rigurosos, como el que visité en Colombia, se aseguran de implicar desde el principio a todas las partes interesadas.

En Colombia, los promotores del proyecto de carbono empezaron en los manglares de Cispatá. El proyecto piloto, denominado Vida Manglar, reunió a las comunidades locales y al Gobierno, a ONG como Conservation International, a la agencia de investigación costera INVEMAR y al gigante tecnológico Apple.

El equipo científico tenía mucho trabajo por delante. ¿Cómo se mide el carbono almacenado en un humedal? En el caso de los árboles, el trabajo suele ser más fácil. Tenemos buenos modelos, perfeccionados durante décadas, del carbono almacenado en la madera del tronco. En los humedales, gran parte del carbono se almacena bajo tierra, en esos suelos ricos y limosos, unidos por manglares, hierbas y sus redes de raíces infinitamente ramificadas. Los científicos extrajeron tierra a tres metros de profundidad en varios puntos de los pantanos y la enviaron a los laboratorios para analizarla. Llegaron a la conclusión de que hasta cuatro quintas partes de todo el carbono natural del humedal estaba bajo tierra y, esencialmente, bajo el agua, lo que justifica sobradamente el apelativo de «carbono azul» que se aplica a las soluciones climáticas en humedales, zonas costeras y mar abierto. Restaurar y proteger el humedal de Cispatá –una pequeña fracción de un ecosistema más amplio– eliminaría un millón de toneladas de CO_2 atmosférico en treinta años. Y ahí es donde entran en juego los mercados de carbono, que empaquetan esas futuras reducciones de emisiones en forma de créditos de carbono y los venden a particulares o empresas que quieren compensar las emisiones que están produciendo y que son incapaces de evitar.

Un equipo inspecciona el humedal degradado de Cispatá, en Colombia.
© Daniel Uribe, cortesía del autor.

Paula Sierra, de INVEMAR, el instituto de investigación costera que había realizado el trabajo científico para el programa piloto, ayudó a diseñar el proyecto en colaboración con los habitantes del humedal: «Nos animó ver el entusiasmo y el apoyo de las comunidades locales, y creamos puestos de trabajo bien remunerados al tiempo que protegíamos un ecosistema crítico». Estos empleos incluían los trabajos físicos de restauración de la red hidrológica de la zona, los trabajos que involucraban a la comunidad para ayudar a reducir la deforestación y las tareas de seguimiento a lo largo del tiempo. También me dijo que los programas del Gobierno en la zona protegida estaban ahora mejor financiados: «Los créditos de carbono han sido un salvavidas y casi han duplicado el presupuesto de restauración disponible».

La restauración de los manglares se pone en marcha en Cispatá.
Cortesía de María Claudia Diazgranados.

En otros proyectos de reducción de emisiones, en ecosistemas tan variados como los bosques peruanos o la sabana tanzana, se han tomado medidas similares para canalizar el dinero hacia las comunidades en forma de educación, sanidad o financiación de infraestructuras. La proporción de ingresos por créditos de carbono que se paga realmente a las comunidades en forma de puestos de trabajo, planes comunitarios o dinero en efectivo puede ser un buen indicador del grado de compromiso y participación local. Al fin y al cabo, se trata tanto de una cuestión de desarrollo económico como de ecología. Unos meses después de mi viaje, Conservation International anunció que se habían vendido todos los créditos de Cispatá y que más del 92 % de los ingresos se habían destinado al plan de conservación del proyecto y a las comunidades locales.[10] Pero Cispatá era solo el principio;

Paula y sus colegas ya soñaban con algo más grande: «La Ciénaga Grande es veinte veces mayor que Cispatá. Si ese primer proyecto pudo reducir un millón de toneladas de carbono, imagínense lo que podríamos hacer si lo ampliásemos a toda la costa».

Créditos de carbono

Los mercados de carbono pueden ayudar a valorar y mejorar el almacenamiento natural de carbono, pero ¿cómo saber cuándo un crédito es bueno? ¿Qué criterios podemos utilizar para asegurarnos de que un crédito representa una unidad real y mensurable de carbono evitado o eliminado que puede ayudar a compensar emisiones que de momento son inevitables? *(Lea esta sección si quiere tener las herramientas necesarias para separar el grano de la paja o, si lo prefiere, sáltesela de momento y vuelva a ella más tarde).*

El primer criterio es la adicionalidad, para demostrar que un proyecto de carbono ha ido más allá de lo habitual. En pocas palabras, la adicionalidad refleja el grado en que un crédito de carbono ha incentivado una acción que de otro modo no se habría producido. Una noción relacionada es el punto de partida: la estimación más precisa posible de lo que habría ocurrido en ausencia de un crédito; establecer este escenario contrario nos permite juzgar el impacto de un proyecto de carbono.

En el caso de los proyectos de evitación, puede resultar especialmente difícil establecer el punto de partida. ¿Cómo saber lo que habría ocurrido con un determinado bosque en ausencia del proyecto? En estos casos, los promotores y verificadores deben hacer una previsión conservadora de la deforestación que se habría producido. Una previsión de referencia conservadora podría presuponer cierta mejora de la deforestación general en la próxima década, comparar bosques de otros lugares que no estuvieran adscritos a programas de crédito, o introducir variables adicionales como los precios de los cultivos o de la madera, que a menudo pueden predecir futuras tasas de deforestación.

Los puntos de partida de los proyectos de eliminación de carbono son más sencillos. Los promotores suelen buscar tierras que durante décadas han sido explotadas intensivamente o deforestadas y abandonadas. Los proyectos de eliminación implican pagar a los administradores de la zona para que almacenen carbono en los árboles (mediante reforestación o agrosilvicultura) o bien en el suelo (mediante agricultura regenerativa).

En cualquier caso, con el apoyo de las nuevas tecnologías, el campo está evolucionando hacia puntos de partida dinámicos, en lugar de fijos, en función de lo que ocurra realmente en las zonas circundantes a medida que pase el tiempo.

Lo siguiente que hay que tener en cuenta son las fugas, para estar razonablemente seguros de que el proyecto está deteniendo realmente la destrucción, y no simplemente desplazándola a lugares cercanos que carecen de protección.

Además de colaborar estrechamente con los responsables políticos locales y nacionales, otra forma de atajar las fugas es ampliar la escala de actuación. Las empresas madereras y mineras pueden salirse con la suya trasladando su destrucción a otras partes de la misma localidad o provincia, pero esta actividad seguiría detectándose si observásemos las tasas de deforestación en jurisdicciones enteras. Los créditos «jurisdiccionales» son distintos de los basados en proyectos: en principio, recompensan el progreso en comunidades o países enteros, y los beneficios se reparten entre Gobiernos, promotores privados y la sociedad civil. Los proyectos individuales pueden encajar en un enfoque jurisdiccional para garantizar la coordinación entre la acción local y las aspiraciones nacionales. Aún quedan importantes cuestiones por resolver a nivel internacional sobre los créditos jurisdiccionales, pero representan una forma de reducir el riesgo de fugas.

Una vez más, las fugas son menos preocupantes cuando se trata de proyectos de restauración; es poco probable que pagar para replantar un manglar degradado desplace la destrucción a otro lugar, puesto que la degradación ya se ha producido.

En tercer lugar, tenemos que emitir un juicio sobre la durabilidad de la reducción de carbono, también conocida como *permanencia*.

Ningún ecosistema es realmente permanente en escalas de tiempo geológicas. Pero aún no tenemos que preocuparnos por escalas temporales de un millón de años; tenemos un problema mucho más acuciante que necesita una solución inmediata. Mientras averiguamos cómo escalar la captura y el almacenamiento tecnológicos permanentes de carbono, necesitamos realmente actuar en los medios naturales en las próximas dos décadas –y quizá hasta finales de siglo– para evitar una catástrofe inminente.

Los plazos de diez, treinta o cien años son las promesas de durabilidad más habituales en los proyectos forestales o de terrenos. Además de conseguir la aceptación de la comunidad, los promotores suelen garantizar la durabilidad estableciendo estructuras jurídicas, como arrendamientos de tierras a largo plazo y contratos con condiciones que mantienen un ecosistema recién restaurado durante un período definido. Algunos han intentado prescindir de los contratos a largo plazo, calculando en su lugar cuántos años de almacenamiento temporal de carbono equivalen esencialmente a una captura «permanente». El debate aún no ha concluido, pero este tipo de contabilidad de «toneladas-año» ya se utiliza en proyectos como el de NCX, una empresa emergente del mercado de carbono, para convencer a los silvicultores de que aplacen las talas y almacenen más carbono en sus árboles.

¿Y qué pasa con otros riesgos que no pueden eliminarse, como la amenaza de incendios forestales? Los proyectos de carbono se aseguran contra pérdidas inesperadas reservando una parte de los créditos (normalmente entre el 10 % y el 20 %) en un «fondo de reserva». Los fondos de reserva no permiten hacer frente a las pérdidas totales, por lo que algunos ecosistemas –como los bosques del oeste de Estados Unidos, donde los incendios son habituales– pueden no ser los apropiados para proyectos de reducción de emisiones a cien años. Paralelamente, los aseguradores se están introduciendo en el mercado voluntario del carbono para ayudar a proteger a los compradores. Por último, un enfoque de cartera de inversión puede diversificar el riesgo.

La naturaleza es un sistema dinámico. Los ecosistemas crecen, retroceden y cambian a lo largo de los años: todo forma parte del flujo ecológico. Lo importante es que algunos dólares saquen carbono de la atmósfera y empiecen a circularlo por la red alimentaria a escalas significativas. Si, dentro de unas décadas, la captura natural de carbono acaba siendo sustituida por la captura tecnológica, nos quedarán al menos unos ecosistemas naturales dinámicos que merecerá la pena proteger por los otros muchos beneficios que aportan.

Por último, necesitamos supervisar y verificar los proyectos de carbono para asegurarnos de que se cumplen las promesas.

¿Cómo podemos confiar en que los créditos sean adicionales y permanentes? De la misma manera que cuando se nos pide que confiemos en que las cuentas de una empresa son honestas: acudiendo a auditores que garanticen que se cumplen las condiciones. En el mercado voluntario, los créditos de carbono natural suelen estar certificados por una de las diversas organizaciones sin ánimo de lucro que establecen las normas, como Verra o el American Carbon Registry. Los créditos que aspiran a entrar en mercados gestionados por los Gobiernos, como el de California, deben cumplir también sus respectivas normas.

El proceso no solo parece complejo, sino que además lo es. Como consecuencia, los costes fijos pueden ser elevados, y los métodos tradicionales de verificación no proporcionan datos en tiempo real ni con mucha frecuencia. Afortunadamente, como veremos más adelante, estamos empezando a desarrollar nuevos equipos de control, así como conjuntos de datos y programas informáticos muy mejorados que pueden ayudar al ejército de auditores de la naturaleza que trabajan sobre el terreno. Estas herramientas nos permitirán verificar con un nivel de confianza sin precedentes que los ecosistemas se gestionan y restauran según lo previsto.

Por último, una clase emergente de entidades independientes está ayudando a garantizar la honradez de los verificadores, al igual que hacen Human Rights Watch o Reporteros sin Fronteras en sus respectivos ámbitos. CarbonPlan, una organización sin ánimo de lucro dedicada a la investigación del mercado de carbono, ha realizado evaluaciones independientes de transacciones de compensación, como las de Microsoft y Stripe. Aún queda mucho por hacer. Según la organización, «los mercados privados actuales no ofrecen el nivel de transparencia necesario para investigar a fondo estas iniciativas, lo que dificulta y encarece la selección para quienes buscan resultados de calidad».[11] A medida que el mercado crece, iniciativas como la de CarbonPlan impulsan la capacidad de verificación independiente y la transparencia.

Si los mercados de carbono son tan buena idea y sabemos lo que buscamos, ¿qué los frena? Las críticas han planteado preguntas importantes; examinemos ahora algunos de estos retos y cómo superarlos.

¿Podemos fiarnos realmente de los créditos de carbono?

La confianza es algo que uno debe ganarse. Desgraciadamente, el mercado de créditos basados en la naturaleza no siempre ha hecho un buen trabajo a la hora de generar confianza en las métricas de adicionalidad, fuga, permanencia y verificación. Los primeros sistemas de créditos basados en la naturaleza fueron criticados por pagar la protección de los bosques en lugares como Camboya y la India sin supervisar los proyectos, que se veían sometidos a enormes presiones para continuar con las talas o expandir las explotaciones agrarias circundantes. Algunos de los créditos se certificaron en el marco de la Reducción de Emisiones por Deforestación y Degradación de los Bosques (UN-REDD) de la ONU, un programa bienintencionado pero con carencias cuyas lagunas en lo tocante a la supervisión erosionaron colectivamente la confianza. Además de ignorar la destrucción sin ambages de bosques protegidos, los cálculos de las emisiones evitadas también han sido objeto de críticas por establecer bases de referencia poco realistas. Grupos conservacionistas y Gobiernos de diferentes países han reclamado créditos de carbono para zonas de bosques vírgenes que ya habían sido protegidas por iniciativas legislativas.

Cabe señalar que el precio, la adicionalidad, las fugas y la durabilidad suelen estar correlacionados. Los proyectos menos adicionales –los más baratos y los que establecen las bases de referencia más deficientes– suelen ser los que menos probabilidades tienen de generar efectos duraderos y de calidad en la reducción de emisiones de carbono.

Estos errores del pasado deberían servir de advertencia. Afortunadamente, los actuales créditos han mejorado y están demostrando que existe un camino más esperanzador. Para empezar, los principales certificadores de créditos voluntarios han endurecido sus criterios y se han establecido controles más frecuentes para mejorar la confianza en el sistema. Se han creado nuevos organismos, como el Consejo de Integridad y la iniciativa de Integridad de Mercados Voluntarios de Carbono, para reunir a las partes interesadas y llegar a un consenso sobre la aplicación de normas más estrictas.

Impulsados por el acuerdo sobre un reglamento internacional de compraventa de derechos de emisión alcanzado en la cumbre del clima COP26, los sistemas de certificación están adoptando enfoques jurisdiccionales que integran los créditos en objetivos climáticos nacionales más amplios. La coalición LEAF –lanzada en la Cumbre de Líderes del Clima de 2021 por el Reino Unido, Estados Unidos y Noruega– utiliza una nueva norma jurisdiccional para la protección de los bosques tropicales, con docenas de países participando en conversaciones exploratorias. En ambos contextos, los puntos de partida de la deforestación se están fijando de una forma mucho más conservadora y basada en datos reales. Mientras tanto, crece el interés por los proyectos de extracción, que no sufren los problemas de establecer las bases de referencia. Y, lo que es más importante, los compradores más expertos empiezan a darse cuenta de que no todos los créditos son iguales, ni siquiera en este nuevo mundo tan mejorado. Los grandes compradores privados hacen sus propias investigaciones sobre los proyectos, eliminando los que no están cumpliendo y contribuyendo a elevar el nivel general.

El sistema dista mucho de ser perfecto. Pero haber estado bajo la lupa de periodistas y activistas durante la última década ha sido positivo para los vendedores escrupulosos, los compradores exigentes y el planeta. La confianza se está construyendo de forma lenta pero segura.

¿No son los créditos de carbono una carta de libertad para los contaminadores?

Los detractores de permitir compensar las emisiones de carbono argumentan que el sistema ofrece vía libre a las empresas contaminantes y a los particulares que viajan en avión. ¿Por qué molestarse en reducir las emisiones si pueden compensarlas? No es una preocupación baladí, pero una combinación convincente de presión pública y progreso tecnológico está contribuyendo a mitigarla. Compradores con principios están demostrando que es posible reducir drásticamente las emisiones de carbono y, al mismo tiempo, construir un mercado de créditos de carbono basado en la naturaleza que sea de alta calidad y pueda ser verificado rigurosamente.

Microsoft es uno de ellos. La empresa empezó fijando un precio interno del carbono de quince dólares por tonelada, cobrando a sus departamentos por las emisiones de los viajes en avión y similares. Los ingresos obtenidos, más fondos adicionales, se han reinvertido en proyectos de energía limpia y de residuos cero; en 2025, todas las compras directas de energía procederán de fuentes renovables. Los servidores de Microsoft son cada vez más eficientes, al igual que sus edificios.

Microsoft se presenta hoy como «neutra en carbono», pero reconoce las limitaciones de ese término. «Como la mayoría de las empresas neutras en carbono, Microsoft ha conseguido dicha neutralidad principalmente invirtiendo en compensar sus emisiones en lugar de eliminar carbono emitido. Por eso estamos cambiando nuestro enfoque. En pocas palabras, la neutralidad no es suficiente para hacer frente a las necesidades del mundo», admitieron los responsables de la empresa en 2020. Y añadieron: «Aunque es imperativo que sigamos evitando emisiones, y estas inversiones siguen siendo importantes, vemos la necesidad acuciante de empezar a eliminar carbono de la atmósfera, algo que creemos que podemos ayudar a conseguir a través de nuestras inversiones».[12] Desde entonces, Microsoft ha liderado el establecimiento de un objetivo de reducción de las emisiones de carbono con la Iniciativa de Objetivos Basados en la Ciencia, un marco a través del cual las empresas pueden tratar de alinear sus emisiones con el objetivo de limitar el calentamiento global a 1,5 °C.[13] Además de reducir drásticamente sus emisiones directas, la empresa se ha comprometido a reducir sus emisiones de carbono para 2030, lo que significa que eliminará físicamente más carbono del que emite mediante la compra de créditos de emisión. Microsoft ya ha comenzado a apoyar el floreciente mercado de carbono mediante la compra de una cartera de créditos de eliminación de alta calidad en una serie de proyectos. Al publicar de forma transparente todas las propuestas y compras, y hacer públicas las lecciones aprendidas, Microsoft está liderando el camino para demostrar que los créditos pueden ser herramientas valiosas en la lucha contra el cambio climático, en lugar de ser un comodín para continuar contaminando.[14]

Tendremos que seguir presionando para que más empresas adopten un enfoque como el de Microsoft. Para ello, habrá que establecer barreras para contener a las empresas que constituyen el lado de la «demanda» del mercado, además de continuar con los esfuerzos que estamos realizando del lado de la «oferta» para aumentar la integridad de los propios créditos. Para conseguirlo, habrá que distinguir entre las empresas que fijan objetivos basados en la ciencia y los cumplen, y las que podrían estar tratando de maquillar su imagen para poder presentarse como «verdes» invirtiendo en créditos de baja calidad. Las declaraciones públicas que hacen las empresas son importantes, sobre todo cuando compran créditos de carbono naturales que evitan el carbono, en vez de eliminarlo. En lugar de calificarse como «neutrales en carbono», deben definirse con afirmaciones más matizadas, como que están «compensando» las emisiones o «apoyando a los administradores de los ecosistemas». La eliminación de carbono podría permitir afirmar con mayor rotundidad que se están «neutralizando» las emisiones. La distinción entre términos como *compensación* y *neutralización* puede parecer una nimiedad, pero el lenguaje importa. La precisión es positiva para los propios compradores porque puede evitar las críticas del *greenwashing* o ecoblanqueo. También necesitamos una transparencia radical para generar confianza en todo el sistema. El escrutinio en sí no es malo. Siempre habrá quien se oponga a los mercados de carbono por principios, pero muchos de los que critican los créditos de mala calidad prestan un valioso servicio al planeta. Acoger las críticas constructivas y actuar en consecuencia contribuirá a reforzar los mercados de carbono. En cualquier caso, los únicos compradores creíbles son los que pueden demostrar que están haciendo todo lo posible para reducir las emisiones internas y de su cadena de suministro.

Los compradores que utilizan los créditos como una herramienta más merecen nuestro apoyo. Los que solo aparentan ser verdes se merecen con razón la mala prensa que reciben. Meterlos a todos en el mismo saco no beneficia a nadie, y menos aún a los valiosos ecosistemas a los que les vendrían muy bien esos dólares del carbono.

Los compradores siempre deben apuntar más alto, sobre todo cuando se encuentran en posiciones de privilegio. A nivel personal, yo mismo compenso mis emisiones con una cartera de créditos de alta calidad para la eliminación natural del carbono. En parte lo hago para acallar la duda siempre presente en mi mente sobre si cada crédito representa realmente una tonelada completa de dióxido de carbono, pero sobre todo sabiendo que pasarse no es malo. Los Gobiernos y las empresas deberían sentirse obligados a ir más allá de lo estrictamente necesario, y quizá incluso empezar a reducir sus huellas históricas de carbono además de recortar las emisiones presentes y futuras.

¿Son los proyectos de carbono justos desde el punto de vista medioambiental? ¿Participan las comunidades locales e indígenas en los beneficios?

La justicia medioambiental —garantizar que los beneficios financieros y de otro tipo se reparten equitativamente— es una dimensión de vital importancia que hay que tener en cuenta a la hora de plantear cualquier tipo de argumento económico a favor de la naturaleza. Muchos proyectos de carbono forestal de principios de la década de 2000 no consultaron adecuadamente a las comunidades locales e indígenas, lo que provocó una reacción comprensible y la sensación de que actores mundiales anónimos se estaban aprovechando de grupos marginados. Quienes tienen el poder deben garantizar que todas las partes interesadas participen en estos proyectos y compartan los beneficios. De hecho, tales esfuerzos pueden garantizar la longevidad de los proyectos y contribuir a reforzar los deseos de permanencia.

El equipo de Vida Manglar, por ejemplo, colaboró estrechamente con los dirigentes locales para implantar un sistema transparente de reparto de beneficios. A cambio, las comunidades aceptaron dividir la zona en veintitrés secciones y aplicar un sistema rotativo de explotación sostenible, de modo que cada sección contara con una década o más para recuperarse de la tala. Por supuesto, la tala cero sería ideal para el ecosistema, pero preservar los derechos de las comunidades a hacer un uso de bajo impacto es un elemento importante de los proyectos sostenibles de carbono, aunque ello implique generar menos créditos.

Cada vez más, los promotores de los mejores proyectos adoptan un enfoque centrado en la comunidad local, conscientes como son de los crecientes llamamientos a la justicia medioambiental en los mercados de carbono. Las comunidades locales lideran cada vez más proyectos de carbono, como veremos más adelante cuando analicemos cómo los masáis de Kenia están mejorando sus tierras mediante la tecnología y la financiación del carbono. Al dedicar la mayor parte de los ingresos del carbono a mejoras en la propia comunidad e implicar a los locales para que decidan cómo se gasta ese dinero, los promotores de la reducción de las emisiones de carbono están cultivando la humildad y la paciencia que necesitarán para evitar los escollos de la primera oleada de proyectos de carbono.

Tras siglos sin valorar la naturaleza, los mercados de carbono nos ofrecen una vía prometedora para corregir un fallo del mercado de proporciones planetarias. Así que, a pesar de la complejidad inherente a los ecosistemas naturales, no podemos permitirnos que lo perfecto sea enemigo de lo bueno. Como hemos visto, los créditos más baratos representan poco más que promesas vacías; los mejores están marcando una diferencia significativa en los lugares que importan. Tal vez ni siquiera estos últimos sean perfectos, pero representan nuestra mejor esperanza de lograr la reducción de carbono a gran escala que necesitamos para la próxima década.

Sin embargo, deberemos ampliar nuestra manera de entender las compensaciones basadas en la naturaleza para proporcionar la oferta necesaria para satisfacer la creciente demanda. En primer lugar, más allá del carbono forestal, podemos aprovechar el enorme potencial de la agrosilvicultura, los manglares y otros ecosistemas acuáticos, que actualmente son marginales en los mercados de carbono. También tendremos que pasar de las emisiones evitadas a las absorciones naturales de carbono y ver las primeras como un puente hacia las segundas. Para los compradores, esto podría significar apostar por nuevos tipos de proyectos que incentiven una mayor inversión en este ámbito. El dinero público y filantrópico podría ayudar a salvar la distancia entre sectores más maduros, como el carbono forestal, y áreas incipientes del mercado, como el carbono azul en las profundidades marinas.

Una advertencia: los Gobiernos y las comunidades que están empezando a ver cómo fluyen grandes cantidades de dinero hacia la naturaleza no deberían suponer que los ingresos del carbono van a ser perpetuos. La verdad es que nadie sabe aún cómo evolucionarán los mercados de carbono, y podrían aumentar o disminuir en las próximas décadas, dependiendo de lo que ocurra en la lucha contra el cambio climático. En su lugar, estas entidades deberían utilizar el dinero para establecer protecciones legales, construir sistemas económicos de transición hacia modelos más sostenibles, elevar el nivel de vida y realizar mejoras físicas (restaurar la cuenca hídrica de los humedales, por ejemplo) que duren más que los propios proyectos.

Los créditos de carbono basados en la naturaleza no son una panacea; necesitaremos un conjunto de estrategias y modelos económicos alternativos para frenar la destrucción de nuestros ecosistemas naturales, como veremos a lo largo de este libro. No todos los ecosistemas se adaptan a las pruebas de adicionalidad o de base de referencia propias de los créditos de carbono de alta calidad: los bosques que no corren riesgo de deforestación, por ejemplo, merecen ser protegidos a través de otros mecanismos, como la financiación basada en resultados o la ayuda exterior. Pero los mercados de carbono representan la plasmación más clara de la lógica más básica que se halla detrás de los argumentos económicos a favor de la naturaleza.

A medida que aumenta el número de partes interesadas que reconocen su papel en la emergencia climática, empieza a valorarse el poder de la naturaleza para estabilizar el clima. Cada crédito –de alta calidad– vendido representa una inversión para asegurar y ampliar ese valor.

¿Quién puede culpar a Zenit de Nueva Venecia por haber recurrido al bosque para alimentar y dar cobijo a su familia, o al Gobierno colombiano por no haber sabido encontrar los recursos fiscales para proteger hasta el último ecosistema cuando tiene que hacer frente a tantas demandas contrapuestas? Los mercados de carbono podrían ofrecerles ahora una vía de protección económicamente viable, complementada con el tiempo con otras maneras de sostener la naturaleza, como el ecoturismo o la acuicultura sostenible, en Cispatá, la Ciénaga Grande y más allá.

Si lo conseguimos –y es un gran «si»–, los mercados de carbono podrían ser uno de los pilares de un nuevo paradigma para la conservación en el siglo xxi: un paradigma que ya no dependa simplemente de la caridad o del noble sacrificio de quienes menos pueden permitírselo, sino que cree medios de subsistencia y pueda ser aceptado por aquellos que merecen con creces ser recompensados por la gestión continuada (pero ignorada) de nuestros ecosistemas vitales.

Guía básica del ecoturismo

El diminuto avión *Twin Otter* sobrevoló los bosques verde esmeralda y las lagunas turquesa, y nuestros pilotos parecían no tener prisa por llegar a su destino. Después de dos largos y duros años aislados del mundo, ¿quién podía culparles? A finales de 2021, Fiyi estaba por fin abierta al mundo, y todos parecían haber asumido un papel en la improvisada fiesta de bienvenida, contentos de poder mostrar de nuevo su isla al mundo.

El propio nombre, Fiyi, había evocado en mi mente esa noción de mediados del siglo pasado de un paraíso inmaculado y remoto. En realidad, hacía tiempo que Fiyi había dejado de ser inaccesible. El turismo comercial comenzó en la década de 1960, y desde el cambio de milenio llegaban a Fiyi más de medio millón de turistas cada año. Hasta que, por supuesto, la pandemia devolvió a Fiyi a un aislamiento que no había experimentado en un siglo. En los últimos días de 2021, la economía turística del país –que sustenta indirectamente a un tercio de la población activa de Fiyi– había resucitado tras una exitosa campaña de vacunación. El viaje en un desvencijado avión de hélice hasta la isla oriental de Taveuni nos había permitido contemplar algunas de las riquezas naturales de Fiyi desde el aire, pero yo estaba deseando explorar la vida submarina, los arrecifes y la vida marina que la convertían en uno de los principales destinos del mundo para buceadores y conservacionistas marinos. Había ido hasta allí para ver cómo un nuevo turismo ecológico, responsable y arraigado en la comunidad podía ser un poderoso argumento a favor de la naturaleza.

La idea de que el turismo puede vincularse a la conservación es al menos tan antigua como Yellowstone, creado como el primer parque nacional del mundo en 1872. La ley de creación (*Act of Dedication*) de Yellowstone preveía un «espacio público de recreo» para todos los estadounidenses, aunque en este marco no se incluía a los nativos americanos que habían habitado aquellas mismas tierras durante siglos y que habían sido excluidos violentamente para dejar paso tanto a los colonos como a los conservacionistas. En aquella época, la conservación también era sinónimo de caza, y muchos de los primeros conservacionistas, como Theodore Roosevelt, no veían contradicción alguna entre su amor por la naturaleza y un deseo implacable de conquistarla con pistolas y ballestas.

Los visitantes aficionados a la naturaleza empezaron a llegar, ayudados por organizaciones como el Sierra Club, un grupo conservacionista fundado en Estados Unidos en 1892. Una parte clave de su atractivo para el público en general eran las excursiones anuales a zonas salvajes que comenzaron en 1901, cuando el primer «Viaje de altura» del Sierra Club llevó a 96 socios de excursión al Parque Nacional de Yosemite con el objetivo de convertir a los turistas en defensores de la conservación.

Estos primeros brotes de ecoturismo surgieron en un contexto de creciente interés por el turismo de todo tipo. En los siglos anteriores, viajar por el mero placer de hacerlo había estado vedado a todo el mundo, salvo a los más ricos. Pero, a medida que aumentaba la renta con la revolución industrial, la gente empezó a desplazarse, aunque los primeros ejemplos de un turismo excesivo en lugares como Brighton dejaron entrever lo que estaba por venir.[1, 2]

El turismo global, tal como lo conocemos hoy, despegó realmente a mediados del siglo xx, cuando el avión transformó los viajes para siempre. Primero en Europa y América, y más tarde en Asia y el resto del mundo, la gente empezó a viajar en su tiempo de ocio. Viajar se volvió más barato y fácil que nunca en la historia de la humanidad.

En el centro de muchas concepciones del turismo –y de las campañas de *marketing* que alimentaron su popularidad– se encuentra la idea de visitar un paraíso libre de la influencia humana. Pero, por muy simplista y occidentalista que haya sido siempre esa noción, en la década de 1970 el turismo de masas había empezado a representar una grave amenaza incluso para esos supuestos pedazos de paraíso. Paralelamente, aumentó el riesgo de arrasar las culturas locales, sobre todo cuando el turismo ponía en contacto a forasteros con pueblos indígenas, aunque los efectos nocivos del turismo fueran minucias en comparación con los de las incursiones comerciales para la tala, la caza, la minería y similares.

* * *

En 1976, un siglo después de la apertura de Yellowstone, Gerardo Budowski sugirió la posibilidad de una relación simbiótica entre turismo y conservación al analizar el daño medioambiental que el turismo de masas había causado en las décadas anteriores.[3] ¿Podría ser el ecoturismo una forma de viajar más tranquila y reflexiva? En lugar de ser perjudicial para la naturaleza, tal vez el turismo podría emplearse como una herramienta para financiar la conservación e inspirar una mayor conciencia ecológica.

En 1982, el término *ecoturismo* se incorporó al *Oxford English Dictionary*, ese fiable marcador de las corrientes dominantes, y la ONU declaró el año 2002 Año Internacional del Ecoturismo. Desde entonces, el fenómeno de los viajes responsables no ha hecho más que crecer. No es difícil entender por qué: la idea de que viajar puede ser una fuerza positiva es seductora.

Pero, como ocurre con cualquier innovación medioambiental, abundó el «falso verde» y el apelativo de ecoturismo se aplicó de forma mucho más amplia de lo que debería. Resultó que la definición del diccionario distaba mucho de ser suficiente: delimitar el auténtico ecoturismo sigue siendo un reto a día de hoy.

Para ser claros, el ecoturismo sigue siendo de nicho. Mientras que se calcula que el mercado turístico en general tenía un valor de 180.000 millones de dólares en 2019, menos del 10 % correspondió al ecoturismo.[4, 5] Aun así, se trata de uno de los ámbitos de mayor crecimiento en el sector turístico, y las encuestas apuntan a un creciente interés por los viajes más sostenibles.[6]

¿Por qué hablamos de algo tan aparentemente anticuado como el turismo, frente a la innovación que se está produciendo tanto en los mercados como en la tecnología de captura del carbono? La verdad es que para muchos lugares (o países enteros, como es el caso de Fiyi) el ecoturismo sigue siendo el argumento comercial más tangible que existe en favor de la naturaleza.

En resumen, el dinero y el empleo importan. Esos 180.000 millones de dólares –la cuota del ecoturismo en el mercado global– representan aproximadamente 180 veces el valor en dólares del mercado voluntario de carbono en 2021.[7] Según una medida más amplia del turismo basado en la naturaleza, las zonas protegidas acogieron a 8.000 millones de visitantes antes de la pandemia, generando unos ingresos de 600.000 millones de dólares.[8]

Este tipo de turismo crea puestos de trabajo. El Consejo Mundial de Viajes y Turismo cifraba en 9,1 millones el empleo directo del «turismo de naturaleza» justo antes de la pandemia, y al menos el doble para el empleo indirecto.[9] A la luz de la enorme (y creciente) relevancia del ecoturismo, merece la pena aprender las lecciones del pasado y trabajar para hacerlo bien en el futuro.

Tras el primer vuelo hicimos escala en la bahía de Viani, situada en el extremo oriental de la segunda isla de Fiyi, Vanua Levu. No hay carreteras que entren o salgan de esta bahía en forma de herradura; sus aproximadamente cien habitantes recorren las colinas circundantes a pie, o entran y salen de ella en barco. Nosotros optamos por esta última opción, saltando sobre las olas desde la cercana Taveuni al amanecer, cuando un torrente de luz de luna dio paso a unos cielos bermellones, anaranjados y azul zafiro en rápida sucesión.

Sospechaba que el largo viaje merecería la pena. Al fin y al cabo, Viani está perfectamente situado para los submarinistas que quieran acceder al famoso Arrecife Arcoíris de Fiyi, cartografiado por primera vez por Jacques Cousteau y uno de los mejores ejemplos del mundo del ecosistema de corales blandos. En tiempos normales, el arrecife estaría repleto no solo de peces, sino también de visitantes de todo el mundo. Pero, en estos primeros días de la reapertura provisional de Fiyi tras la pandemia, disponíamos de ese lugar tan apreciado por los buceadores prácticamente para nosotros solos.

El resort que visitaba en la bahía de Viani, una pequeña empresa de tres *bungalows* llamada Dive Academy Fiji, es obra de Marina Walser y Jone Waitaiti, que se conocieron en el gélido (y, en mi opinión, totalmente inexplicable) circuito alemán de submarinismo. Ella estaba cansada tras una larga carrera en el mundo empresarial, quería cambiar de aires y disfrutar de un mejor clima y del buceo; y Jone anhelaba volver a su Fiyi natal.

El viaje del sueño a la realidad fue largo. Estuvieron acampados en la playa durante casi un año y trabajaron con comerciantes locales para construir sus *bungalows* de madera, al estilo fiyiano tradicional. Poco a poco se ganaron la confianza de la comunidad y durante tres años desarrollaron una actividad de buceo sostenible. Entonces llegó la pandemia y Fiyi cerró sus fronteras, obligándolos a sobrevivir acogiendo solo a los visitantes locales y algún que otro yate. Mientras Fiyi permaneció cerrado, muchos de los más de cien mil trabajadores del sector turístico del país regresaron a sus aldeas y se ganaron la vida con la agricultura, la pesca y la ayuda del Gobierno. Mientras muchos trabajadores del resto del mundo recurrían a sus ordenadores para continuar trabajando, muchos fiyianos volvieron literalmente a sus raíces. Los operadores de ecoturismo, que habían hecho muchos esfuerzos para desarrollar prácticas más acordes con la conservación, tuvieron que sobrevivir gracias a las ayudas públicas y a la esperanza de que los visitantes acabarían volviendo.

Fuimos el primer grupo en llegar desde la gran reapertura, y lo que le faltaba al complejo en lujo se veía compensado con creces por la personalidad que desprendía el lugar. Por un lado, la comida era de temporada y de local, y estaba y adaptada a las preferencias dietéticas de los huéspedes. Nuestras dietas vegetarianas no representaban ningún problema, y enseguida nos familiarizamos con las delicias escandalosamente olvidadas de la cocina fiyiana. Las generosas comidas incluían taro, fruta del pan, calabaza y espinacas de Fiyi, además de sopas de influencia india y curris sazonados con flor de sal local y guindilla silvestre. El helado de leche de coco era un ingrediente habitual y bienvenido, que permitía combatir el calor del verano.

Lo más destacable es que estos platos bellamente elaborados no estaban preparados por chefs profesionales de la gran ciudad, sino por mujeres contratadas y formadas en la pequeña bahía de Viani, la mayoría de las cuales nunca antes habían tenido un empleo oficial. El mismo espíritu de aprovechar una oportunidad que animaba a toda la comunidad invadía también el buceo: los guías, expertos y meticulosos, procedían de familias de pescadores locales y habían recibido becas que cubrían el coste de su certificación como profesores de buceo.

La vida en Viani era sencilla, pautada por los ritmos del sol y el mar. Cada mañana nos levantábamos temprano y los guías estudiaban las cartas de mareas para elegir los lugares en que bucear ese día. Este enfoque paciente dio resultados fabulosos: sumergirnos justo cuando una corriente rica en nutrientes cobraba vida tras dos días de mar más tranquilo, ver la Gran Muralla Blanca de coral blando en plena floración y nadar entre imponentes bosques de abanicos de mar. Había límites estrictos a la iluminación artificial para no molestar a la fauna de la isla, nos retirábamos a nuestros *bungalows* al atardecer, nos acostábamos a las nueve y nos levantábamos al amanecer, listos para bucear de nuevo.

El Arrecife Arcoíris no es inmune a las presiones del calentamiento de los mares y la sobrepesca que afligen a los arrecifes de todo el mundo. El fenómeno de El Niño de 2014-2016 afectó con especial dureza al Pacífico Sur, pero me alegró ver cómo se recuperaban los fondos marinos de Fiyi. Los efectos fantasmagóricos de la decoloración del coral casi habían quedado atrás, y los vivos colores del arrecife y los peces brillaban a través del azul del mar.

Los operadores conservacionistas como Marina y Jone no daban este resurgimiento por garantizado. Convencieron a los lugareños para que dejaran de pescar, atraídos por la promesa de puestos de trabajo bien remunerados, y colaboraron con las autoridades en la creación de un vivero de coral para replantar los arrecifes cercanos. Se animó a los buceadores a visitarlos y a ayudar en la replantación. ¿Merecieron la pena todos los gastos y esfuerzos? «Viendo a todos los lugareños a los que hemos formado para que se conviertan en buceadores [...] y el entusiasmo de todos a los que hemos llevado al arrecife, podemos afirmar rotundamente que sí –me dijo Marina–. Y los visitantes se convierten en embajadores del océano».

La segunda etapa de nuestro viaje nos llevó de vuelta a los caminos trillados de Viti Levu, la puerta de entrada a los famosos puntos de buceo con tiburones de Fiyi. Nuestros guías (y cuidadores) en las inmersiones sin jaula eran de Aqua Trek, con un historial de seguridad intachable y un equipo de buceo totalmente local armado con cayados submarinos para alejar suavemente a los tiburones si se acercaban demasiado.

Al sumergirnos en la laguna de Beqa, frente a la costa sur de la isla, docenas de tiburones de arrecife, tiburones nodriza y tiburones limón nos rodeaban a escasos centímetros. Pero las estrellas del espectáculo eran los tiburones toro. Sin mostrar la cruda agresividad que los caracteriza, estas musculosas criaturas nos ignoraron, mucho más interesados en las cabezas de pescado del comedero y en los bancos de peces que rodeaban el arrecife. El comedero lleno de cabezas de atún desechadas de una planta procesadora cercana es lo que ha hecho controvertidas las inmersiones entre tiburones: algunos sostienen que esta alimentación suplementaria podría alterar el comportamiento de los tiburones y perturbar los ecosistemas locales. Admito que una parte de mí, la que tiene formación académica en biología de la conservación y prefiere dejar en paz a la naturaleza, desconfiaba. Pero Jona, nuestro afable guía de buceo, tenía una opinión muy sincera: «Antes de que empezáramos con las inmersiones, recuerdo que los lugareños cazaban tiburones para ganarse la vida. Ahora podemos demostrar a nuestra comunidad que merece la pena protegerlos». Los estudios han demostrado que los tiburones no son atraídos permanentemente a la zona, y que la alimentación suplementaria solo constituye una pequeña parte de su dieta.[10]

Buceo con tiburones en la laguna de Beqa.

Por incómodo que resulte para los puristas, los resultados han sido sorprendentes. A lo largo de los años, los pueblos que rodean la laguna han renunciado a sus derechos de pesca a cambio de una tasa que se devuelve a la comunidad y de puestos de trabajo alrededor del buceo; en 2004, se declaró una zona marina protegida, que más tarde se amplió a un «corredor de tiburones» de cincuenta kilómetros a lo largo de la costa. Las poblaciones de peces se han recuperado, y la principal amenaza procede ahora de los buques pesqueros extranjeros.

Tras sobrevivir a mi baño con tiburones en Beqa, me acordé de un viaje que había hecho algunos años antes a Palaos, otro país insular del Pacífico dependiente del turismo y dotado de una gran riqueza natural.

Palaos tiene una población mucho menor –unos 20.000 habitantes– y ha elegido un camino ligeramente distinto. En 2009, Palaos se declaró el primer «santuario de tiburones» del mundo, prohibiendo cualquier forma de pesca comercial de tiburones en sus aguas. En 2020, dio un paso mucho más audaz, prohibiendo toda la pesca y la minería en el 80 % de sus aguas, y reservando el 20 % restante únicamente para la actividad de los pescadores locales. El resultado fue una enorme zona marina protegida, la sexta mayor del mundo.

El Gobierno de Palaos, con visión de futuro, recibió el mensaje que los científicos llevaban años enviando y actuó en consecuencia: la sobrepesca comercial era, en una palabra, insostenible. De hecho, las poblaciones de peces se han recuperado dentro de las áreas protegidas y han empezado a extenderse a las zonas donde la pesca está permitida, tal como predijeron los expertos.[11] Pero en Palaos, al igual que en Fiyi, los arrecifes sanos eran la base de una economía basada en el turismo de buceo que atraía a visitantes de todo el mundo y constituía una pequeña parte de los 36.000 millones de dólares que generan los arrecifes en ingresos turísticos a nivel mundial.[12] En una inmersión en el *Blue Corner*, vi más tiburones de los que pude contar; en otra, bancos de barracudas tan grandes que tapaban el sol. En este maravilloso mundo acuático me sentí más cerca de la naturaleza que nunca.

En mi opinión, la bahía de Viani, Beqa y Palaos ofrecían tres ejemplos distintos, pero claramente pragmáticos, que demuestran que la naturaleza puede valer más viva que muerta. Los tres eran proyectos en curso y se habían visto sacudidos por la pandemia mundial. Pero invitar a un número sostenible de visitantes a descubrir estos lugares parecía mucho mejor para la gente y el planeta que la destrucción incontrolada que suele ser la norma, por no hablar de las amenazas de la sobrepesca y la subida de los mares, que solo pueden capearse si estos lugares crean economías locales resilientes para asumir el coste de ir adaptándose.

Desde la observación de aves en Malasia hasta las caminatas en busca de gorilas en Ruanda y el avistamiento de caimanes en Costa Rica, los lugares salvajes de todo el mundo –en la tierra y en el mar– se han apoyado en los ecoturistas para costear su conservación. Podría escribir sin parar sobre las maravillas de estos lugares y sobre las personas comprometidas y conscientes que están allanando el camino para las experiencias ecoturísticas del futuro. Sin embargo, también tengo claro que existen problemas reales y razones de preocupación sobre el ecoturismo que merecen nuestra atención. El argumento económico más antiguo a favor de la naturaleza podría ser también el más poderoso.

Las críticas más serias al ecoturismo comenzaron a producirse a principios de la década de 2000, cuando se hizo evidente que los elevados ideales que habían animado el interés por el ecoturismo en la posguerra habían dado paso a una realidad más confusa.

La primera cuestión atañe a la propia definición. ¿Qué es el verdadero ecoturismo? Intuitivamente, el ecoturismo debe significar que no se perturbe el entorno y se proporcionen beneficios a la naturaleza y a la población local. Lo ideal sería que también indujera a cambios de mentalidad en los propios visitantes, haciéndoles comprender mejor el valor de la naturaleza y la necesidad de protegerla. Se han hecho varios intentos de definir el ecoturismo, pero el del libro de David Fennell de 2008, *Ecotourism,* ofrece lo que me parece la visión más completa, tal vez algo académica, de la cuestión.

> El [ecoturismo es] una forma sostenible y no invasiva de turismo basado en la naturaleza que se centra principalmente en conocer la naturaleza de primera mano y que se gestiona éticamente para tener el mínimo impacto, que no consuma los recursos del lugar sino, al contrario, que sirva para favo-

recer a las comunidades locales [...] Normalmente se produce en áreas naturales y debería contribuir a la conservación de dichas áreas.[13]

En 2010, Ralf Buckley dio un paso más y acuñó el término «turismo de conservación», que definió como un subconjunto del ecoturismo «que realiza una contribución neta positiva y ecológicamente significativa a la conservación efectiva de la diversidad biológica.[14] En este capítulo utilizo el término genérico «ecoturismo», aunque reconozco que los casos que destaco se ajustan a la norma más estricta de Buckley.

Cualquiera de las dos definiciones suena maravillosa, así que quizá la verdadera cuestión radique en quién puede apropiarse de las etiquetas de ecoturismo o turismo de conservación, sobre todo en ausencia de un sistema de certificación mundial que goce de confianza universal y se utilice ampliamente. Es posible que el turismo se desarrolle en zonas salvajes que no cumplen los criterios expuestos anteriormente; de hecho, son estos casos precisamente los que, con razón, han suscitado quejas. Pero, según mis investigaciones y viajes, hay innumerables lugares donde las cosas se hacen, realmente, como deberían. Aun así, algunas cuestiones me llamaron la atención cuando intenté evaluar el impacto general del ecoturismo.

¿Beneficia realmente este tipo de turismo responsable a los ecosistemas naturales? Algunos biólogos han destacado el impacto que los visitantes pueden tener en el comportamiento de los animales. Si pensamos en los gorilas que se acostumbran a los excursionistas o en las curiosas aves no voladoras que se acercan a los visitantes en las islas libres de depredadores de Australia y Nueva Zelanda, parece irrefutable que esto es cierto en algunos lugares. Pero otros estudios han llegado a la conclusión de que, a escala del paisaje, estos efectos se exageran. En cualquier caso, hay quien sostiene que, incluso cuando hay desventajas, el ecoturismo acaba compensando. Buckley y su equipo, en un amplio estudio sobre especies amenazadas como leones, tigres, lobos y rinocerontes, descubrieron que el ecoturismo proporcionaba beneficios a la conservación que compensaban los impactos negativos y contribuían a la supervivencia de estos animales tan escasos.[15,16]

¿Y el impacto en las comunidades locales? La lógica del ecoturismo solo funciona realmente si las personas que dependen de estas maravillas naturales pueden beneficiarse de las ganancias. En este caso, las pruebas son más contradictorias. En algunos lugares, como los santuarios de tortugas marinas de Costa Rica y las reservas naturales de Ecuador, los investigadores han establecido un vínculo positivo entre el ecoturismo y los medios de subsistencia de las comunidades locales. Si ampliamos la escala, resulta evidente que el turismo es vital económicamente para muchos países y regiones; más allá de las repercusiones directas, los ingresos fiscales generados por el turismo financian indirectamente numerosas infraestructuras sociales. Pero la intuición de que los ingresos del turismo son valiosos oculta algunas cuestiones más espinosas.

Por un lado, puede que los beneficios no lleguen a la población local, sobre todo cuando la etiqueta de «ecoturismo» se utiliza indebidamente como tapadera de un turismo de masas extractivo e insostenible. En algunos casos, como en Nepal, los investigadores descubrieron que estos beneficios, cuando iban dirigidos a la población local, eran en última instancia demasiado pequeños para evitar la degradación.[17]

Pero también hay que preguntarse qué habría ocurrido en ausencia del ecoturismo. ¿Las comunidades locales de las zonas naturales han seguido siendo pequeñas y ricas desde el punto de vista ecológico o las han deteriorado industrias más extractivas? Esta puede ser la pregunta más difícil de responder. Las historias humanas –como las de los pescadores de tiburones convertidos en guardianes de Beqa– pueden ofrecer algunas pistas. Pero está el ejemplo más reciente, y profundamente inquietante, de la Amazonia venezolana. Años de agitación política en el país han acabado con una industria ecoturística antaño floreciente; en 2022, incluso las zonas más remotas del Parque Nacional de Canaima estaban siendo desfiguradas por la minería ilegal. Algunos reportajes del *Financial Times*, entre otros medios, contaban la trágica historia de muchos trabajadores del sector turístico que se habían convertido en mineros por su cuenta en un intento desesperado por llegar a fin de mes.[18]

En última instancia, el ecoturismo es una decisión consciente por parte de visitantes y anfitriones. Pero cada vez son más los lugares que optan por hacer las cosas de forma sostenible y atraen a turistas que gastan un poco más, permanecen algo más de tiempo en el lugar y se comportan con suma delicadeza, incluso a costa de que el número de visitantes no crezca.

Brent Hill, director ejecutivo de Turismo de Fiyi, me dijo: «Ya no nos importa solo cuántos turistas llegan», hablándome del renovado interés de Fiyi por atraer un turismo de calidad y repartirlo por las 330 islas del archipiélago. «Si la gente está realmente comprometida con el medio ambiente de Fiyi y hace cosas como plantar corales o manglares cuando está aquí, lo estará protegiendo, y seguramente volverá y gastará bastante más».

Si lugares como Bali y Cancún, en México, necesitan un respiro de tanto turismo desenfrenado, hay otros sitios a los que les vendría bien recibir un poco más de atención. En Brasil, por ejemplo, el Amazonas es un icono, aunque relativamente pocos turistas lo visitan. Pero aún son menos los que han oído hablar del Pantanal, el mayor humedal tropical del mundo. Situado en el centro de Sudamérica, el Pantanal es el hogar del caimán de ojos saltones y de los sigilosos jaguares que lo cazan. Pero las aves son las protagonistas: desde el impresionante guacamayo jacinto azul cobalto hasta la gigantesca cigüeña jabirú –el ave voladora más grande de América– y el ñandú, igual de alto, aunque no volador, parecido al emú. El Pantanal es, a la vez, un centro de biodiversidad único por su fauna local y una importante parada para las aves migratorias que recorren el continente americano.

En la primavera de 2022, tuve la suerte de visitar esta maravilla acuática a mediados de su estación más húmeda. Las lluvias habían inundado la tierra hasta donde alcanzaba la vista, dándole la apariencia de una pradera hundida, con hierbas y nenúfares intercalados con matorrales, y más tonos de verde de los que yo había imaginado que el ojo humano pudiera percibir. Alejado de las zonas más visitadas y en temporada baja, no había ni un solo (eco)turista a la vista, aparte de mí y el pequeño grupo de amigos a los que había convencido para que me acompañaran.

Roberto Klabin es un empresario y conservacionista brasileño que convirtió la casa de su infancia en el Pantanal en el Refugio Ecológico Caimán, poniendo en marcha la aún incipiente industria ecoturística de la región. «En general, se ignora Brasil como destino turístico [...] y, de los pocos que vienen, casi nadie está dispuesto a viajar hasta el Pantanal», me dijo. Me explicó que Brasil recibió unos seis millones de visitantes en 2018, en su mayoría personas de los países vecinos; es decir, menos de una sexta parte de la cifra de visitantes que tuvo Tailandia ese mismo año, a pesar de ser un país quince veces más grande.

Roberto, que ahora participa en una campaña para dotar al Pantanal de su propio código legal, era muy consciente de la fragilidad del ecosistema. Con más del 90 % del humedal en manos privadas, la ganadería tradicional de bajo impacto del Pantanal está siendo suplantada por la agricultura intensiva, incluso cuando el clima se está volviendo más cálido y seco. «Para demostrar a los terratenientes que merece la pena preservar el Pantanal, necesitamos que la gente venga a ver la belleza de esta maravilla ecológica, y que pague por hacerlo –afirmó–. Y esto incluye a las familias ricas de São Paulo, que no han visto la riqueza natural de su propio país».

Nuestra visita al Pantanal nos llevó al Araras Eco Lodge, regentado por un viejo amigo de Roberto que había creado uno de los pocos alojamientos ecológicos de la región. André y su mujer empezaron acampando en un viejo rancho –parecía que todas las historias de ecoturismo empezaban montando tiendas de campaña en la naturaleza– y, poco a poco, fueron convirtiendo Araras en una operación turística a pequeña escala y de bajo impacto. Las políticas de apoyo del Gobierno regional y el declive de la industria ganadera local (que, sin embargo, estaba a favor de la deforestación del Amazonas) habían propiciado un repunte de la vida salvaje. «Llegué en 1967 y tardé once años en ver un jaguar. Ahora salimos del albergue de Araras en uno de nuestros barcos, bajamos al refugio, vemos jaguares y volvemos para cenar».

«Lo más gratificante de este esfuerzo ha sido toda la gente con la que hemos trabajado y a la que hemos formado, muchos de los cuales dirigen ahora otros negocios sostenibles y crean medios de vida para sus comunidades», me dijo André. Carlos, nuestro atento guía, era el ejemplo perfecto de las oportunidades económicas que el ecoturismo había traído al humedal. Contando anécdotas de su juventud, cuando él y sus amigos cazaban caimanes, carpinchos y aves de todo tipo, Carlos explicó cómo se había convertido en un ferviente conservacionista. «Un guacamayo que vive feliz en un árbol ahora tiene un valor económico para nosotros, los *pantaneiros*», me dijo, encantado de haber podido dejar atrás la vida de cazador a cambio de algo más amable con la fauna que trinaba y graznaba a nuestro alrededor.

Menciono el Pantanal no solo para subrayar los beneficios del ecoturismo cuando se hace bien, sino también para destacar la naturaleza desigual de su riqueza. No todos los ecosistemas necesitan turistas; algunos es mejor dejarlos tranquilos. Pero a lugares como el Pantanal, que ya cuentan con un legado de propiedad privada de la tierra, carreteras y albergues, no les vendrían mal unos cuantos visitantes más. Al dar valor económico al brillo azul de un guacamayo volando o al relámpago de los dientes de un caimán en una charca, el ecoturismo podría ser justo lo que necesitamos para salvar un maravilloso humedal de acabar cubierto por infinitas hileras de plantas de soja.

El Pantanal en su estación más húmeda.

Ninguna discusión sobre el ecoturismo puede ser completa sin abordar la cuestión del carbono.

En este capítulo hemos estado hablando de muchos lugares que probablemente los lectores solo podrían visitar tras un vuelo largo y que suponga importantes emisiones de carbono. En plena crisis climática, ¿podemos justificar este tipo de viajes, sean cuales sean sus beneficios?

En la era de la «vergüenza de volar», quizá no vendría mal una dosis de sutileza. La verdad es que países en desarrollo como Fiyi y Palaos, o zonas remotas de países más grandes como el Pantanal en Brasil, están en el epicentro de la subida del nivel del mar y de fenómenos meteorológicos extremos, a pesar de que no han hecho prácticamente nada para contribuir a la crisis climática. Si cada país tiene un presupuesto de carbono teórico –una cantidad que puede emitir en el camino hacia el cero neto en 2050 o una fecha similar–, no tiene mucho sentido tratar a todos los países por igual. Viajar en avión a Nueva York para una escapada de fin de semana debería considerarse, con razón, innecesario y un despilfarro. Pero podríamos argumentar que lugares como Fiyi merecen disponer de un presupuesto de carbono adicional teórico que puedan utilizar para justificar la llegada de un número sostenible de visitantes, independientemente de las huellas de carbono personales de estos últimos. Aunque estas compensaciones no significan en absoluto carta blanca, la compra de créditos de carbono de alta calidad podría ser una forma adecuada de mitigar algunos de los daños climáticos causados por los vuelos. Hacer menos viajes pero quedarse más tiempo también podría ayudar.

Además, puede que las matemáticas del carbono no estén tan sesgadas como se tiende a imaginar. Si la contrapartida del ecoturismo es la tala de bosques para obtener madera y para la agricultura, es posible que ayudar a financiar la protección de los sumideros naturales de carbono ayude a contrarrestar algunas de esas emisiones ocasionadas por los viajes, aunque no dispongan de un programa formal de créditos de carbono. No voy a pretender que el ecoturismo tenga a su favor una clara contribución neta nula –probablemente no la tenga–, pero los beneficios que la conservación tiene en términos de carbono tampoco pueden ignorarse.

Lo que no debemos hacer es penalizar a estos lugares por su aislamiento. Aunque animemos a todos los países a reducir sus emisiones, los más poderosos (y los mayores emisores históricos de carbono) deben dar un paso al frente. Los países desarrollados con mayor responsabilidad pueden poner primero de su parte y pagar lo que les corresponde para ayudar a financiar los proyectos de adaptación en los países más pobres. Y no hay duda de que tendremos que trabajar urgentemente para la reducción de las emisiones de carbono de la aviación, de modo que los lugares lejanos puedan seguir conectados con el resto de un mundo con emisiones netas cero.

Por supuesto, el ecoturismo no tiene por qué ser una solución solo para rincones remotos del mundo: es perfectamente posible comportarse como un viajero cuidadoso y amante de la naturaleza cerca de casa, y todos deberíamos asegurarnos de explorar la oportunidad de serlo en los parques nacionales y en los proyectos de recuperación de nuestros propias ciudades y países. Ahora bien, en última instancia, el ecoturismo es más valioso para quienes carecen de alternativas, para los lugares que no tienen la suerte de poder permitirse una protección estable de su Gobierno, financiada por los contribuyentes.

¿Qué principios podrían ayudar a cumplir la promesa que sigue representando el ecoturismo?

Como ocurre con muchos de los otros argumentos económicos que describimos en este libro, un buen primer paso es ser más rigurosos a la hora de proponer definiciones. Una cosa es el turismo basado en la naturaleza, en el que los turistas interactúan con ella, y otra muy distinta es el ecoturismo, o turismo de conservación, que beneficia activamente a la naturaleza y a las personas de forma equitativa y sin consumir recursos.

Aplicar el apelativo con demasiada amplitud entraña el riesgo de diluir el término, aunque parece poco probable que muchos Gobiernos vayan a intervenir y regular este tipo de turismo. A falta de esta regulación, tanto los operadores como los visitantes deben esforzarse por ser transparentes, informando e investigando el efecto de su actividad para fomentar el mejor uso del entorno. Los organismos económicos locales e internacionales también pueden poner de su parte: es hora de que se unan para crear un sistema de certificación transparente, al estilo de Fairtrade, para los que mejor cuidan su entorno.

Un elemento importante para conseguir unos buenos resultados es la participación de las comunidades locales, que, en última instancia, deben ser atendidas por el ecoturismo. El mejor escenario es aquel en que son las propias comunidades locales las que dirigen las operaciones ecoturísticas. Cuando participan forasteros, conviene que presten atención a las opiniones de las personas autóctonas, que las inviten a participar en la toma de decisiones y que respeten su derecho a negarse a abrirse al mundo exterior. En lugar de participar –voluntaria o involuntariamente– en la fetichización de sus culturas, como suele ocurrir cuando llegan operadores turísticos de fuera, sería mucho mejor que los propios pueblos pudieran tomar decisiones informadas y conservar su protagonismo y dignidad. Una vez que el dinero empiece a fluir, es importante que la población local pueda recibir la mayor parte de los beneficios y obtener buenos puestos de trabajo, como ocurrió en la comunidad de la bahía de Viani.

Los operadores ecoturísticos también deben asociarse con científicos y responsables políticos para canalizar recursos hacia la protección de la naturaleza. En algunos casos, esto puede hacerse mediante el pago de tasas o impuestos que financien la investigación, el cumplimiento de la ley y su vigilancia. Varios de los operadores con los que me entrevisté habían contratado a científicos propios para estudiar los ecosistemas locales y garantizar que sus actividades tuvieran un impacto bajo. Incluso la simple recopilación de datos –a través de los ojos y oídos sobre el terreno– podría ser útil para los esfuerzos de conservación en otros lugares. En 2022, el equipo de Mandai Nature –una organización conservacionista sin ánimo de lucro con sede en el sudeste asiático– expuso su visión del turismo de conservación; lo que más me llamó la atención fue su llamamiento a los operadores para que definieran y cumplieran objetivos de conservación concretos y cuantificables en las zonas donde operan y para que informaran de sus progresos a lo largo del tiempo.[19]

Los operadores responsables también pueden desempeñar un importante papel educativo, aplicando métodos científicos a la concienciación de la gente, tratando de ganar corazones y mentes. El programa «Hábitos Azules» de la Oceanic Society aplica principios de la ciencia del comportamiento y colabora con la Stanford University para explorar y crear prototipos de técnicas educativas que realmente funcionan. El grupo descubrió que las excursiones de avistamiento de ballenas que incorporaban sus principios generaban aumentos estadísticamente significativos del «sentimiento de identificación con el océano» de los participantes, de su mayor capacidad para identificar «su responsabilidad personal en las consecuencias medioambientales» y de su mejor «disposición para adoptar comportamientos que reduzcan el plástico».[20]

También debemos evitar la trampa del exceso. El ecoturismo entraría rápidamente en territorio insostenible si no se controla su volumen. De hecho, muchos ejemplos de «ecoblanqueo» empezaron como iniciativas a pequeña escala, pero se expandieron a un ritmo vertiginoso hasta ser indistinguibles de sus homólogos de turismo de masas; muchos lugares del Mediterráneo y del Caribe parecen haber seguido este camino.

Hace unos años vi de primera mano lo desenfrenado que puede ser el turismo en el sur de Bali. El turismo masivo y unas infraestructuras mal planificadas habían provocado un catastrófico problema de plásticos y residuos que asfixiaba a los manglares y ríos de Bali. Detrás del aeropuerto se levantaba una montaña humeante de basura, parte de la cual acababa siendo arrastrada hacia el mar por los aguaceros estacionales.

Ya a principios de la década de 1990, las investigaciones indicaban que el turismo a pequeña escala tendía a convertirse en turismo de masas. Katrina Brandon, por ejemplo, escribió en 1996 un estudio para el Banco Mundial que sigue siendo relevante para los que tienen que tomar decisiones.[21] Hablando con ella casi tres décadas después, reflexionó sobre un hallazgo clave que parecía tan pragmático como factible.

«Uno de los temas que traté de exponer era que se podrían sacrificar zonas al turismo de masas como forma de financiar un sistema de parques más amplio. Con un marco jurídico sólido, las comunidades de las zonas protegidas pueden seguir cobrando del turismo de masas mediante un mecanismo de reparto de ingresos. Ya entonces me pareció que en algunos lugares beneficiaría a las comunidades de forma más justa que lo que yo veía y protegería mejor los hábitats delicados». Las zonas ya urbanizadas y degradadas pueden ofrecer oportunidades para el turismo de naturaleza a gran escala si permiten generar suficientes ingresos para proteger lugares más prístinos sin sobrecargarlos con demasiados turistas.

De hecho, incluso la sufrida Bali conservaba impresionantes terrazas en las tierras altas donde se cultivaba el arroz, bosques y algunos arrecifes sanos en la costa norte. El turismo había elevado los ingresos en toda la isla y un nuevo grupo de ecologistas había empezado a clamar por un cambio. No se había perdido toda esperanza, y quizá incluso lugares como Bali tengan segundas oportunidades para trazar un camino diferente con el tiempo.

Sigo convencido de que necesitamos un modelo turístico menos agresivo, sobre todo en los lugares que hasta ahora se han librado de lo peor. Dada la situación de colapso ecológico del planeta, los Gobiernos deben mostrar moderación, utilizando métodos basados en la ciencia para determinar qué cifras son sostenibles y empleando permisos y cuotas cuando sea necesario. El ecoturismo no es un juego de números. Pero los visitantes tienen que poner de su parte, considerando esos viajes algo especial y no otra escapada más, comprometiéndose a permanecer más tiempo en cada lugar, y poniendo de su parte mientras están allí para no dejar más que las huellas de sus pies.

Para ver por qué merece la pena, vuelvo una y otra vez a la innegable lógica económica de preservar la naturaleza, al menos en ciertos lugares. En Palaos, las investigaciones identificaron uno de estos casos: el turismo representa el 31 % del PIB del país, y una quinta parte de los buceadores (como yo) eligieron Palaos específicamente para ver tiburones. Un cálculo aproximado, que excluye una valoración cultural y espiritual más amplia, cifra el valor de los cien tiburones que habitan en sus principales puntos de inmersión en 179.000 dólares anuales.[22] Si se mataran todos y se vendieran a trozos, lo máximo que alcanzarían sería algo más de 10.000 dólares, una sola vez. Estudios sobre el senderismo con gorilas en Ruanda y Uganda, y sobre reservas de caza en el sur de África, han llegado a conclusiones similares sobre lo persuasivo que puede ser el argumento a favor del ecoturismo cuando la alternativa es la mera explotación.

En 1996, Katrina Brandon concluyó que «a pesar de los problemas, el ecoturismo representa uno de los pocos ámbitos donde el vínculo entre el desarrollo económico y la conservación de los espacios naturales es potencialmente claro y directo». Aunque las cosas han cambiado desde entonces y han surgido nuevas formas de negocio –suficientes como para llenar un libro–, el papel del ecoturismo a la hora de alinear la economía y la ecología sigue siendo relevante hoy en día.

Pero el mero hecho de que el ecoturismo interprete los incentivos económicos de una manera tan centrada en el dinero se ha convertido en motivo de crítica. «El ecoturismo es parte del sistema capitalista mundial, más que un desafío al mismo», afirma la profesora Rosaleen Duffy, catedrática de Relaciones Internacionales de la Sheffield University y especialista en la política mundial de conservación de la biodiversidad.[23] «El ecoturismo puede ser una fuente de acuerdo entre organizaciones [como ONG, organismos multilaterales y Gobiernos] que normalmente se considerarían enfrentadas. Estos acuerdos amplios pueden crear poderosos grupos de apoyo al ecoturismo, lo que a su vez sirve para extender e intensificar el neoliberalismo al captar y vincular la naturaleza a la lógica del capital global».

Estas preocupaciones no están del todo fuera de lugar; después de todo, la presencia de compañeros de cama tan dispares siempre debería hacernos reflexionar. Y ojalá hubiera respuestas más claras a estas cuestiones básicas. Sin embargo, vivimos –para bien o para mal– en un sistema capitalista global, si bien sabemos que puede y debe reformarse para dar valor al capital natural y al humano además del financiero. No tenemos tiempo para esperar a que se produzcan resultados perfectos. En cambio, tenemos una necesidad muy humana de tomar la iniciativa, unida a una creciente apreciación de cómo debería ser un ecoturismo bien pensado. Así que, a falta de un gran número de altruistas dispuestos a pagar por «visitar» un lugar a través de un enlace de vídeo, invitar a un número menor de visitantes para que experimenten de primera mano las maravillas de la naturaleza sigue siendo una forma importante de crear beneficios, por pequeños que sean, para las personas y el maravilloso planeta salvaje en el que vivimos.

Por muy atractivos que sean los documentales y libros sobre la vida salvaje, nada puede compararse con la realidad. Por eso, aunque ni siquiera los ecoturistas más reflexivos sean altruistas intachables, muchos se marchan transformados por las experiencias vividas, lo que refuerza el argumento intrínseco a favor de la naturaleza que los críticos subrayan con razón. Esos cambios de mentalidad y de actitud pueden durar toda la vida, lo que hace que este viejo argumento a favor de la naturaleza sea más relevante que nunca en una era de distracción y deslocalización digital.

Renaturalizar y regenerar

Como siempre, llegaba tarde. «Nos vemos junto a los nidos de cigüeñas», me dijo una voz por teléfono cuando el sol del mediodía se alzaba en el cielo. Nos pusimos en marcha, dando tumbos por el camino de tierra en un viejo todoterreno, con la misión de localizar a mis guías y compañeros de viaje para el safari de la mañana.

Mientras recuperaba el aliento y me disculpaba, tuve tiempo de contemplar el exuberante paisaje. Los matorrales se entretejían en un tapiz de praderas y claros cubiertos de hierba, salpicados de flores silvestres y repletos de abejas. Los herbívoros campaban a sus anchas, picoteando la vegetación sin prestar atención a sus visitantes. En el cielo, docenas de majestuosas cigüeñas blancas volaban en círculos cada vez más altos, aprovechando las corrientes térmicas de aquella tarde primaveral. La naturaleza, aparentemente sin obstáculos, se extendía hasta el horizonte y más allá.

Pero no estaba en las llanuras del Serengueti ni en el altiplano de Yellowstone. Estaba a solo veinticinco kilómetros del aeropuerto londinense de Gatwick, en la finca del castillo de Knepp, en West Sussex. Había ido a ver un experimento iniciado dos décadas antes para reincorporar la naturaleza a la agricultura. En Knepp se habían propuesto «renaturalizar» este rincón del Weald de Sussex, recuperarlo en términos ecológicos y económicos.

Knepp no siempre había ofrecido esta visión paradisíaca de una Gran Bretaña anterior a la llegada del arado. Cuando Charlie Burrell heredó la finca de su abuelo, a la edad de 22 años, esta había sido explotada intensivamente durante décadas. Charlie y su esposa, Isabella Tree, al principio hicieron lo que se esperaba de ellos: es decir, invertir en maquinaria y en la cría moderna de animales para intentar levantar económicamente la explotación. Todo fue en vano. A pesar de todas las inversiones y subvenciones, Knepp no obtenía beneficios.

Lo que no habían tenido en cuenta era la pesada arcilla de West Sussex sobre la que se asentaba la finca del castillo de Knepp. La agricultura intensiva que la familia había intentado desarrollar durante generaciones era inadecuada dadas las características ecológicas de la región. Knepp acumuló una deuda de más de 1,5 millones de libras antes de que Isabella y Charlie decidieran intentar otra cosa. Con la ayuda de subvenciones públicas destinadas a financiar la regeneración del entorno, la pareja decidió convertir su explotación agrícola intensiva en un lugar de restauración de la naturaleza, e introdujeron en el lugar ponis de Exmoor, ciervos, vacas de pelo largo y cerdos de Tamworth, y permitieron que la naturaleza campase a sus anchas en la finca de 1.500 hectáreas.

«Aquel primer año, recuerdo que, cuando salía a pasear, caminaba entre flores silvestres y oía cómo habían vuelto los insectos y los pájaros, y me daba cuenta de que todo aquello había merecido la pena», me contó Isabella en el paseo de vuelta al castillo para comer. El *best seller* de Isabella, *Wilding*, narra vívidamente la historia de los Knepp y las pruebas y tribulaciones que acabaron superando para hacer realidad su visión. La finca alberga ahora una de las mayores y más diversas colecciones de vida animal del Reino Unido: ruiseñores, tórtolas, docenas de especies de mariposas (incluida la rara emperatriz púrpura), trece especies de murciélagos y las cinco especies autóctonas de búhos. En 2020, las primeras cigüeñas blancas que nacían en el país en más de seiscientos años rompían las cáscaras de sus huevos en Knepp, con lo que quedaba reintroducida una especie que durante mucho tiempo se consideró extinta como ave reproductora en Gran Bretaña.[1] En 2021 se introdujeron dos castores en el cercano río Adur, los primeros de la zona en más de cuatro siglos.[2] Isabella, Charlie y yo nos sentamos en sillas de jardín en un prado de flores silvestres detrás del castillo y observamos cómo una manada de ciervos rojos jugueteaba alrededor del estanque de Knepp Mill, con el canto de variados pájaros como banda sonora. El resultado no ha sido solo un reconfortante repunte de la vida salvaje, sino que Knepp obtiene ahora pingües beneficios que superan los ingresos por hectárea de la media de las fincas de las tierras bajas de Inglaterra –incluso de las que tienen suelos de mejor calidad–, a los que se suman las ganancias por la venta de su carne de venado, cerdo y ternera «salvajes», además de los ingresos por ecoturismo, así como por el alquiler de edificios –como almacenes, para usos industriales ligeros y como oficinas– y por las subvenciones medioambientales del Estado.

* * *

Knepp ya no es una explotación agrícola; ahora es un ejemplo de renaturalización, lo que puede significar muchas cosas: desde la reintroducción de lobos en el Parque Nacional de Yellowstone hasta la restauración de llanuras aluviales, turberas y bosques que Cairngorms Connect está llevando a cabo en Escocia. Ni que decir tiene que en sistemas ecológicos muy degradados, como los del Reino Unido y gran parte de Europa, la renaturalización puede parecer poco «salvaje»: no es probable que grandes carnívoros acechen la periferia de Londres a corto plazo.

«Lo que aprendimos con el tiempo fue que el principal objetivo de Knepp es la regeneración. Se trata de crear nuevos hábitats para el futuro y un salvavidas para la naturaleza. Lo secundario es la producción de alimentos», me dijo Charlie, subrayando que el papel de Knepp es distinto pero complementario al del sistema agrícola tradicional. «Para crear ese sistema de apoyo más amplio que nos permita producir alimentos sanos, tenemos que regenerar los suelos, tenemos que regenerar nuestros paisajes. «Necesitas reservar estas zonas centrales puestas a disposición de la naturaleza, que son quizás el 30 % de nuestras tierras. El 70 % restante tendrá que ser más productivo, pero productivo de un modo que sea regenerativo», me confesó Charlie, mostrándome una imagen artística que había encargado para dar vida a esa visión de la campiña inglesa. El paisaje existente de monocultivos de cebada, atravesado por dos autopistas y un canal encajonado, había sido reimaginado: los prados de flores silvestres y unos ríos más salvajes habían tomado el relevo, y los suelos y los cielos rebosaban vida.

«De esta forma, las zonas centrales se renaturalizan, pero también se crea un paisaje lleno de corredores y oportunidades para que los animales salvajes puedan desplazarse. Si se combinan la agricultura regenerativa y la recuperación de la naturaleza, se obtiene un paisaje muy diferente, un futuro muy distinto, que es a la vez productivo y muy bueno para la naturaleza». Charlie trabaja ahora con los agricultores vecinos para hacer realidad esta visión a través de Weald-to-Waves,

Los ponis libres de Exmoor pastan en Knepp.

un proyecto que pretende conectar Knepp con la costa de Sussex. No todos los lugares tienen por qué parecerse a Knepp, pero los proyectos de recuperación de la naturaleza y los espacios naturales existentes deben formar parte de un entramado rural en proceso de regeneración que incluya una producción agrícola altamente productiva y de bajo impacto, complementada con nuevas tecnologías alimentarias pensadas para dietas basadas principalmente en vegetales que nos ayuden a exigir menos a nuestra tierra. Reservar más zonas para la recuperación de la naturaleza, sobre todo cuando la tierra está degradada o es improductiva, solo es una parte de la solución; también tendremos que devolver la vida a las zonas agrícolas gestionadas activamente que alimentan al mundo. Restaurar la naturaleza en nuestras tierras de labor y en torno a ellas no solo ofrece una vía para lograr mejorar un sistema alimentario que se está agotando, sino que, además, proporciona unos resultados económicos convincentes.

¿Qué significa dedicarse a la producción de alimentos respetuosos con la naturaleza? Como ocurre con demasiada frecuencia en todos los sectores que tratamos en este libro, no existe una definición común y exhaustiva de «agricultura regenerativa». En su lugar, los agricultores disponen de un conjunto de herramientas que permiten intervenciones respetuosas con la naturaleza y que pueden aplicar en función de las características de cada una de sus tierras.

La salud del suelo es fundamental para la agricultura regenerativa, y una forma de animar a la tierra de las explotaciones a rebosar de vida es dejándola en paz. La agricultura convencional consiste en labrar el suelo entre cosechas, a menudo con maquinaria pesada, para eliminar las malas hierbas y preparar la tierra para nuevas siembras. Pero la labranza es, en definitiva, terrible para el suelo, ya que facilita que el viento y el agua se lleven la preciosa materia orgánica que sustenta la vida vegetal. Las prácticas regenerativas renuncian a la labranza y plantan «cultivos de cobertura», como el centeno y el trébol, entre las cosechas para mantener los nutrientes y la vida en el suelo.

La agricultura regenerativa también implica minimizar, y en algunos casos eliminar, el uso de productos químicos. Los fertilizantes, pesticidas y herbicidas sintéticos son la espina dorsal de la agricultura moderna; el espectacular aumento de la productividad de los cultivos en todo el mundo ha sido posible gracias a su uso generalizado a partir de la segunda mitad del siglo xx. Pero ahora sabemos que estos aditivos sintéticos tienen efectos catastróficos sobre la fauna y las aguas fluviales, e incluso sobre nuestra salud. En cambio, la agricultura regenerativa intenta hacer lo mismo con diversos sistemas naturales. Los excrementos de los animales pueden sustituir el nitrógeno o el fósforo sintéticos; los herbívoros, los insectos y los pájaros pueden mantener a raya las plagas y las malas hierbas. Otro principio básico de las prácticas regenerativas es la aceptación de la diversidad ecológica. Los agricultores regenerativos huyen de los monocultivos que durante tanto tiempo se han favorecido en Europa o en el Medio Oeste estadounidense. En su lugar, tratan de crear diversas agrupaciones de plantas y animales –algunos salvajes, otros domesticados– que pueden alimentarse mutuamente y crear un ecosistema beneficioso en cada explotación. Cada vez se reconoce más que los árboles son una parte importante de la ecuación: agrosilvicultura y silvopastoreo son términos utilizados para referirse a la integración de árboles en tierras de cultivo productivas o sistemas de pastoreo, proporcionando innumerables beneficios como sombra, protección del suelo, almacenamiento de carbono y los ingresos suplementarios procedentes de los propios cultivos arbóreos. La replantación de setos, que fueron arrancados en favor de los monocultivos, puede ayudar a impulsar la biodiversidad al proporcionar refugio y forraje a especies beneficiosas. La diversidad en las explotaciones no solo consiste en las formas de vida que podemos ver: las bacterias, de las que puede haber mil millones en una sola cucharadita de suelo sano, desempeñan un papel esencial en la descomposición de la materia orgánica y en la devolución de nutrientes a las raíces de los cultivos. Los suelos más sanos suelen contar con un mayor número y diversidad de estos aliados invisibles.

Los animales domésticos desempeñan a menudo, aunque no siempre, su propio papel en los sistemas regenerativos. Esto es especialmente cierto en lugares con suelos pobres que históricamente han sido bosques mixtos o praderas abiertas, como Knepp, donde los herbívoros y depredadores que lo habitaban originalmente hace tiempo que se extinguieron. Incluso los sistemas de cultivo en hilera de trigo o maíz pueden incorporar animales domésticos (gallinas o patos) para que corran libres por los campos, se coman las plagas y las malas hierbas y recirculen los nutrientes a través de sus excrementos.

¿En qué se diferencia la renaturalización de la agricultura regenerativa? Puede ser útil considerarlas como formas de regeneración del paisaje, basadas en los mismos principios de restauración de la biodiversidad, pero, en última instancia, con objetivos diferentes. En los proyectos de reforestación, el objetivo es proteger y restaurar la naturaleza, y la alimentación es un subproducto relativamente secundario. Estos lugares suelen cobrar una prima por sus productos y a menudo suelen recibir la mayor parte de sus ingresos de otras fuentes, como el ecoturismo o los pagos por sus servicios ecosistémicos.

Para la agricultura regenerativa, el objetivo primordial es la producción de alimentos de manera respetuosa con la naturaleza; en este caso, se siguen los principios regenerativos para transformar paisajes agrícolas tradicionalmente productivos y obtener cantidades mucho más sustanciales de alimentos. Adoptar procedimientos de siembra directa o emplear cultivos de cobertura puede reportar grandes beneficios a la naturaleza y a los agricultores. Un estudio realizado por el Soil Health Institute entre cien agricultores estadounidenses de cultivos en hilera de nueve Estados reveló que el 85 % aumentó sus ingresos al adoptar esta práctica.[3] Una parte de esto se materializó en los menores gastos en mano de obra y fertilizantes y en los precios más altos de sus productos pero, además, un 65 % de ellos consiguió aumentar sus cosechas. Más allá de los beneficios directos, casi todos señalaron que la salud del suelo, la calidad del agua y la resistencia de los cultivos habían mejorado notablemente.

Como mínimo, las intervenciones a favor de la naturaleza pueden ayudar a amortiguar su impacto negativo incluso en los sistemas de explotación más intensivos. En el Valle Central de California, por ejemplo, empresas como Pivot Bio y MyLand son pioneras en el uso de productos biológicos –como microbios fijadores de nitrógeno que se pulverizan o se administran por goteo a las plantas– para sustituir los fertilizantes sintéticos y aumentar el rendimiento. Mientras tanto, en el cinturón agrícola del norte de la India, la Happy Seeder –una máquina montada en un tractor que permite a los agricultores sembrar semillas sin remover el suelo– los ayuda a adoptar prácticas de labranza cero y sin tener que recurrir a la quema de restos, lo que fija el carbono en el suelo y reduce el humo de la quema de las cáscaras de arroz que envuelve Delhi cada invierno.

Aunque me refiero a todos los tipos de producción alimentaria regenerativa descritos anteriormente como «positivos para la naturaleza», no todo el mundo estará de acuerdo en que los agricultores que emplean los sistemas más mecanizados y automatizados puedan recibir el apelativo de «regenerativos». La producción totalmente orgánica y sin productos químicos puede ser adecuada para algunos cultivos y preferida por algunos consumidores exigentes. Pero, en mi opinión, no toda la regeneración tiene que ser orgánica ni eliminar por completo el uso de productos químicos para devolver la vida a la tierra.

En última instancia, la agricultura positiva para la naturaleza de la mayor parte de los sistemas agrícolas consiste en encontrar un punto de equilibrio que esté alejado de los monocultivos intensivos en productos químicos y agotadores del suelo, que son la norma en la actualidad. No todos los campos cultivados pueden llegar a ser tan salvajes e inspiradores como los de Knepp; hay que tener en cuenta que este es solo el comienzo de un viaje por todo el mundo para abrir la puerta a la naturaleza en nuestras tierras agrícolas, y cualquier paso, por pequeño que sea, para alejarnos de la agricultura industrial merece ser aplaudido.

* * *

Todo debate sobre agricultura regenerativa vuelve a una pregunta fundamental: sin prácticas agrícolas intensivas, ¿podemos cultivar alimentos suficientes para alimentar al mundo?

Aunque creo firmemente en la necesidad de abandonar la agricultura industrial, quienes esperamos trazar un rumbo diferente debemos admitir primero que el viejo modelo ha dado lugar a enormes, aunque insostenibles, saltos en la productividad y ha evitado el hambre generalizada. Aunque las advertencias de Paul Ehrlich en la década de 1970 sobre una «bomba demográfica» y una hambruna mundial nunca llegaron a cumplirse, es fácil ver por qué se hicieron tales predicciones: en 1966, Estados Unidos envió una cuarta parte de su producción de trigo a la India para evitar una hambruna, y no estaba nada claro que se pudiera romper el paradigma maltusiano.

Luego vino el trabajo de científicos como Norman Borlaug, figura central de la Revolución Verde que cultivó selectivamente cosechas más resistentes y de mayor rendimiento y las extendió por el mundo, tanto desarrollado como en desarrollo. Recibió el Premio Nobel de la Paz en 1970 por su labor para evitar el hambre masiva y aumentar los ingresos de los agricultores. Hoy, lugares como Punyab, en la India, presumen de tener uno de los rendimientos por hectárea más altos del mundo. El trabajo de Borlaug fue proseguido más tarde empleando organismos modificados genéticamente –utilizando tecnología biológica para hacer lo que él había hecho mediante hibridaciones manuales–, que aumentaron los rendimientos en los lugares que permitían los alimentos modificados genéticamente, como Estados Unidos, hasta niveles nunca vistos.

Pero todo ello tuvo un tremendo coste ecológico. Monocultivos de trigo, arroz, palma aceitera y cebada, junto con la producción industrial de carne de vacuno y productos lácteos (que también dependen de los cultivos de cereales y soja como alimentación suplementaria), han llevado a la conversión del 40 % de la superficie de la Tierra en tierras de cultivo y pastos. La agricultura es el motor dominante de la deforestación en lugares como el Amazonas y Borneo. Además de su huella cada vez mayor, la agricultura moderna consume agua con avidez: más del 70 % del agua que utilizamos se destina a la agricultura, que, en gran parte, depende del regadío.

Lo más dramático de todo ha sido el aumento del uso de productos químicos. Desde 1961, el consumo mundial de fertilizantes nitrogenados se ha multiplicado por nueve, mientras que el de potasio y fósforo se ha cuadruplicado. El aumento de los monocultivos también ha eliminado los controles biológicos que mantienen a raya las plagas y enfermedades de forma natural, lo que obliga a los agricultores a compensarlos artificialmente. Más de cuatro millones de toneladas de pesticidas químicos se esparcen por nuestros campos, acabando con cualquier atisbo de equilibrio ecológico y haciendo que estos sistemas dependan por completo de la gestión humana. Estos productos se extienden por todo el ecosistema, creando zonas muertas en las masas de agua y contribuyendo directamente al cambio climático y a la contaminación atmosférica en forma de emisiones de óxido nitroso y amoníaco.

A medida que se ha ido reduciendo la biodiversidad de las explotaciones agrícolas, también lo han hecho las reservas de carbono de estos suelos y de los bosques que se han talado para el cultivo o el pastoreo. Al menos un 30% de los suelos del mundo se encuentran en condiciones «pobres o muy pobres», según la Organización de las Naciones Unidas para la Agricultura y la Alimentación (FAO) en 2015.[4] Se calcula que se han liberado 133.000 millones de toneladas de carbono de los suelos desde que el ser humano comenzó a cultivar hace 12.000 años, y que la mayor parte de esa pérdida se ha producido en los últimos doscientos años.[5]

En lugar de preguntarnos si podemos permitirnos, en términos de seguridad alimentaria, adoptar una agricultura regenerativa, la pregunta mejor y más urgente es si podemos permitirnos seguir como estamos. Mientras que los rendimientos de la agricultura convencional pueden parecer enormes en este momento, para mí y para muchos otros nuestro sistema alimentario se asemeja a una casa construida sobre unos cimientos ecológicos que se desmoronan rápidamente.

Por muy útil que nos haya resultado hasta ahora, la creciente oleada de plagas, enfermedades de las plantas, erosión del suelo, contaminación y cambio climático parece que hará retroceder los rendimientos en las próximas décadas. Una forma de mantener el sistema actual sería convertir las tierras todavía inexplotadas en tierras de cultivo y de pastos para reemplazar los campos degradados. De hecho, esta es la solución que están eligiendo los ganaderos de Brasil y los agricultores de Canadá y Rusia: cambiar los suelos sin vida que ellos mismos han contribuido a destruir por los ricos y arcillosos suelos de los bosques y la taiga que pueden darles unos cuantos años buenos más. Pero, como veremos en otras partes de este libro –y, de hecho, como dicta el sentido común–, este camino no ofrece ninguna salida al embrollo en el que nos encontramos; solo retrasa el día del ajuste de cuentas, y a costa de seguir destruyendo la biodiversidad y emitiendo carbono. Seguro que hay otras maneras de hacer las cosas.

En lugar de buscar sin cesar nuevos lugares para cultivar, las prácticas positivas hacia la naturaleza pueden ayudar a devolver la vitalidad a las mismas tierras de labor que ocupamos actualmente, e incluso reducir la huella de la agricultura en los años venideros. Una prueba de ello la proporciona el Rodale Institute, una organización sin ánimo de lucro dedicada a la investigación de la agricultura ecológica. Las pruebas de campo realizadas durante treinta años han demostrado que, aunque los rendimientos tienden a disminuir ligeramente durante el primer o segundo año de transición a las prácticas regenerativas, después pueden aumentar hasta niveles similares a los de la agricultura convencional. El verdadero beneficio, sin embargo, se produce cuando las explotaciones se ven sometidas a estrés por sequías o plagas; la diversidad inherente a la agricultura regenerativa puede hacer que estas explotaciones sean más resistentes. Como he mencionado antes, las explotaciones no tienen por qué prescindir por completo de los productos químicos; la aplicación selectiva de herbicidas, por ejemplo, puede ayudar a mantener unos rendimientos elevados en los sistemas regenerativos que se ven atacados por malas hierbas durante los primeros años. Por último, una serie de nuevos estudios ha demostrado que la diversidad microbiana puede desempeñar un papel importante y muy poco apreciado en la salud del suelo y de las plantas a largo plazo; una biodiversidad que puede mejorarse mediante prácticas regenerativas y alternativas biológicas a los abonos y pesticidas.

Ejemplos del mundo real muestran cómo se puede mantener o incluso aumentar la producción, también en sistemas regenerativos a gran escala. El Grupo Balbo de Brasil utilizó maquinaria respetuosa con el suelo, control biológico de las plagas y fertilizantes orgánicos en todas sus operaciones, lo que se tradujo en un aumento del 20 % de la productividad tras un período inicial de transición.[6] La marca de azúcar ecológico de Balbo, Native, produce 75.000 toneladas al año: más de un 33 % del mercado mundial de azúcar ecológico.

Alimentar al mundo de esta manera ha obtenido incluso el respaldo del Centro Internacional para la Mejora del Maíz y el Trigo (CIMMYT) de Norman Borlaug, la misma organización que supervisó la adopción mundial de monocultivos de alto rendimiento para combatir las hambrunas. Esta organización apoya ahora un enfoque que denomina «intensificación sostenible», que incorpora muchos de los mismos principios positivos hacia la naturaleza que hemos explorado aquí.

«La Revolución Verde tuvo consecuencias medioambientales y sociales imprevistas», reconoció esta organización en 2018. Asimismo, afirmó que sus científicos habían empezado a «dar más importancia a los aspectos medioambientales y sociales, como la conservación del suelo y el agua, y la inclusión social de los grupos marginados».[7] En la actualidad, el CIMMYT ha pivotado hacia la investigación de la agricultura de conservación; su proyecto SIMLESA, que se desarrolló entre 2014 y 2018, demostró, por ejemplo, que la intensificación sostenible había conducido a un aumento del 60-90 % en la infiltración de agua y a un aumento del 10-50 % en el rendimiento del maíz en Malawi. En Etiopía, los ingresos casi se duplicaron con la diversificación de los cultivos, la reducción de la labranza y las variedades mejoradas.[8]

Personalmente, sigo dudando de que la agricultura regenerativa y ecológica pueda igualar sistemáticamente los rendimientos de los sistemas industriales más productivos. De hecho, un exhaustivo informe de la Coalición para la Alimentación y el Uso de la Tierra, que examina más de cincuenta trabajos publicados sobre la aplicación de métodos regenerativos, desde la siembra directa hasta la agrosilvicultura, concluyó que los efectos positivos sobre el carbono del suelo y la biodiversidad eran evidentes. Sin embargo, los efectos sobre los rendimientos variaban según el sistema y el punto de partida. «La buena noticia es que hay muchos sistemas de agricultura regenerativa que son rentables, capturan carbono y mejoran la biodiversidad», acaban concluyendo.[9]

Sin embargo, no tenemos por qué demostrar que la agricultura regenerativa produce mejores cosechas en todos los casos; no hay nada malo en admitir que la agricultura convencional en suelos ricos y vírgenes puede dar mejores resultados durante bastante tiempo. Pero en el mundo quedan muy pocos suelos de este tipo. La situación actual no es la misma que cuando se inició la Revolución Verde. Los tiempos y los suelos han cambiado, y nosotros tenemos que cambiar con ellos.

La cuestión de los rendimientos está inextricablemente ligada a la finalidad última de toda esa producción: mantener nuestra dieta.

La producción mundial de carne se ha multiplicado por más de cinco desde 1961, a pesar de que la población mundial apenas se ha duplicado.[10] Esta tendencia ha seguido de cerca el aumento generalizado de la renta, puesto que los habitantes de los países ricos comen mucha más carne que los de los menos ricos.

Más allá del malestar moral que supone criar miles de millones de animales en condiciones de hacinamiento y sacrificarlos en masa –el libro de Henry Mance *How to love animals* (*Cómo amar a los animales*) ofrece una mirada clara y sin prejuicios sobre este tema–, existe el enorme coste ecológico de la producción de carne. Solo alrededor del 55 % de las calorías que producen los cultivos en todo el mundo se utilizan para alimentar directamente a los seres humanos, mientras que más de un 33 % se desvía para alimentar a los animales.[11] Los animales son intermediarios increíblemente ineficaces en la pirámide alimentaria: solo alrededor de una décima parte de las calorías con las que se alimenta a los animales se destina a su vez a carne y lácteos para el consumo humano. Nuestras dietas también van acompañadas de cantidades enormes de desperdicios alimentarios: alrededor del 17 % de toda la comida que producimos se desecha, lo que suma casi mil millones de toneladas de alimentos que podrían haber llenado nuestros estómagos.[12]

La realidad es que ya producimos calorías más que suficientes para alimentar a 9.000 millones de personas con una dieta sana, equilibrada y compuesta mayoritariamente por vegetales. Y, durante gran parte de la historia, este fue exactamente el tipo de dieta que prevaleció en todo el mundo; el espectacular aumento del consumo de carne en el último medio siglo, aproximadamente, es una anomalía histórica. Una propuesta para reequilibrar nuestras dietas procede de la comisión EAT-Lancet, que elaboró una «dieta de salud planetaria» que no suprimía por completo la carne y los lácteos, sino que los reducía a niveles mejores, tanto para las personas como para el planeta. Según un estudio publicado en *Nature,* la adopción de esta dieta en los países de renta alta liberaría una superficie ligeramente superior a la de la Unión Europea y reduciría el coste en carbono de la dieta media en casi un 65 %.[13]

La tecnología podría ser un poderoso complemento de la agricultura respetuosa con la naturaleza. Productos vegetales como Impossible Burgers y Beyond Meat, así como una creciente gama de productos basados en la fermentación de precisión o el cultivo celular, están creando alternativas impresionantes a la proteína animal. Puede que pronto vivamos en un mundo en el que estos productos sean lo bastante parecidos a sus homólogos de origen animal. Estas alternativas tecnológicas también tienen una huella ecológica mucho menor: Impossible, por ejemplo, afirma que sus hamburguesas requieren un 96 % menos de tierra y un 87 % menos de agua para su producción en comparación con la carne de vacuno.[14] El resultado es que podríamos hacer otra cosa con las vastas superficies que actualmente dedicamos a alimentar herbívoros. En su libro *Regenesis*, el pensador medioambiental George Monbiot argumenta convincentemente que el principal problema de la agricultura animal es que ocupa tanto espacio, tanto directamente como para cultivar piensos, que queda muy poco para la recuperación de la naturaleza. En su opinión, los alimentos «sin granja», elaborados a partir de nuevas tecnologías como la fermentación de precisión, acompañados por las medidas adecuadas para garantizar que estas innovaciones sean tratadas como bienes públicos, podrían ser una vía clave para salir de nuestra dependencia de la agricultura animal. Estas tecnologías, si se ampliasen, podrían desempeñar un papel importante en la reducción de la presión sobre la tierra.

Sin embargo, los defensores de la ganadería argumentan a veces que hay tierras marginales que no son aptas para la agricultura tradicional, y que no hay ningún tipo de agricultura productiva que permita «hacer otra cosa» con estas tierras. Puede que sea así, pero existen alternativas *ecológicamente* productivas al pastoreo intensivo, un sistema que garantiza que paisajes antaño diversos acaben despojados y sin árboles. Para cambiar ese sistema probablemente tengamos que desterrar nuestras arraigadas fantasías pastoriles que dibujan interminables colinas con la hierba ondulando al viento como esencialmente bellas y naturales, cuando en realidad suelen ser desiertos ecológicos.

En lugar de vilipendiar a los ganaderos que crían animales de forma intensiva para saciar nuestra adicción a la carne, podríamos exigir menos a las tierras ocupadas y compensar justamente a los ganaderos por prestar servicios ecológicos. Imaginemos un mundo donde haya más Knepps: lugares en los que nos retiramos de las tierras «marginales» y las dejamos que vuelvan a crecer como espacios verdes naturales y hábitats de vida silvestre, al tiempo que producimos pequeñas cantidades de carne de calidad procedente de animales que han vivido en gran medida en libertad.

Estoy más que satisfecho con mi dieta sin carne, fácil y variada gracias a la profusión de deliciosas proteínas vegetales y alternativas a la carne. Sin embargo, con el tiempo me he dado cuenta del valor emocional y cultural que muchos de mis amigos conceden a la carne y a los lácteos. Debo admitir que –a pesar de los avances tecnológicos, unas políticas públicas más inteligentes y la creciente conciencia medioambiental– no parece que la carne vaya a desaparecer por completo de nuestras dietas a corto plazo. Ni falta que hace. Lo único que tenemos que hacer es volver a convertir la carne en un capricho y no en una «necesidad» diaria, de modo que podamos ir dejando espacio para la naturaleza, primero deteniendo, y luego invirtiendo gradualmente, la expansión de la ganadería a escala planetaria.

Aunque sea posible alimentar al mundo y restaurarlo al mismo tiempo, ¿pueden los campesinos permitirse el cambio y seguir ganándose la vida? ¿Existe algún argumento comercial a favor de la agricultura respetuosa con la naturaleza o de la reforestación que no sea simplemente que este tipo de agricultura es la correcta?

«Charlie y yo no deseábamos destruir el entorno. Simplemente no teníamos ningún incentivo para pensar en la naturaleza», escribe Isabella Tree en *Wilding*. «Como la mayoría de los campesinos, nos considerábamos administradores de la tierra, pero en el fondo pensábamos que la naturaleza no era parte de nuestro trabajo. La naturaleza era algo que ocurría en otro lugar, lejos de la dura realidad del campo. Viajamos por todo el mundo para ver la vida salvaje. Hicimos campaña para detener la tala de selvas tropicales y la construcción de presas. Sin embargo, no nos dábamos cuenta de lo que hacíamos en nuestro propio patio trasero. Si la agricultura intensiva nos hubiera resultado rentable, sin duda seguiríamos practicándola».[15]

La cuestión es la siguiente: en muchos casos, la agricultura intensiva solo es rentable gracias a las colosales subvenciones que sostienen el sistema actual. En 2021, la ONU calculó que los Gobiernos conceden a los agricultores 540.000 millones de dólares anuales en subvenciones, alrededor del 15 % del valor total de la producción agrícola. Más del 90 % de esa cifra se destina a subvencionar métodos de producción intensiva «perjudiciales» (léase «convencionales»).

A pesar de estas subvenciones, me sorprendió saber que los problemas económicos de Charlie e Isabella no eran excepcionales: la mayoría de los agricultores intensivos no ganan mucho dinero. En Estados Unidos, más de la mitad de las explotaciones pierden dinero cada año.[16] En la India, las subvenciones a los fertilizantes y los precios mínimos de apoyo que permitieron la Revolución Verde han dejado a muchos agricultores en una situación precaria. Muchos se endeudan para comprar semillas y productos químicos antes de cada cosecha, y la degradación de los suelos y las malas cosechas provocadas por las condiciones meteorológicas aumentan la presión económica. Sus historias suelen acabar en tragedia: más de diez mil agricultores indios se quitan la vida cada año.[17] El panorama es similar en todo el mundo, tanto desarrollado como en vías de desarrollo. Mientras que los grandes productores y procesadores agrícolas obtienen pingües beneficios, la agricultura intensiva resulta mucho menos rentable para los pequeños agricultores y los contribuyentes de a pie.

Si echamos la vista atrás, queda claro que los métodos intensivos solo pueden producir alimentos baratos y abundantes agotando las reservas del suelo y la biodiversidad que sustentan la producción. Llega un momento en que estas reservas ya no pueden sostener la agricultura de bajo coste y alta productividad que hemos llegado a dar por sentada. La regeneración consiste, pues, en reconstruir esas reservas para llegar a un sistema sostenible a largo plazo.

Russ Conser, que trabaja con campesinos de Estados Unidos que defienden la naturaleza para ayudarlos a vender directamente sus productos regenerativos a los consumidores, me hizo comprender por qué cada vez más campesinos se interesan por la agricultura regenerativa. «[Este tipo de agricultura] no está impulsada por una mayor afluencia de capital o de inversiones. Está impulsada por los agricultores, que buscan un camino mejor porque están hartos de la agricultura industrial –me explicó–, ya sea porque están cansados del alto coste de las semillas y los fertilizantes, o de la estructura injusta del sector, que hace que los precios suban para los consumidores y los beneficios aumenten para los grandes intermediarios y productores. Los campesinos no perciben nada de ese aumento de valor porque no tienen ningún poder en la actual estructura del mercado».

Charlie Burrell mencionó a otros agricultores de su grupo que se habían dedicado a una agricultura regenerativa más productiva –en lugar de a la reforestación, como en Knepp– y que habían conseguido sanear sus finanzas. «Una vez que te has librado de arar y te has librado de la necesidad de adquirir una enorme cantidad de maquinaria y equipo, te encuentras con que has liberado un montón de capital y de espacio para hacer otras cosas y encontrar otras fuentes de ingresos –afirma–. Tu sistema ya no depende tanto del combustible, la energía y las grandes máquinas. Con la agricultura regenerativa, se devuelve la naturaleza al paisaje y, de repente, se tiene un sistema que funciona y que, además, es económicamente brillante». En el otro extremo del mundo, Charles Massy redujo los costes hasta un 90 % en su granja de ovejas del oeste de Australia tras adoptar métodos positivos para la naturaleza en el año 2000.[18] En su libro *Call of the Reed Warbler* (*La llamada del carricero*), Massy, apasionado defensor de la agricultura regenerativa en su país, cuenta cómo la transición permitió crear una explotación más rentable al tiempo que se restauraban hábitats para la fauna –como la curruca– en un paisaje anteriormente desertificado y sobrepastoreado.[19]

La regeneración puede ser especialmente rentable en tierras ya degradadas y, por tanto, no aptas para la agricultura industrial. Algunas estimaciones, como la de SLM Partners, un inversor en agricultura regenerativa, indican que hasta un 30 % de los campos del mundo podría encajar en esta descripción tras décadas de sobreexplotación de las tierras. SLM denomina «cambio ecológico» a su estrategia de invertir en paisajes degradados, que normalmente pueden comprarse o arrendarse a precios de saldo.[20] Su empresa ha comprado pastizales degradados en Chile y Australia con el objetivo de duplicar la producción mediante métodos regenerativos. Se están aplicando técnicas similares en los pastos degradados de Brasil y en los suelos previamente deforestados de Indonesia y Malasia.

Además de reducir los costes de la tierra y de los demás factores de producción, los agricultores y ganaderos que adoptan métodos respetuosos con la naturaleza descubren a menudo que sus productos de mayor calidad alcanzan precios superiores. La carne ecológica de Knepp y la carne de vacuno de Blue Nest se venden más caras que sus equivalentes normales; lo mismo puede decirse del café, el cacao y la vainilla cultivados a la sombra. A medida que aumente el número de productores que adopten métodos regenerativos, es posible que estas primas desaparezcan con el tiempo. Sin embargo, a corto plazo, pueden suponer una ventaja para los primeros en adoptarlos, capaces de contar una historia convincente sobre sus productos.

Los mercados de carbono están empezando a ofrecer una fuente de ingresos adicional a los agricultores dispuestos a realizar estos cambios. En Estados Unidos, por ejemplo, la cooperativa agrícola Land O'Lakes se ha asociado con Microsoft para recompensar a los agricultores que adopten prácticas que favorezcan el almacenamiento de carbono en sus suelos. El programa Truterra Carbon se puso en marcha en 2021 y paga a los agricultores unos 20 dólares por cada tonelada de carbono *adicional* que almacenen; para ponerlo en perspectiva, una explotación agrícola regenerativa puede almacenar entre 0,5 y 1,50 toneladas anuales en cada hectárea.[21] En el Reino Unido, Francia y Bélgica, Soil Capital ha puesto en marcha un programa similar que paga al menos 20 euros por tonelada de carbono almacenada.[22]

Sin embargo, conviene ser prudentes. La ciencia del carbono del suelo está mucho menos avanzada y verificada que la del carbono de los árboles. Por un lado, las estimaciones de carbono en el suelo pueden variar drásticamente de un campo a otro, y entre las capas más profundas y menos profundas del suelo, incluso cuando se miden en un laboratorio, por no hablar de cuando se utilizan otros métodos.

Para ponerlo más difícil, los beneficios del almacenamiento de carbono debido a prácticas regenerativas todavía se están investigando, y diferentes estudios han arrojado resultados diversos. Por ejemplo, la siembra directa sin arar tiene un impacto sobre el carbono que varía en función del entorno. «En algunos contextos –climas más fríos y húmedos, por ejemplo– el aumento de carbono en la superficie y la reducción de carbono en profundidad tienden a compensarse mutuamente. En entornos más cálidos y secos, el menor almacenamiento de carbono en profundidad parece ser menos habitual y el efecto global de la siembra directa sobre el almacenamiento de carbono puede ser positivo», escribe CarbonPlan en un resumen de la literatura científica sobre el tema.[23] Por último, existe el riesgo de que todo ese carbono se libere de nuevo al aire si un campo es posteriormente arado y se trata de nuevo de forma convencional, aunque los agricultores que participan en estos programas suelen comprometerse a mantener sus prácticas durante diez años. Para ser claros, los sistemas agroforestales que integran árboles en tierras de cultivo o de pastos no están sujetos al mismo grado de incertidumbre, y los proyectos de carbono que incentivan la combinación de agricultura y forestación son cada vez más numerosos y sofisticados. Es una buena noticia.

En cuanto al carbono del suelo, los modelos científicos y económicos son cada vez más realistas, y no cabe duda de que hay inversores dispuestos a tolerar cierta incertidumbre cuando se trata de ayudar a poner en marcha este mercado. Los agricultores dispuestos a ser los primeros en adoptar este floreciente mercado de carbono del suelo seguramente descubran que el efecto sobre el carbono permite añadir otro elemento a la economía cada vez más favorable de una explotación favorable a la naturaleza. Aun así, considero que los beneficios de la agricultura regenerativa en cuanto al carbono del suelo son un pequeño añadido potencial a los beneficios reales que afectan directamente a la naturaleza; beneficios que, por sí mismos, deberían crear un poderoso argumento a favor de la agricultura regenerativa.

Aunque el panorama económico a largo plazo pueda parecer halagüeño, los agricultores suelen perder todo interés debido a los elevados costes de transición durante los primeros años, cuando deben realizar nuevas inversiones, cambiar de maquinaria, aprender nuevas técnicas y, potencialmente, aceptar rendimientos más bajos durante uno o dos años mientras se asienta la nueva ecología. En consecuencia, no se puede esperar que los pequeños agricultores financien por sí solos la transición a una explotación regenerativa, por lo que son las grandes empresas las que están empezando a intervenir.

Por ejemplo, Danone, una multinacional de productos alimenticios valorada en 25.000 millones de euros, ofrece a los agricultores contratos a largo plazo para ayudarlos a invertir en prácticas regenerativas; en Europa, más del 40 % de los proveedores de Danone se benefician de este tipo de contratos.[24] Del mismo modo, se están reformulando subvenciones públicas y desgravaciones fiscales para ayudar a los agricultores a cruzar el abismo financiero hacia un modelo regenerativo más rentable, como veremos más adelante en este capítulo.

Las transiciones pueden ser difíciles y exigen preparación. El fallido experimento nacional de Sri Lanka con la agricultura ecológica sirve de ejemplo. A mediados de 2021, ante la inminente crisis económica y la escasez de divisas, el Gobierno de Sri Lanka impuso una prohibición total de las importaciones de fertilizantes y pesticidas sintéticos, supuestamente para ahorrar los escasos dólares de los que disponía. Pero, sin permitir un período de transición ni recibir ayudas en forma de pesticidas y fertilizantes orgánicos, la temeraria política salió tan mal como cabía esperar: la producción de arroz cayó un 20 %, agravando una crisis económica que en 2022 llevó al Gobierno a dar marcha atrás antes de ser derrocado por las protestas populares. Pocos de los que entienden de agricultura respetuosa con la naturaleza recomendarían proceder como lo hizo el Gobierno de Sri Lanka, asestando un duro golpe a una agricultura que, con suficiente tiempo, podría haber dejado de depender de los productos químicos. Por muy sólidos que puedan ser los argumentos comerciales a largo plazo, la experiencia de Sri Lanka debería advertir del peligro de los atajos y las fantasías por encima de una planificación meditada y una ciencia sólida.

En resumen, la agricultura regenerativa no es una panacea. Por sí sola, no liberará a los agricultores del sistema actual ni transformará automáticamente sus destinos o el de nuestro planeta. Pero restaurar la salud del suelo y la función del ecosistema es una inversión para el futuro de nuestra seguridad alimentaria, una inversión que no podemos permitirnos retrasar y que, con el tiempo, puede generar beneficios significativos para las poblaciones rurales.

Como hemos visto en otros casos, acordar un lenguaje común puede ser un paso necesario para aportar claridad al mercado. El sistema de certificación ecológica del Departamento de Agricultura de Estados Unidos demuestra el efecto que puede tener una normativa clara. Implantada por primera vez en 2001, tanto los productores como los consumidores comprenden bien la certificación ecológica, y ha contribuido a crear un floreciente mercado de productos ecológicos.

La agricultura regenerativa es un poco más difícil de definir. Un estudio realizado en 2020 a partir de más de 250 artículos de revistas y sitios web encontró una amplia gama de definiciones basadas en procesos (como los cultivos de cobertura, la integración de la ganadería y la reducción del arado), resultados (mejora de la salud del suelo, secuestro de carbono y aumento de la biodiversidad, por ejemplo) o combinaciones de ambos.[25]

Ante un mercado incipiente y fragmentado, los autores del documento recomiendan el uso de normas que permitan a los consumidores estar seguros de qué están comprando. La Regenerative Organic

Alliance, por ejemplo, ofrece una norma. Se basa en la certificación ecológica del USDA, ya que se considera que «forma parte del camino hacia una certificación ecológica regenerativa». Pero, en realidad, las normas prescriben los procesos, no los resultados, aunque su objetivo sea mejorar la salud del suelo y el bienestar de los animales.

Independientemente de las normas en las que nos basemos, la concienciación del consumidor es fundamental. «Existe el preocupante problema del consumidor bienintencionado y parcialmente informado, que sorprendentemente es el que puede ser manipulado con mayor facilidad», me dijo Russ Conser cuando conversé con él para conocer su trayectoria hasta la creación de Blue Nest. «El sector estaba repleto de gente que contaba hermosas historias y se permitía enseñarte una foto de un vaquero a caballo domando caballos, cuando en realidad ese animal que tienes en el plato acaba de salir de un cebadero. A fin de cuentas, la gran pregunta es: ¿con qué rapidez podemos hacer crecer un mercado de consumidores auténticamente informados y comprometidos, a la vez que una cadena de suministro auténtica?». A pesar de todo, Conser sigue siendo optimista y cree que los efectos regenerativos se verán con el tiempo: «Dejemos que sea la propia naturaleza la que juzgue. Creo que sabremos que esas explotaciones funcionan porque, cuando entremos en ellas, estarán llenas de vida: mariposas, abejas, insectos, pájaros… cosas muy visibles. No importa si son grandes o pequeñas».

Pero la cuestión de si las explotaciones son grandes o pequeñas es importante. Los defensores de una agricultura respetuosa con la naturaleza no pueden prestar atención solo a las grandes explotaciones agrícolas. A pesar del tremendo impacto de las grandes empresas agrícolas y ganaderas, más del 90 % de los 570 millones de explotaciones agrícolas del planeta están gestionadas por particulares y sus familias. Producen el 80 % de los alimentos del mundo, por lo que su incorporación a las prácticas regenerativas será vital para que se efectúe una transición.[26]

Después de años de mucha palabrería y poca acción en materia de agricultura respetuosa con la naturaleza y de renaturalizar el campo, me anima ver que están surgiendo iniciativas en todos los sectores para acelerar una transición pendiente desde hace tiempo.

Por un lado están las organizaciones sin ánimo de lucro como Mad Agriculture (Agricultura Loca), una organización con sede en Boulder (Colorado) que trabaja para educar a los productores, financiar las transiciones y comercializar los productos regenerativos. «El mundo que nos esforzamos por crear es tan diferente del mundo actual que lo que hacemos tiene casi un punto de locura», declaran para explicar el origen de su nombre y subrayar lo audaz de su perspectiva. Se necesitan más iniciativas de este tipo; las universidades y las organizaciones sociales desempeñaron un papel importante en la Revolución Verde, y ha llegado de nuevo el momento de que ayuden al mundo a cambiar de rumbo.

Las empresas privadas y los inversores también están entrando en el negocio de la regeneración del paisaje. Algunas, como Propagate Ventures, ofrecen análisis e información para ayudar a los propietarios a integrar árboles en los pastos. Otras, como Nattergal en el Reino Unido, intentan reproducir el modelo Knepp por toda Europa, comprando y transformando tierras degradadas con vistas a demostrar la rentabilidad a largo plazo de los proyectos de renaturalización.

Pero quizás más importantes sean los Gobiernos y sus formas de subvencionar la agricultura. Desde los créditos fiscales a la agricultura de Estados Unidos y la Política Agrícola Común de la Unión Europea hasta las subvenciones a los fertilizantes en lugares como la India e Indonesia, los Gobiernos afianzan con demasiada frecuencia el sistema que ha convertido las tierras de labor en desiertos ecológicos. Sin embargo, a pesar de las presiones de aquellos que se benefician del sistema actual, las Administraciones nacionales están replanteándose el paradigma.

El Gobierno del Reino Unido, por ejemplo, se ha embarcado en un proyecto de varios años de duración para remodelar las subvenciones agrícolas con el fin de apoyar la naturaleza y utilizar «dinero público para bienes públicos». El nuevo plan de Gestión Medioambiental del Suelo (ELM, por sus siglas en inglés), como se denomina, se diseñó para sustituir los pagos directos que la Unión Europea solía conceder simplemente por poseer tierras de cultivo, por un conjunto de incentivos que pagan por resultados medioambientales.

Defra, el departamento encargado de los ELM, estableció tres nuevos planes a principios de 2023 tras años de consultas. El primero es un incentivo a la agricultura sostenible para prácticas que mejoren la salud del suelo, que se recompensará con hasta 58 libras por hectárea, aproximadamente el mismo beneficio medio anual por hectárea de la agricultura convencional en el Reino Unido. Los otros dos regímenes se refieren a la recuperación de la naturaleza a escala local y paisajística, y ofrecen hasta 537 libras por hectárea para restaurar las marismas ricas en carbono.

«Dado que el mercado no recompensa adecuadamente el suministro de bienes públicos medioambientales, el ELM será una forma eficaz de que el Gobierno intervenga y utilice fondos públicos para suministrarlos», afirman desde Defra. La prueba de su viabilidad será una creciente implantación del sistema en los próximos años, siempre que no se vea frustrada o retrasada por la incertidumbre política en el Reino Unido. Con todo, el ELM ofrece una oportunidad única para replantear el papel del Estado en la defensa de la naturaleza en el Reino Unido, y la esperanza es que modelos como este, sea cual sea su forma, refuercen aún más los argumentos económicos a favor de la regeneración.[27]

De regreso a Londres desde Knepp, no pude evitar mirar con otros ojos los campos por los que pasaba a toda velocidad. Lo que me habían parecido unos campos verdes y amables contrastaban ahora con la diversidad y viveza de lo que había dejado atrás. Si la regeneración es posible en un paisaje tan segmentado y cuidado como el de Gran Bretaña, sin duda puede ser adoptada prácticamente en cualquier lugar, por cualquier agricultor, eligiendo cualquier ámbito que tenga sentido para su economía y para el ecosistema, que, de esta forma, pueden ayudar a mantener.

Pero, aquel día, la lógica económica se había enriquecido con algo más: la sensación de asombro que produce vislumbrar cómo podría ser un entorno agrícola menos domesticado y más lleno de vida.

«Creo que eso es lo que la gente encuentra tan emocionante [...] ven este paisaje que tenemos alrededor y se dan cuenta de que en 2004 solo eran campos de trigo», me comentó Isabella en un momento de mi visita, mientras un ciervo rojo pasaba a lo lejos y nuestros ojos volvían hacia la caja de galletas. «La naturaleza se recupera si lo haces bien. En esta época de ansiedad ecológica, la crisis a la que nos enfrentamos puede ser aterradora. Te hace sentir completamente impotente. Lo que veo en los ojos de la gente cuando visitan lugares como Knepp es el brillo de volver a sentirse protagonistas».

Cuánta razón tenía. Restauración de la naturaleza, agricultura regenerativa, alimentar al mundo sin penalizar a la Tierra. De alguna manera, contra todo pronóstico, todo parecía de pronto al alcance de la mano.

Junglas urbanas

Singapur es hoy sinónimo de modernidad. Dos años después de independizarse de Gran Bretaña en 1963, Malasia expulsó a la ciudad-Estado de su federación tras unos disturbios raciales. Pocos esperaban lo que vino después. Singapur adoptó una fórmula basada en el comercio y la inversión que la convirtió en la ciudad-Estado futurista y cosmopolita que hoy conocemos. Situada en la encrucijada del sudeste asiático, cuenta con una de las poblaciones más ricas y mejor educadas del mundo. Políticos de toda clase señalan a este «tigre asiático» como modelo de desarrollo.

Pero no hace tanto tiempo que en Singapur había tigres de verdad. La isla se encuentra en el extremo sur de la península malaya, en el corazón de una de las ecorregiones más biodiversas del planeta, a tiro de piedra de las selvas de Sumatra. «Siempre hay algunos tigres merodeando por Singapur, y matan de media a un chino todos los días», escribió en 1854 el célebre naturalista británico Alfred Russel Wallace, refiriéndose a la riqueza del ecosistema, aunque utilizara un lenguaje que hoy en día sería incorrecto. Wallace utilizó el entonces destartalado puesto comercial como base para explorar el archipiélago malayo, y concibió la teoría de la evolución independientemente de Darwin, por lo que, en opinión de muchos, ha sido injustamente ignorado a pesar del agotador trabajo de campo y la enorme curiosidad científica que hicieron posible su descubrimiento.

Un siglo y medio más tarde, está claro por qué muchos europeos y estadounidenses creen que esta pequeña nación insular los ha dejado atrás, aunque su progreso se haya producido a costa de ciertas libertades. Cuando, tras aterrizar, uno entra en el impresionante Changi, de techos altísimos, tiene la sensación de encontrarse en una galería de arte en lugar de en un aeropuerto. En mis visitas quincenales desde la vecina Indonesia, un sistema de transporte hipereficiente me llevaba por la ciudad en cuestión de minutos. Rascacielos relucientes salpicaban los diversos muelles que conforman el centro de la ciudad, cada uno con un diseño único y reconocible al instante. Las carreteras estaban notablemente libres de atascos —como resultado del sistema de peajes y de un severo control del uso de automóviles—, lo que suponía una relajante diferencia respecto a los embotellamientos de Yakarta y Bali, donde yo vivía. Las tres principales culturas de Singapur —china, malaya e india— se habían combinado con la huella del colonialismo británico y elementos del capitalismo occidental para dar lugar a una ciudad que parecía atesorar el pasado incluso cuando se proyectaba hacia el futuro.

A pesar de toda su sofisticación tecnológica, Singapur sigue siendo prisionera de la geografía. Situada justo debajo del ecuador, la ciudad-Estado es, básicamente, calurosa y húmeda. Las temperaturas superan regularmente los 30 °C durante todo el año y, a diferencia de otras partes de Asia, la lluvia es una característica constante de la vida singapurense, más que un asunto estacional. Cuando yo estaba en Singapur, las tormentas descargaban sin previo aviso, haciendo que los oficinistas elegantemente vestidos salieran corriendo en busca de refugio. Poco después, el sol se abría paso, refulgían los charcos y las torres de cristal, y el calor húmedo volvía a envolver la ciudad.

Esta situación no hará sino intensificarse a medida que el planeta se caliente. El Centro de Investigación Climática de Singapur ha pronosticado que, si seguimos por el mismo camino, la ciudad-Estado será hasta 4,6 °C más calurosa a finales de siglo, con precipitaciones más intensas y frecuentes, y una subida del nivel del mar de hasta un metro.[1]

La otra característica que define a esta nación insular es su tamaño. Singapur es realmente diminuto. Todo el país tiene una superficie de 720 kilómetros cuadrados —aproximadamente el tamaño de Nueva York— y carece de territorio interior. En ese espacio se hacinan siete millones de habitantes, sus casas, las oficinas y fábricas en las que trabajan, y las tiendas y restaurantes que hacen de Singapur un destino gastronómico y comercial.

* * *

La Singapur colonial había seguido una senda de desarrollo convencional y más bien destructiva. Ya en 1854, Wallace se mostraba consternado por la deforestación de esta parte del mundo antaño exuberante. «En el futuro nos verán como un pueblo tan obsesionado con la obtención de riqueza que nos ha cegado hasta no poder ver objetivos más elevados. Nos acusarán de haber permitido voluntariamente la destrucción de algunos de los legados de la Creación que era nuestra obligación preservar», escribió. Un oasis en la época de Wallace podría haber sido el Jardín Botánico, creado en 1859 para promover el ideal victoriano de una naturaleza que debía ser catalogada, observada y puesta al servicio del Imperio.

Mientras los jardines y otras reliquias coloniales de este tipo sobreviven hasta nuestros días, la lógica empresarial del Singapur moderno podría haber llevado, como en otros lugares, a pavimentar el resto de la isla para albergar nuevas familias, proporcionar espacio para oficinas a sus empresas y desarrollar más los famosos centros de venta ambulante de la ciudad para servir cada vez más platos de fideos picantes. Por eso me sorprendió saber que, en la actualidad, casi la mitad de la isla son zonas verdes: una parte son parques y jardines, pero otra son bosques vírgenes, manglares y humedales.[2]

Singapur no puede optar por relegar la naturaleza a parques nacionales a varias horas de distancia, como hacen otras ciudades, porque no tiene espacio. En su lugar, la «ciudad jardín», como la bautizó Lee Kuan Yew en 1967, se ha visto obligada a convertirse en un modelo de cómo ceder espacio a la naturaleza cuando el que se dispone es escaso.[3] El resultado es un paisaje por el que se puede pasear, con calles arboladas; parques con arroyos serpenteantes habitados por nutrias; un parque nacional donde es posible realizar un safari nocturno; y bosques y manglares para practicar senderismo y kayak. Singapur ofrece una muestra de cómo puede ser una ciudad sumamente habitable, protegida y articulada por infraestructuras naturales (verdes) y humanas (grises).

Pocos países se enfrentan a las limitaciones de espacio de esta pequeña nación insular. Si Singapur puede hacerlo, prácticamente todas las zonas urbanas deberían, en mi opinión, poder justificar desde un punto de vista económico la incorporación de la naturaleza dentro y alrededor de ellas.

Busque el término «infraestructura verde» y, como hemos visto antes, encontrará un desconcertante abanico de definiciones, muchas de

Los Jardines de la Bahía de Singapur, uno de los muchos esfuerzos de la ciudad por reverdecer.

ellas relacionadas con el uso del agua y todas arraigadas en la jerga medioambiental.

Según la Agencia de Protección del Medio Ambiente de Estados Unidos, «las infraestructuras verdes utilizan plantas, suelos, diseños paisajísticos y técnicas de ingeniería para retener, absorber y reducir la escorrentía de aguas pluviales contaminadas».[4] La Agencia Europea de Medio Ambiente tiende a considerar las infraestructuras verdes (IV) en términos más amplios. Según la agencia, «Un amplio abanico de características medioambientales que operan a diferentes escalas y forman parte de una red ecológica interconectada [...] deben ser algo más que simples "espacios verdes"», admite, y afirma que «las IV están pensadas para mantener y mejorar los beneficios que aportan a la sociedad en forma de alimentos, materiales, agua limpia, aire limpio, regulación del clima, prevención de inundaciones, polinización y ocio».[5] Si persevera ante estas expresiones de moda, se verá recompensado con más terminología, incluido el concepto de «redes verde-azul», que integran árboles y vegetación con vías fluviales y humedales para mejorar el medioambiente local y reforzar la resistencia climática.

Todos estos términos apuntan a lo que, en mi opinión, es una noción simple e intuitiva: que nuestras ciudades pueden incorporar la naturaleza a su interior en lugar de mantenerla fuera. Esto puede hacerse de distintas formas: desde construir fachadas «verdes» en los edificios y plantar árboles en las avenidas hasta restaurar ríos y manglares. Pero el núcleo de esta idea pasa por reconocer que muchos de nuestros problemas urbanos, desde las inundaciones hasta el calor extremo, se deben a que intentamos combatir la naturaleza con hormigón y acero. Aunque las nuevas tecnologías, como las novedosas defensas contra inundaciones y los aparatos de aire acondicionado de bajas emisiones, formarán parte de nuestras herramientas de adaptación al clima, la naturaleza ofrece un complemento sólido a estos ejemplos de ingenio humano.

A lo largo de este capítulo, utilizaré el término «infraestructura verde» en el sentido más amplio posible para englobar todas las formas en que las ciudades trabajan con la naturaleza, en lugar de contra ella. Ciudades de todo el mundo están empezando a cosechar los frutos de este enfoque. Como veremos, esta ecologización no solo hace que nuestras ciudades sean más bonitas y habitables, sino que además promete una importante aportación económica que ya no podemos permitirnos ignorar.

* * *

Volvamos a Singapur por un momento para conocer de cerca un oasis de sesenta hectáreas dentro de su jungla urbana: el parque Bishan-Ang Mo Kio (AMK).

El parque AMK se levanta sobre lo que antaño fue un río hormigonado utilizado para drenaje. Con el fin de adaptarse a unas precipitaciones cada vez más intensas, Singapur tuvo que elegir entre mejorar el canal de hormigón o eliminarlo y convertirlo de nuevo en un río natural. La ciudad se decantó por esta última opción tras estudiar los costes y beneficios de ambos planteamientos, decidiendo no solo proporcionar una forma natural de gestión de las aguas pluviales, sino también transformar este espacio en un centro recreativo para residentes y turistas.

Como todo en Singapur, las obras avanzaron a buen ritmo y los resultados fueron impresionantes. El parque AMK renaturalizado aumentó su capacidad de transporte de agua en un 40%, mejorando el control de las inundaciones y la gestión de las aguas pluviales, y generó un aumento del 30% en la biodiversidad: se registraron avistamientos de muchas especies raras de flores silvestres, aves y libélulas.[6] Pero lo más importante es que la integración de la infraestructura con el parque ha creado un espacio verde vibrante y saludable para que la gente haga ejercicio, se relaje, socialice y conecte con la naturaleza. A partir de una ingeniosa idea, se utilizaron los bloques de hormigón del antiguo canal para construir un montículo con vistas al que se le puso el nombre de Recycle Hill; una mañana calurosa y húmeda, subí al montículo y contemplé un exuberante ecosistema que costaba creer que estuviera en el corazón de una gran ciudad.

De entrada, podría parecer el fruto de una Administración rica capaz de pagar un dineral para embellecer el entorno. Sin embargo, resulta que los argumentos económicos a favor de invertir en el AMK son tremendamente convincentes, como constataron los investigadores de la National University of Singapore. En primer lugar, la construcción de la infraestructura verde ahorraba dinero a Singapur. El coste de modernizar el canal de hormigón de 2,7 km de longitud habría sido de 133 millones de dólares singapurenses, unos 95 millones de dólares estadounidenses. Resilvestrar el río e integrarlo en el parque costó algo más de la mitad. Pero, además, el parque también hizo más habitable Singapur, y resulta que esos beneficios recreativos, socioculturales y turísticos también pueden cuantificarse: los investigadores calcularon que estos beneficios económicos más generales suman entre 100 y 220 millones de dólares anuales.

Desde una perspectiva aún más amplia, estos proyectos y los servicios ecosistémicos que prestan a las ciudades pueden contribuir significativamente al bienestar humano. Además de atraer a visitantes, los espacios verdes urbanos mejoran la salud mental de sus habitantes. A escala comunitaria, se calcula que la existencia de Bishan-AMK supone un ahorro anual de 59 millones de dólares en costes sanitarios para la población de Singapur, una cifra derivada del gasto evitado en salud mental.[7]

El parque AMK no es más que un ejemplo bien documentado de los muchos beneficios que la naturaleza puede ofrecer a los habitantes de las ciudades; beneficios que en un primer momento tal vez parezcan difusos, pero que pueden sumar cientos de millones de euros.

Está claro que las infraestructuras clásicas tienen su lugar –Singapur no sería el éxito empresarial que es sin su veloz sistema de transporte público o esos relucientes rascacielos–, pero la naturaleza ofrece un complemento o contrapeso a las infraestructuras grises que se amortiza con creces con el paso del tiempo, tal como puede demostrarse.

De hecho, he constatado que están surgiendo brotes de ecologización urbana por todo el mundo y que, allí donde aparecen, reportan beneficios tanto para los habitantes de esas zonas como para la ecología urbana del entorno.

Pensemos en el calor, esa pesadilla de la vida urbana que se intensificará con el cambio climático. Los edificios y el asfalto tienden a crear islas urbanas de calor que pueden ser de 1 a 4 °C más cálidas por término medio que las zonas circundantes. El aire acondicionado no hace sino agravar el problema, ya que enfría el interior de los edificios pero expulsa el calor a las calles.

Las ciudades de todo el mundo están descubriendo que los tejados verdes, los muros verdes y los árboles pueden suponer una gran diferencia. Toronto, por ejemplo, ha calculado que añadir una cubierta verde a tan solo el 6 % de sus tejados podría reducir el efecto isla de calor entre 1 y 2 °C durante los veranos.[8] El proyecto Corredores Verdes de Medellín también ha reducido la temperatura de la ciudad en 2 °C.[9]

Aunque pudiera parecer algo obvio, hemos sido testigos de cómo muchas ciudades de todo el mundo han pavimentado su riqueza natural; solo cuando hacemos bien los cálculos resulta evidente el valor de algo tan sencillo como la sombra. El condado de Sacramento, en el norte de California, una región antaño densamente arbolada, se enfrenta ahora al aumento de las temperaturas, las sequías y los incendios forestales. Se calcula que el bosque urbano que Sacramento ha mantenido y protegido –constituido por unos seis millones de árboles– reduce el consumo de aire acondicionado en más de un 10 %, lo que supone un ahorro anual para sus habitantes de casi 20 millones de dólares. Los árboles también absorben contaminantes atmosféricos por un valor implícito de 28,7 millones de dólares. En conjunto, los estudios constatan que cada árbol urbano aporta 90 dólares de beneficios al año, frente a los 30-35 dólares que cuesta su mantenimiento.[10]

Además, no habría que subestimar las mejoras en la calidad del aire que aportan los árboles urbanos. Según estudios realizados por The Nature Conservancy en varios países, las ventajas de plantar árboles son aún mayores en las ciudades en desarrollo acosadas por el espectro de la contaminación del aire, como Yakarta, Ciudad de México, El Cairo y Karachi, entre otras. Una inversión anual de tan solo cuatro dólares por habitante, a lo largo de varios años, podría obtener resultados significativos y amortizarse con creces por el descenso que supondría en los costes sanitarios.[11]

Por encima de todo, tal como vemos en Singapur, la presencia de la naturaleza simplemente convierte a las ciudades en lugares más agradables para vivir. ¿Cómo cuantificar estos beneficios? En Londres, un grupo de organizaciones, entre ellas la Greater London Authority y Vivid Economics (una consultora), trabajaron para determinar los beneficios. Descubrieron que los espacios verdes de la ciudad ayudaban a los londinenses a ahorrar 950 millones de libras anuales en costes sanitarios al proporcionarles espacios para hacer ejercicio. Más allá del espacio para correr o jugar al fútbol, los parques aportan de forma natural la sensación de paz y calma que suelen anhelar los estresados habitantes de las ciudades; en este sentido, se estima que en Londres ayudan a evitar un gasto de 370 millones de libras que de otro modo deberían destinarse al tratamiento de problemas de salud mental.[12]

Las infraestructuras verdes también pueden planearse más allá de los centros urbanos: pueden sustituir a las infraestructuras grises que hay en el extrarradio de las ciudades y que son necesarias para el funcionamiento de la zona metropolitana. El caso clásico de los montes Catskill, a 160 kilómetros río arriba de la ciudad de Nueva York, sigue siendo tan pertinente hoy como en la década de 1990. Llegado el momento de modernizar el sistema de filtración y tratamiento del agua de Nueva York, el presupuesto ascendía a una factura inicial de entre cuatro mil y seis mil millones de dólares más unos costes anuales de 250 millones, de manera que la ciudad optó por otra solución: recurrir a la naturaleza. Gastando menos de una octava parte de esa cifra, Nueva York compró y restauró extensiones de terreno boscoso en los Catskills y, en colaboración con los agricultores de la zona, creó un programa único, el Whole Farm, para reducir la contaminación que se vierte en los ríos de los Catskills.[13,14]

Incluso hoy en día, la mayor parte del suministro de agua de la ciudad sigue siendo «sin filtrar», directamente de la fuente, que se mantiene prístina y purificada a lo largo del camino por medios naturales. Puede que este planteamiento no sea adecuado para todas las ciudades, pero está claro que las infraestructuras verdes pueden ser una buena inversión, incluso a la enorme escala de la ciudad que nunca duerme.

Quizá el argumento económico más convincente a favor de incorporar la naturaleza a las ciudades radique en los ecosistemas naturales que defienden a las ciudades de las devastadoras inundaciones y tempestades que amenazan su misma existencia. En las regiones templadas, esto puede significar la restauración de llanuras aluviales y marismas. Bélgica, por ejemplo, situada justo por encima del nivel del mar, está restaurando miles de hectáreas de humedales con un coste de seiscientos millones de euros; un proyecto que se completará en 2030. La alternativa parece terrible: según los estudios, el coste anual de los daños causados por las inundaciones podría ascender a mil millones de euros a finales de siglo si no se invirtiera en infraestructuras verdes.[15]

En climas más cálidos, los manglares desempeñan un papel estelar en la protección de ciudades y comunidades costeras. Un artículo pionero publicado en 2020 en *Nature* calculó finalmente el valor que ciudades como Manila o Miami obtienen de la protección contra inundaciones basada en los manglares: el resultado fue la asombrosa cifra de 65.000 millones de dólares.[16] Estas protecciones surtieron efecto en épocas especialmente duras; el 90 % de los beneficios se produjeron durante ciclones tropicales y no en condiciones de lluvia normales. Otras estimaciones cifran en ochenta mil millones de dólares los beneficios totales de la resistencia a las inundaciones en todo el mundo.[17]

En un giro interesante, los manglares pueden incluso ayudar a proteger de los estragos de un clima cambiante a las propias infraestructuras construidas que necesitamos para la transición climática. Un estudio realizado por la consultora Earth Security a petición de los inversores de un parque eólico de Pakistán reveló que una inversión de 352.400 dólares en la regeneración de los manglares reportaría al parque eólico unos beneficios de 7 millones de dólares por la reducción de costes de mantenimiento derivados de las inundaciones, y que generaría además otros 7 millones de dólares para las comunidades locales gracias a la creación de nuevos puestos de trabajo basados en proyectos y al mayor rendimiento en la pesca de la gamba.[18]

La historia de la infraestructura verde no es solo un conjunto de éxitos, todos ellos listos para ser disfrutados, o de proyectos enormes como los de Singapur. Es más bien una historia en evolución que se desarrolla a lo largo de décadas, a medida que las ciudades crecen y dan tímidos pasos para volver a valorar la ecología urbana.

El destino de Bombay, la bulliciosa capital comercial de la India junto al mar, siempre ha estado íntimamente ligado a las mareas. Al principio, los colonos británicos vieron una ventaja estratégica en su puerto de aguas profundas, situado en la costa occidental de la India y perfectamente posicionado para el comercio a través del mar Arábigo. Así que, partiendo de lo que había sido un conjunto de siete islas pantanosas habitadas por modestas comunidades pesqueras, se embarcaron en un vasto proyecto de control de la naturaleza. A partir de finales del siglo XVIII, se construyeron una serie de diques y se ganaron tierras, sin tomar en consideración la ecología del entorno. En 1838, Bombay se había convertido en una península sin solución de continuidad, base de un centro comercial e industrial que perdura hasta nuestros días. A lo largo del siglo XX continuaron los avances sobre el mar, que culminaron con la construcción del distrito comercial de Nariman Point en la década de 1970.[19]

Desde entonces, la presión urbanística no ha cesado. Entre 1977 y 2017, Bombay perdió casi el 65 % de sus masas de agua y vegetación.[20] Pero, mientras las barreras naturales contra las mareas y tempestades desaparecieron dentro de los límites de la ciudad, alrededor de Bombay quedó un vasto ecosistema de manglares y humedales que han recibido cierto grado de protección. Visto desde arriba, el Parque Nacional Sanjay Gandhi parece abrazar la ciudad, y los habitantes de Bombay a menudo perciben signos de su entorno más salvaje. Grandes bandadas de flamencos descienden todos los inviernos a los humedales de Navi (Nueva) Bombay, y un número récord deleitó a una ciudad encerrada sobre sí misma durante la primera ola del covid en 2020. Incluso se producen avistamientos ocasionales de leopardos en los suburbios, lo que mantiene en vilo a los residentes y provoca el frenesí de los medios de comunicación locales.

Desgraciadamente, estos bienvenidos destellos de la biodiversidad de la región ocultan una infraestructura urbana que tiene graves consecuencias para sus ciudadanos. En los últimos años, la ciudad se ha visto afectada por precipitaciones históricamente elevadas, ya que el cambio climático ha intensificado los ciclones en el mar Arábigo y ha modificado los patrones monzónicos. Con la expansión urbana sustituyendo los humedales naturales y los canales fluviales que había antes, las calles se convierten en ríos y las inundaciones se cobran vidas y medios de subsistencia con una intensidad y frecuencia preocupantes. Son los residentes menos privilegiados de la ciudad quienes sufren la mayor parte de estos desastres. Y no parece que la presión por urbanizar vaya a ceder: el Banco Mundial calcula que Bombay tendrá que pagar 6.400 millones de dólares anuales para cubrir los costes relacionados con las inundaciones de aquí a 2050.[21]

Sin duda, parte de la solución consiste en mejorar las destartaladas infraestructuras grises de la ciudad. Los sistemas de desagües pluviales de la época colonial son insuficientes, por lo que su renovación es una prioridad. También lo es la instalación de muros, bombas y compuertas para que los barrios sigan siendo seguros. Pero los dirigentes de la ciudad y un comprometido grupo de activistas, filántropos y científicos también quieren emular a Singapur. Reforzar las defensas naturales de la ciudad, en lugar de limitarse a someter a la naturaleza como hicieron en su día los amos coloniales de Bombay, forma parte de sus objetivos.

Manglares en los alrededores de Bombay. © Aaran Patel, cortesía del autor.

El Plan de Acción Climática 2022 de Bombay, un esfuerzo conjunto de las Administraciones, el World Resources Institute y la red de ciudades C40, que incluye a Singapur, subraya el papel de la naturaleza para hacer frente a la vulnerabilidad de Bombay al cambio climático. Por un lado, la ciudad ha hecho de la ecologización urbana y la biodiversidad uno de los seis pilares fundamentales de su plan, destacando el papel de la naturaleza en la lucha contra el cambio climático y las ventajas de los proyectos verdes para reducir el efecto isla de calor urbana, así como para mejorar la salud y el bienestar de los habitantes de la zona. El plan también admite que el «hormigonado» a gran escala de la ciudad ha agravado los problemas monzónicos de Bombay, y reconoce que «las soluciones basadas en la naturaleza contribuirían en gran medida a reducir las inundaciones anuales». De cara al futuro, el plan ofrece un análisis detallado de la vulnerabilidad de la ciudad y una serie de objetivos cuantitativos a corto y medio plazo.[22] Bombay también se ha unido a otras ciudades para recuperar la naturaleza. En 2021, 31 ciudades, desde Tel Aviv y Tokio hasta Bombay y Milán, firmaron la Declaración sobre la Naturaleza Urbana del C40. En ella, cada una de estas ciudades se comprometía a utilizar sus presupuestos municipales y otras herramientas políticas para lograr entre un 30 % y un 40 % de cubierta arbolada y vegetal en 2030, y a garantizar que el 70 % de los residentes no estuvieran a más de quince minutos a pie o en bicicleta de espacios verdes o azules.

Aaditya Thackeray, a la sazón ministro de Medio Ambiente y Cambio Climático del Estado, describió el compromiso de Bombay con el C40 como la parte más relevante del plan de acción climática de la ciudad. «El cambio climático refleja la mayor de las desigualdades: los menos responsables son los más afectados», afirmó durante la presentación del proyecto, añadiendo que alberga la esperanza de que Bombay pueda ser «un brillante ejemplo de cómo diversos ecosistemas pueden prosperar en entornos urbanos para lograr una resiliencia climática inclusiva para todos».[23]

Freetown, la capital de Sierra Leona, también pensaba en la lucha contra las inundaciones cuando firmó la declaración, con la que pretendía revertir la deforestación que había provocado devastadores corrimientos de tierra en los últimos años. «Freetown the Treetown (Freetown, la ciudad de los árboles) es el ambicioso plan de nuestra ciudad para plantar y cultivar un millón de árboles en dos temporadas de lluvias», declaró la alcaldesa Yvonne Aki-Sawyerr. «Pero no solo los plantamos, sino que también los cultivamos, lo que significa que controlamos su crecimiento y damos nueva vida a nuestras laderas y manglares».[24]

Lubaina Rangwala, del World Resources Institute, una de las autoras del plan de acción climática de Bombay, me dijo que la insistencia en devolver la naturaleza a Bombay reflejaba un cambio de mentalidad que abarcaba a los distintos grupos de interés de la ciudad. «Hay un nuevo debate en toda la ciudad. Y no solo participan en él los políticos, sino también los ciudadanos, que exigen un cambio y que dejemos atrás nuestro amor por el hormigón y el acero tras la independencia. Los argumentos económicos que subrayan el impacto positivo de la naturaleza en la salud y las infraestructuras son cada día más claros».

Ella me dijo que esta nueva actitud también reflejaba un reconocimiento del pasado de la ciudad. «Toda la ciudad se ha ido construyendo sobre un delta [...], sobre marismas y humedales. ¿Qué significa poder devolver algunos de ellos a su estado original y recuperar la defensa natural contra las inundaciones que tuvo la ciudad en su día? Significa replantearse cuál deba ser la estética del desarrollo moderno».

En *Bombay Imagined*, un meticuloso compendio de proyectos que no se llegaron a construir pero que jalonan la historia urbanística de Bombay, Robert Stephens pone de relieve varias propuestas antiguas para replantear el tejido urbano de la ciudad, desde crear un espacio verde al estilo de Central Park en el corazón de la ciudad –concretamente en el lugar donde se levantó un hipódromo en la época colonial (una iniciativa que, según me sugirió un asesor gubernamental, aún podría ver la luz)– hasta un aviario para devolver los buitres a las Torres del Silencio zoroastrianas.

Pero el libro de Stephens empieza por el mismo principio, en 1670, cuando el gobernador Gerald Aungier se planteó la construcción de una ciudad en la isla de Bombay. «Es un asunto de gran importancia y, sin duda, provocará el descontento de los habitantes cuando sus árboles sean talados y destruidos», escribió Aungier, reflejando la reticencia de la población local, que en aquella época dependía de la naturaleza. Y, en realidad, la situación de los habitantes de Bombay no ha cambiado tanto a pesar de los años; el futuro de la ciudad dependerá, en gran medida, de si son capaces de pensar un nuevo urbanismo centrado en la naturaleza en los años venideros.

Cuando consideramos los argumentos a favor de la naturaleza y los examinamos en detalle, se descubre que son la solución obvia, lo que me lleva invariablemente a plantearme una pregunta: ¿por qué las infraestructuras verdes, en sentido amplio, siguen siendo la excepción en nuestras ciudades?

Por un lado, las ciudades rara vez experimentan un desarrollo planificado cuidadosamente y con el futuro en mente, como el que se produjo en Singapur.[25] Parte del dinamismo de nuestras aglomeraciones urbanas se debe a la energía emprendedora y al empuje de sus nuevos habitantes. Pero muchas ciudades han vivido décadas o siglos de expansión desordenada. En alguna de esas etapas, puede que haya sido más rentable desecar un humedal o arrasar un bosque para facilitar el crecimiento; es comprensible que al principio los tejados vegetales hayan sido menos prioritarios que las azoteas. Pero nunca es tarde para recuperar la naturaleza, aunque lleve generaciones desterrada de los límites de la ciudad. Esto es tan cierto en el mundo en desarrollo, en lugares como Bombay y Medellín, como en Londres, una ciudad con dos mil años de existencia.

Un problema muy real es la ortodoxia urbanística que prima los grandes proyectos grises que pueden generar titulares (y, en algunos casos, sobornos para los funcionarios) frente a planteamientos ecológicos más sencillos. Esto repercute en la capacidad de financiación. Para ser justos, las infraestructuras verdes no se conocen bien, y puede resultar difícil medir y predecir la eficacia de estos proyectos. Los responsables a menudo carecen de datos cuantificables relevantes para la planificación urbana de su región. A pesar de todos sus éxitos, estos enfoques siguen siendo la excepción, y la falta de confianza y familiaridad además de la incertidumbre sobre su rentabilidad pueden hacer que los políticos (y el ejército de consultores que los asesora) se inclinen por la opción por defecto.[26]

Influye también el carácter cortoplacista de la toma de decisiones públicas y privadas en las ciudades. Los proyectos de infraestructuras verdes requieren a menudo una planificación y un mantenimiento de varias décadas para que sus beneficios se materialicen plenamente. Esta rentabilidad tardía puede resultar contraindicada para la valoración de funcionarios y empresarios que buscan ser reelegidos o tienen que presentar sus informes anuales.[27]

Luego está la cuestión de cómo pagar las inversiones en infraestructuras verdes y quién disfrutará de sus beneficios. Cuando se trata de infraestructuras grises, los promotores pueden financiar la inversión con una serie de herramientas financieras: las carreteras pueden pagarse con peajes o impuestos locales, y las plantas de tratamiento de agua con tasas. A las ciudades les resulta fácil pedir dinero prestado o conseguir financiación para sus proyectos con cargo a estos flujos de caja futuros, fácilmente financiables por los inversores en infraestructuras y los bancos tradicionales.

Pero los bienes públicos que resultan de reintroducir la naturaleza en las ciudades son a menudo literalmente públicos, lo cual quiere decir que sus beneficios no pueden ser monetizados por ninguna de las partes. No es de extrañar que no haya grandes promotores de infraestructuras verdes dispuestos a participar en licitaciones para la restauración de manglares o la construcción de parques públicos para luego ejecutar y mantener estos proyectos durante décadas. Los Gobiernos son los que más cerca están de poder apropiarse de los beneficios de estas inversiones, en forma de reducción de los costes sanitarios y de los gastos en ayudas ante las catástrofes, que ahora sabemos que son sustanciales. Así que, a diferencia de otras inversiones, estas podrían ser más pertinentes para el sector público, aunque hubiera margen para innovar con fuentes privadas de financiación.[28]

Incluso los ayuntamientos con visión de futuro se enfrentan a muchos obstáculos. Un estudio detallado de la Comisión Europea en 2020 descubrió que ciudades como Glasgow, Turín y Eindhoven habían tenido dificultades en varios frentes, a pesar de que sus políticos habían decidido invertir en infraestructuras verdes. Más allá de la falta de proveedores cualificados y de competencias y conocimientos en el sector privado, los autores del informe también pusieron de relieve los numerosos obstáculos institucionales y jurídicos, arraigados en los paradigmas tradicionales de las infraestructuras grises.[29]

Resulta alentador que se estén realizando esfuerzos para ayudar a los responsables políticos a estructurar las inversiones urbanas en torno a la naturaleza, del mismo modo que un ejército de consultores y financieros lo hacen para contribuir a las infraestructuras grises. En 2022, The Nature Conservancy y la consultora Pegasys pusieron en marcha el centro Nature4Water, «concebido para ofrecer asistencia técnica de primera clase a los promotores locales de programas de inversión en cuencas hidrográficas».[30] Oliver Karius, consejero delegado de LGT Venture Philanthropy y uno de los promotores de Nature4Water, explicó por qué era una propuesta atractiva para los ayuntamientos: «Vengo de Sudáfrica y en Ciudad del Cabo tenemos el Día Cero, cuando la ciudad se queda sin agua. En vez de invertir en ósmosis inversa con generadores diésel o lo que fuera para suministrar agua, en Ciudad del Cabo hace tiempo que se sabe que hay que invertir en la naturaleza, pero no se habían creado las condiciones para hacerlo. The Nature Conservancy ayudó a desarrollar el argumento económico de que la eliminación de especies invasoras en las zonas de captación alrededor de Ciudad del Cabo proporcionaría dos meses de agua dulce para Ciudad del Cabo gastando una décima parte del presupuesto que se estaba destinando entonces». Este tipo de intervenciones son las que el equipo de Nature4Water quiere acelerar: «Una vez que expones el proyecto y presentas los datos, la gente dice: "Un momento, vamos a estudiarlo, tiene sentido desde el punto de vista económico"».

Merece la pena preguntarse si las infraestructuras verdes están muy extendidas pero no se reconocen. Los casos que se relatan en este capítulo hablan de ciudades que toman medidas proactivas para integrar la naturaleza en el medio urbano. Pero incluso en las ciudades que no lo hacen, la naturaleza, de forma subrepticia, sigue sirviendo silenciosamente a los residentes. Esos beneficios refrescantes, purificadores, que protegen de las inundaciones, no forman parte del cálculo que utilizan las entidades públicas y privadas para valorar los espacios que gobiernan y habitan. En el próximo capítulo veremos cómo la idea genérica del capital natural puede permitirnos hacer un balance de esos beneficios e introducirlos por fin en el limitado pensamiento económico que sigue dominando el mundo. De momento, bastará con detenernos para identificar estos beneficios naturales difusos que hacen que las ciudades sean habitables.

En mi opinión, en la próxima década veremos el reverdecimiento de las ciudades del mundo, a medida que más lugares calculan sus costes y beneficios, y el sector privado y las asociaciones sin ánimo de lucro desarrollen la experiencia necesaria para dar su apoyo a las ciudades.

El primer paso, y el más obvio, es que las ciudades protejan lo que ya tienen en su interior. Ya se están cuantificando los beneficios de los humedales, manglares y bosques. Esto por sí solo debería constituir un poderoso argumento económico a favor de la protección de la naturaleza, empezando hoy mismo, aunque signifique costes adicionales a corto plazo, con el fin de construir núcleos urbanos más verdes y densos en lugar de resignarnos a una expansión suburbana sin fin. El ejemplo de Singapur sigue siendo instructivo en este sentido: sin la opción de poder expandirse, la ciudad se ha convertido en un modelo de densificación inteligente, al tiempo que reserva una gran parte del suelo circundante para su conservación.

Pero, a la hora de construir las infraestructuras urbanas del futuro, los dirigentes de las ciudades y sus habitantes deberían considerar por igual las opciones grises y las verdes. Esto debería comenzar con las demandas que los ciudadanos hacemos a los políticos locales después de cada inundación u ola de calor. En lugar de tener el automatismo de pedir más canales o diques, ¿por qué no exigir a nuestros políticos que consideren alternativas verdes? Esto debería reflejarse en los procesos de contratación pública que utilizan las ciudades, con el fin de fomentar la presentación de alternativas ecológicas para cada proyecto tradicional que se esté considerando. Según la Comisión Europea, una contratación pública que contemplase alternativas verdes debería consistir en «fijar los resultados deseados en la licitación y solicitar a los proveedores que presentasen, sin más, sus ideas sobre cómo abordarlos».[31]

Un poco de creatividad también ayuda cuando se trata de hacer frente a los fantasmas de las infraestructuras grises del pasado. El High Line de Nueva York, un impresionante parque elevado con un sendero peatonal, se construyó en 2009 sobre una línea de tren en desuso. Resulta alentador que el proyecto surgiera de un movimiento popular, coordinado por el grupo sin ánimo de lucro Friends of the High Line, que sigue manteniendo el parque en colaboración con la ciudad. Otras ciudades han empleado ideas similares para revitalizar viejas y enormes estructuras de hormigón, quizá ninguna con más audacia que Madrid: donde antes había una autopista que atravesaba el corazón de la ciudad ahora se alza un hermoso espacio verde, Madrid Río, que proporciona nuevos pulmones a la ciudad.

El hecho de que algunas iniciativas ecológicas comiencen a nivel hiperlocal, en los barrios y no en el ayuntamiento, debería darnos esperanzas; con el tiempo, la inspiración podría acabar encontrándose en estos focos dentro de las ciudades y no al otro lado del mundo. Por ello, invitar a las comunidades a participar en la planificación de la infraestructura verde es otra obviedad, algo que debería estar en el centro de toda planificación urbana en el futuro. En el mejor de los casos, los espacios verdes unen barrios y comunidades, creando puestos de trabajo bien remunerados tanto en la integración de la infraestructura verde como en su mantenimiento a largo plazo. Para ello, una verdadera consulta en todas las fases del proceso puede ayudar a lograr la aceptación que las comunidades necesitan para sacar el máximo partido de estas iniciativas. Al igual que las infraestructuras grises, las verdes también pueden estar infrautilizadas; sería una pena sustituir un elefante blanco por otro.

Debemos mejorar el reparto de los beneficios del verde urbano. Como la mayoría de los demás tipos de infraestructuras urbanas, el acceso a las infraestructuras verdes está plagado de desigualdades. Un estudio de American Forests, una organización sin ánimo de lucro, demostró que los barrios en los que predominan las minorías tienen por término medio un 33 % menos de cubierta arbórea que los de mayoría blanca, y los más pobres tienen un 41 % menos que los más ricos; otro estudio de Friends of the Earth en el Reino Unido encontró una fuerte correlación entre la falta de espacios verdes, el origen étnico y los ingresos.[32,33] Este patrón poco edificante se repite en ciudades de todo el mundo; tenemos que diseñar las futuras iniciativas de ecologización urbana teniendo en cuenta el criterio de la equidad.

Por último, es importante tener claras las capacidades de las infraestructuras verdes en el contexto de un clima cambiante. Las IV pueden amortiguar eficazmente el aumento de las temperaturas y del nivel del mar, pero incluso las defensas naturales tienen sus límites y a veces no son suficientes. La planificación es prioritaria, pero las ciudades tendrán que aceptar las limitaciones de los proyectos verdes y seguir invirtiendo en la reducción de las emisiones de carbono de sus edificios y sus sistemas de energía y transporte.

Si una ciudad-Estado tan pequeña como Singapur puede recuperar parte del lado salvaje que Wallace descubrió en su día, otras zonas urbanas pueden seguir su ejemplo y, de paso, construir un futuro más verde, saludable y resistente para sus habitantes. La naturaleza debe estar tan presente en nuestras ciudades como en nuestros bosques y mares.

Capital natural: un marco de referencia

Hemos examinado de cerca varios ejemplos en que la incorporación de más naturaleza puede ser importante tanto para nosotros como para nuestro planeta, aportando, además, beneficios económicos. Ahora vamos a centrar nuestra atención en el capital natural, el marco que sustenta estos resultados. Todos estamos familiarizados con la idea de capital económico, aunque no siempre lo llamemos así. El capital tiene muchas formas y tamaños, e incluye el dinero que llevamos en nuestras carteras; el valor de nuestras casas, fábricas y coches; los balances de las empresas, y los presupuestos de los Gobiernos. El dinero mueve el mundo, y lo hemos utilizado para crear todo un sistema económico –más parecido a una ideología que a una mera estructura– que ahora llamamos capitalismo.

Se ha escrito mucho sobre la historia del capitalismo moderno desde su aparición a principios del siglo xix en Europa Occidental: desde sus precedentes en el mercantilismo de los siglos xvii y xviii, pasando por los enfrentamientos con el comunismo en la posguerra, hasta el resurgimiento de la defensa del libre mercado en forma de neoliberalismo en la década de 1980 y una variante más reciente para moderar los peores impactos del capitalismo sobre las personas y el planeta. Es posible que usted ya tenga su propia opinión sobre los méritos y deméritos del capitalismo. Mi opinión es que el capitalismo financiero ha hecho un trabajo encomiable en lo que a creación de riqueza se refiere y espantoso en lo que respecta a su distribución, pero hay muchas obras excelentes de escritores mucho más cualificados que yo para comentar este asunto.

El marco que proporciona el capitalismo financiero ha sido a lo largo de la historia una herramienta tremendamente útil para que particulares, empresas y Gobiernos gestionen sus recursos y cuadren sus cuentas. Dos conceptos constituyen el núcleo central de este marco de referencia: el *stock* (existencias) y el flujo.

Medir nuestro *stock* de capital nos permite averiguar cuánto valen nuestros activos en términos económicos en un momento dado. Si tiene la suerte de poseer una casa, tendrá una idea de lo que el mercado pagaría por ella ahora y de cómo ha cambiado o cambiará con el tiempo el valor de ese *stock* de capital. Para una empresa, el *stock* de capital puede incluir el valor de sus fábricas y los bienes que produce y almacena como inventario. Conocer su valor es esencial para comprender la salud financiera de la empresa.

Luego están los flujos de capital, que constituyen lo que se suele llamar «actividad económica». En el caso de una casa, el flujo de capital puede incluir el alquiler que se obtiene por alquilarla y los pagos que realiza si tiene una hipoteca. En el caso de una empresa, los flujos pueden ser los ingresos por la venta de sus productos y los salarios que paga a los trabajadores que los fabrican. Juntos, los *stocks* y los flujos de capital económico dibujan un panorama de lo que está ocurriendo en la economía de mercado moderna: si nos estamos enriqueciendo o empobreciendo con los *stocks* que tenemos, y si los flujos están en los niveles adecuados en relación con esas existencias.

El mismo razonamiento se aplica al capital natural. Pensemos, por ejemplo, en una población de árboles en una selva tropical de Borneo. Estos árboles se considerarían un activo de capital natural, o *stock*, mientras que la madera que puede extraerse de ellos sería un flujo. Otro ejemplo sería una zona de pesca en el Atlántico Norte: esos bancos de abadejo, bacalao y caballa representan un *stock* y proporcionan un flujo en forma de capturas anuales por parte del sector pesquero.[1]

El capital natural es simplemente el marco que reúne estas reservas y flujos. El Natural Capital Forum lo denomina «las reservas mundiales de activos naturales que incluyen la geología, el suelo, el aire, el agua y todos los seres vivos».[2] Los activos de capital natural, como los bosques o los océanos, proporcionan a su vez flujos, o servicios ecosistémicos, que generan beneficios sociales y contribuyen a la salud y al bienestar humanos.

Los flujos de servicios ecosistémicos pueden convertirse en capital financiero. Hasta la fecha, hemos valorado y monetizado sobre todo los flujos de productos naturales físicos, como la madera o el pescado. Sin embargo, el habernos centrado únicamente en estos servicios ecosistémicos ha sido la causa de su destrucción incontrolada. Este libro, y la economía del capital natural en su conjunto, trata de valorar una gama más amplia de servicios –desde la estabilización del clima hasta la polinización– y convertir la protección y restauración tanto de estos flujos como de sus *stocks* en beneficios económicos para las comunidades.

El Natural Capital Committee del Gobierno británico destaca la utilidad de estos flujos para la humanidad. Escribe que «el capital natural [es] la parte de la naturaleza que directa o indirectamente sustenta el valor que aporta a la sociedad, incluidos los ecosistemas, las especies, el agua dulce, los suelos, los minerales, el aire y los océanos, así como los procesos y funciones naturales».[3]

La Plataforma Intergubernamental Científico-Normativa sobre Diversidad Biológica y Servicios de los Ecosistemas (IPBES, por sus siglas en inglés) utiliza el refrescante y directo acrónimo NCP (*nature's contribution to people*, o contribución de la naturaleza a las personas) para referirse a los servicios que proporcionan los ecosistemas, destacando «el papel central que desempeña la cultura en la definición de NCP [...] especialmente la complementariedad entre los conocimientos científicos, indígenas y locales».[4]

Más adelante exploraremos el conocimiento indígena y local y cómo estas formas de conocimiento interactúan con la idea del capital natural, pero ahora puede que el lector se esté preguntando: ¿por qué este marco de referencia, que podría parecer de interés exclusivo de empresarios ecológicos y políticos, es relevante para el resto de nosotros? Porque por fin nos proporciona el lenguaje para describir y valorar lo que a estas alturas puede resultar evidente: los muchos beneficios, visibles y a menudo invisibles, que nos reporta la naturaleza.

Gretchen Daily es la directora del Stanford Natural Capital Project (NatCap) y quizá una de las científicas más destacadas del mundo en la labor de valorar la naturaleza. Cuando almorcé con ella en su bonito jardín de Palo Alto, nos sentamos rodeados de plantas y hierbas autóctonas y de abejas zumbando; un nudoso caqui estaba cargado de frutos; el perro de la familia olisqueaba la hierba. El aire fresco de febrero parecía un privilegio concedido gratuitamente después de algunas de las peores temporadas de incendios forestales en California.

Estábamos allí para hablar del marco unificador –el capital natural– que ella y su equipo han estado instrumentalizando. «Una forma de verlo es pensar en todos esos multimillonarios que se lanzan al espacio: ¿qué necesitarían para vivir en Marte? –se pregunta Gretchen–. Cuando intento hacer tangible el capital natural, pienso en todo lo que la humanidad necesitaría para construir un ecosistema próspero en otro planeta».

La labor pionera de Gretchen, realizada en parte en colaboración con el legendario ecólogo Paul Ehrlich, se centró en describir y precisar estos servicios ecosistémicos que ahora clasificamos en cuatro tipos: de aprovisionamiento, de regulación, de apoyo y culturales.

Los servicios de aprovisionamiento son los más obvios, como la madera de Borneo o el pescado de Islandia. Los seres humanos siempre se han alimentado, vestido y cobijado gracias a la generosidad de la naturaleza. Estos servicios no se limitan, sin embargo, a especies domesticadas.

Según la IPBES, los seres humanos dependen de cincuenta mil especies silvestres, y una de cada cinco personas depende directamente de plantas, animales y hongos silvestres para alimentarse y obtener ingresos.[5] La naturaleza también nos proporciona otras provisiones menos obvias, como las plantas medicinales. El Servicio Forestal de Estados Unidos calcula que el 40 % de los medicamentos que se pueden encontrar en una farmacia proceden de plantas, muchas de ellas basadas en conocimientos que las culturas indígenas han utilizado durante milenios.[6]

Los servicios de aprovisionamiento son los que tienen más probabilidades de ser cotizados y comercializados en el mercado abierto, y tienen valores de consumo y uso directo. En general, es probable que ese valor sea lamentablemente incompleto: ¿quién sabe cuántas otras plantas medicinales hay por ahí esperando a ser descubiertas por la medicina moderna? Pero las otras tres clases de servicios ecosistémicos aún están más lejos de ser valoradas, y la inmensa mayoría de sus beneficios siguen siendo invisibles para los responsables de la toma de decisiones. A pesar de que la naturaleza nos ofrece claros beneficios más allá de los servicios de consumo, estos rara vez se valoran en términos monetarios y su valor solo se aprecia de verdad una vez que se pierden.

Por servicios de regulación entendemos las muchas cosas que hace la naturaleza para que nuestro planeta sea habitable. La naturaleza absorbe carbono, como vimos en Colombia; filtra el aire y el agua, como vimos en Singapur y Nueva York; y frena las tormentas, como vimos en Bombay. En otros lugares, los polinizadores trabajan incansablemente para garantizar que el círculo de la vida continúe, con importantes consecuencias financieras para nuestro sistema alimentario: los estudios han permitido descubrir que una sola colonia de abejas hace posible una producción agrícola anual de hasta 1.050 dólares, un servicio que solo en Estados Unidos tenía un valor de 34.000 millones de dólares en 2012, o aproximadamente 44.000 millones de dólares de 2022.[7,8]

En tercer lugar están los servicios culturales, que hacen que merezca la pena vivir en nuestro planeta. Pensemos en el papel central que desempeña la naturaleza en las religiones y tradiciones espirituales de todo el mundo, la alegría que proporciona al excursionista o al buceador, la paz que da a un oficinista estresado que pasea por un parque urbano. Algunos de estos valores pueden inferirse a partir de las primas en los precios inmobiliarios, menor gasto en salud mental y disposición a pagar por el ecoturismo. Puede que la mayoría de los servicios culturales no encajen en un pensamiento económico estrecho. En todo caso, como veremos en el capítulo dedicado a los argumentos indígenas a favor de la naturaleza, nunca debemos perder de vista un argumento intrínseco más profundo a favor de la naturaleza. Aun así, incluso la limitada relación de servicios que pueden valorarse ofrece una perspectiva económica enormemente convincente.

Por último, están los servicios de apoyo –los componentes básicos de la biología, la física y la química– que hacen posible la vida en la Tierra. Desde la fotosíntesis hasta el ciclo del agua, sientan las bases de todos los demás servicios de los que dependemos.

Para que quede claro, no todos los impactos de la naturaleza nos resultan beneficiosos. De hecho, hay ecosistemas perjudiciales, desde las malas hierbas en los campos cultivados hasta las plagas de langostas y los incendios forestales que sustituyen el aire que respiramos por humo. Pero es importante reconocer que, durante gran parte de la historia de la humanidad, la naturaleza se reguló a sí misma. El problema llegó cuando un número creciente de nosotros empezó a exigirle aún más a la naturaleza, y, al hacerlo, desequilibramos por completo los ecosistemas del planeta. Imagínese a una familia con un fondo fiduciario que intenta vivir de los intereses de la cuenta al mismo tiempo que consume el capital, a medida que más hijos despilfarradores se suman a la familia. Muchos de los males que vemos hoy en día son en realidad un reflejo de nuestro vergonzoso historial en la gestión de los *stocks* y flujos de capital natural: un patrimonio que nos dio el planeta y que hemos dilapidado.

Pensar en términos de capital natural nos permite examinar el problema de la sostenibilidad. ¿Podemos permitirnos seguir por este camino, arrasando bosques y vaciando los mares a un ritmo salvajemente insostenible? Está claro que no. Pero ¿cuánto es demasiado? Las pesquerías de Palaos, por ejemplo, se han recuperado precisamente porque la proporción del flujo (el pescado) capturada por los humanos ha vuelto a niveles sostenibles en relación con la población de peces existente.

¿Cómo vincular el capital natural a los mercados? El Taskforce on Nature Markets, creado en 2022, define un mercado de naturaleza como aquel en el que «el bien o servicio objeto de transacción refleja concretamente un *stock* de activos ecosistémicos o un flujo de servicios ecosistémicos procedentes de ecosistemas terrestres o acuáticos».[9]

Me gusta pensar en el capital natural como el vínculo que une los muchos ejemplos de ganancias económicas que proporciona la naturaleza, algunos de los cuales hemos examinado en este libro. ¿Mercados de carbono? Por fin se valora el servicio de regulación del clima que presta la naturaleza. ¿El ecoturismo? Proporciona a las comunidades una forma de ganarse la vida con los servicios culturales de los ecosistemas que habitan. ¿Una agricultura favorable a la naturaleza? Repone las reservas de capital natural de nuestros suelos, para que puedan ayudar a regular nuestro medioambiente y proporcionarnos flujos de alimentos más sostenibles a lo largo del tiempo.

Al describir el estado de los mercados de la naturaleza, el Taskforce señala que los de mayor tamaño, vinculados a los alimentos y a las materias primas, son también los más antiguos, aunque estén surgiendo otros mercados nuevos en torno a los valores culturales o a la reducción del carbono. También destaca lo que ya sabemos: que estos mercados están sujetos a fuerzas malignas como cualquier otro mercado, estimando que los delitos contra la naturaleza, como la minería ilegal, la caza furtiva y la deforestación, suponen 280.000 millones de dólares al año.[10] No podemos negar la existencia de tales fuerzas; el sistema de gobernanza, como en cualquier otro mercado, será de vital importancia para promover el buen comportamiento y castigar las malas prácticas.

Los ejemplos y mercados que hemos visto no son en absoluto exhaustivos. Seguramente se irán descubriendo y ampliando otros mercados a medida que nos demos cuenta del verdadero valor de la naturaleza. Pero no tener en cuenta todo el valor de los ecosistemas ha dado lugar a una enorme infravaloración de los beneficios que obtenemos de nuestro mundo natural. Al poner de manifiesto el valor económico que actualmente suele ignorarse, el marco conceptual del capital natural puede proporcionar un poderoso correctivo.

Para Ricardo Bayon, pionero de los mercados medioambientales, nuestro sistema de capitalismo financiero fue necesario, pero ya no es suficiente: «El sistema financiero que hemos creado es increíblemente poderoso. Probablemente una de las herramientas más poderosas que ha creado el ser humano. Pero el problema es que se creó en una época muy distinta, en un mundo muy diferente, uno donde los recursos naturales eran abundantes y el capital y la mano de obra eran escasos. Creo que eso está cambiando. La escasez impulsa el valor, y los recursos naturales son cada vez más escasos y, por tanto, más valiosos».

«Si no somos capaces de defender la naturaleza desde el punto de vista económico, vamos de camino al suicidio –afirma Gretchen Daily–. Y seguiremos por ese camino hasta que difundamos el argumento económico de la forma más amplia posible».

Más allá de la valoración de servicios ecosistémicos concretos, algunos han intentado estimar el valor de todo el capital natural del planeta. Ya en 1997, Robert Costanza, Rudolf de Groot y otros calcularon el valor de los servicios ecosistémicos mundiales en 16-54 billones de dólares estadounidenses de 1994, el equivalente a entre 32 y 109 billones de dólares de 2022. Un estudio más reciente de los mismos autores sitúa la cifra en 130 billones de dólares de 2010, es decir, unos 178 billones en la actualidad.[11]

Recordemos que estas estimaciones se refieren a flujos, no a *stocks*. A modo de comparación, el FMI calcula que el PIB mundial en dólares (nuestra medida preferida, aunque profundamente errónea de los flujos económicos mundiales) fue de 94 billones de dólares en

2021.[12] Si las cifras parecen enormes, también parecen ampliamente coherentes con el hecho indiscutible de que la vida humana en la Tierra no podría existir sin la naturaleza.

¿Estas cifras no deberían ser aún mayores, o tal vez incluso infinitas, teniendo en cuenta que el aire o el agua limpios son necesarios para la continuidad de la sociedad humana? Quizá sea así, pero esos métodos de valoración solo pueden captar una fracción del valor total —alguno de estos valores va más allá del ámbito de la economía— que proporcionan nuestros ecosistemas. El uso de un método coherente puede, al menos, mostrar la dirección a la que tienden los *stocks* y los flujos de capital natural, una perspectiva práctica si lo que más nos preocupa es gestionarlos de forma sostenible a largo plazo.

Estas cifras colosales pueden resultar más fáciles de digerir si las hacemos descender a nivel de cada país. Y pocos países han hecho más por hacer balance de su capital natural que el Reino Unido, donde equipos de trabajo de la Office for National Statistics (ONS) han realizado sofisticados ejercicios para calcular el valor de los espacios verdes urbanos, las tierras de cultivo, los bosques y las costas del Reino Unido.

La ONS descubrió, con la precisión lingüística que la caracteriza, que en 2019 «el *stock* de los aspectos del capital natural del Reino Unido que podemos valorar actualmente se estimaba en 1,2 billones de libras». Curiosamente, más de la mitad de ese valor procedía de los servicios culturales, la gran mayoría en forma de turismo y ocio. Los servicios de regulación, incluidos el almacenamiento de carbono, la eliminación de contaminantes atmosféricos y la refrigeración urbana, ascendían a unos 175.000 millones de libras, mientras que 357.000 millones procedían del suministro de agua, combustible, alimentos y similares.[13]

En 2021, el Tesoro británico publicó un trabajo complementario, *The Economics of Biodiversity: The Dasgupta Review*, que establecía un nuevo marco para la reflexión de los Gobiernos sobre la economía de la naturaleza. El trabajo fue dirigido por sir Partha Dasgupta, un economista de Cambridge que ahora rechaza la estrechez de miras de su disciplina, centrada en el concepto de capital producido. Con más de seiscientas páginas, es con mucho el estudio más completo realizado hasta la fecha sobre la relación entre biodiversidad y economía.[14]

«Solemos pensar en la naturaleza como en un elemento recreativo [...] Un escenario para un bonito paseo, una día de escalada, etc.
Pero nuestra relación económica con la naturaleza [...] está plagada
de mercados inexistentes y de riesgo moral», me dijo sir Partha cuando nos reunimos en su estudio, expresando su esperanza de que su
trabajo proporcionaría a las empresas y a los responsables políticos
el lenguaje que necesitan para replantearse esa relación. Había encontrado un público dispuesto a escuchar sus ideas dentro de la clase
política británica, y había pasado los últimos meses divulgando sus
conclusiones en cientos de actos, conferencias y reuniones: «Lo que
me pareció más interesante fue lo informados que estaban los parla-
mentarios del Reino Unido. Estaban muy, muy informados, y tenían
preguntas muy inteligentes que hacer».

La Administración Biden ha emprendido iniciativas similares
para medir el capital natural de Estados Unidos, publicando a finales de 2022 un primer borrador sobre una estrategia nacional para
«reflejar los activos naturales en el balance de Estados Unidos». La
estrategia recomienda que el Gobierno «elabore una nueva serie esta-
dística para hacer un balance de nuestra riqueza de activos naturales,
de cómo esos activos están siendo mejorados o agotados y del impacto
que ello tiene en la fortaleza de nuestras economías».[15]

Al otro lado del mundo, China –un gran emisor de carbono y hasta la fecha un país rezagado en lo tocante a medidas contra el cambio climático– está mostrando por fin cierto liderazgo en cuanto al
capital natural. En su afán por transformar su sociedad industrial en
una «civilización ecológica», está identificando zonas cruciales para
proteger la naturaleza y sus beneficios vitales para las personas, y ya
ha intervenido en el 50 % del país para limitar la actividad humana.
Algunas provincias chinas han tomado la iniciativa de poner a prueba una nueva métrica impulsada por Gretchen Daily y su equipo, el
Producto Medioambiental Bruto (PMB), como alternativa al Producto Interior Bruto, que es la medida del flujo de la actividad económica durante un período de tiempo determinado. Confiar únicamente
en el PIB para las cuentas nacionales es claramente incompleto; el
PMB ayuda a corregir esa miopía midiendo el valor total de los bienes
y servicios proporcionados anualmente por el ecosistema para mejorar el bienestar humano en una región. A pesar de estos destacados
ejemplos, los Gobiernos aún no han integrado realmente el capital

natural en su planificación económica, y el PMB no está ni mucho menos cerca de sustituir las mediciones del PIB. Los principales economistas reconocen que el PIB es defectuoso, pero los responsables políticos no se ponen de acuerdo sobre con qué sustituirlo.

Si los Gobiernos tardan en llegar a un consenso y tomar medidas, quizá las empresas puedan abrir el camino, sobre todo en lugares con mayores restricciones a la toma de decisiones que China. No hay duda de que puede ser útil evaluar el capital natural en el contexto de una empresa y su cadena de suministros. Puma, la empresa de ropa para deporte, publicó una cuenta de resultados medioambientales en 2011, mientras que Unilever tomó medidas para integrar el capital natural en sus cadenas de suministro en 2014. Pero los avances en este frente han sido notablemente más lentos que en la contabilidad del carbono. Según un informe de McKinsey de 2022, el 83 % de las empresas de la lista Fortune Global 500 habían fijado un objetivo climático concreto, frente a solo el 5 % de ellas en el tema de la pérdida de biodiversidad.[16] Existen pocos casos destacados de información detallada sobre el capital natural, aunque cientos de empresas, por ejemplo, se comprometen vagamente a adoptar una actitud positiva hacia la naturaleza o a poner fin a la deforestación en sus cadenas de suministro.

La falta de presión por parte de inversores y de la opinión pública para que se avance en la protección de la naturaleza podría ser una de las causas de este ritmo tan lento. Otra podría ser la simple falta de conocimientos. «Una de las cosas de las que intenté convencer a los empresarios con los que hablé el año pasado fue que contraten a ecologistas –afirma sir Partha–. Nosotros [los economistas] nos hemos metido en todo. Pero ¿cómo pueden las empresas conocer el estado de los ecosistemas de los que importan materias primas sin personas que entiendan esos sistemas?».

También hay un problema de normalización. «El cambio climático tiene la ventaja de reducirse a un único parámetro: las emisiones de carbono –dice sir Partha–. De las emisiones de carbono se derivan su concentración [atmosférica], el aumento de la temperatura y los efectos sobre las personas. Pero soy lo bastante mayor para recordar que llegar a comprenderlo nos costó muchos, muchos años».

Por supuesto, para valorar la naturaleza hay que tener en cuenta una gran variedad de servicios de los ecosistemas que distan mucho de ser intercambiables. Las emisiones de carbono ofrecen un único punto de interés para los inversores y electores preocupados por la sostenibilidad. Pero exigir a los responsables de la toma de decisiones que creen una economía o una cadena de suministro realmente respetuosas con la naturaleza implica realizar un seguimiento de docenas de parámetros importantes, desde la masa forestal y la salud de los arrecifes hasta los servicios del ecosistema en las explotaciones agrícolas y zonas urbanas.

La falta de normalización también se deja sentir en la confusa situación actual de las normas contables relacionadas con la naturaleza, pero hay planes en marcha para superar esta dificultad. El Taskforce on Nature-related Financial Disclosures (TNFD) es una de esas iniciativas que sigue el modelo de un organismo similar creado para promover coherencia en la información climática. Establecido en 2021, el grupo de hasta 35 miembros que representan a entidades con presencia en más de 180 países tiene como objetivo crear un marco para la «coherencia a escala mundial de la información relacionada con la naturaleza» que utilizan instituciones financieras y empresas. De momento se están llevando a cabo consultas sobre versiones beta que resultan prometedoras; en última instancia, se espera que el TNFD establezca una norma transparente y ampliamente aceptada sobre cómo las empresas pueden cuantificar los riesgos asociados a la pérdida de biodiversidad y los impactos negativos de sus actividades y operaciones.[17]

Si todo esto suena terriblemente aburrido, también es tremendamente importante. Arreglar las cañerías ocultas del sistema financiero con mejores normas contables y de divulgación de información fue una tarea vital para el buen funcionamiento de la economía de mercado tras la Gran Depresión. Divulgar los efectos ocultos que la naturaleza tiene en las empresas, y que las empresas tienen en la naturaleza, podría impulsar un cambio en los flujos financieros mundiales hasta conseguir resultados positivos para la naturaleza.

No cabe duda de que el capital natural se pasa por alto, pero es importante verlo como parte de una concepción más amplia de la noción de capital. Algunos, como la Capitals Coalition, sostienen que deberíamos considerar cuatro tipos diferentes de capital: natural, social, humano y producido. Otros dicen que hay cinco, dividiendo el capital producido en formas financieras (como el dinero) y formas manufacturadas (maquinaria, por ejemplo). Según la Capitals Coalition, estos ejercicios de ampliar nuestra definición de capital –en esencia, se trata de ampliar nuestra visión colectiva de lo que es importante en la economía– tienen por objeto «abordar las tres crisis mundiales interconectadas del cambio climático, la pérdida de la naturaleza y la creciente desigualdad».[18] Pone como ejemplo el caso de un fabricante que imparte formación para fomentar la reducción del desperdicio de alimentos: esta práctica dota a las personas de nuevas competencias (potenciando el capital humano), reduce los costes del tratamiento de residuos (potenciando el capital producido), crea un sentimiento de valor compartido entre los trabajadores (capital social) y reduce el impacto nocivo de los residuos (capital natural). Los ejemplos tienen un límite, pero la idea central es sólida. Las crisis a las que se enfrentan nuestras sociedades no pueden resolverse de forma aislada. No habrá progreso en las cuestiones que tienen que ver con la naturaleza si en este proceso nos olvidamos de cuidar a las personas.

Además de los esfuerzos de los Gobiernos y las empresas por integrar el capital natural en el pensamiento económico dominante, las instituciones financieras cuyo objetivo es el desarrollo económico están entrando en liza para apoyar a los responsables políticos, las empresas y los inversores privados. El Banco Interamericano de Desarrollo, por ejemplo, ha creado un Laboratorio de Capital Natural para innovar en la financiación del capital natural, intentando salvar la brecha entre la acción empresarial y la gubernamental, y proporcionar cierta innovación financiera, sobre la que volveremos en detalle en un capítulo posterior.

Pero los Gobiernos, las empresas y las organizaciones internacionales han predicado durante décadas el lenguaje del desarrollo sostenible, incluso mientras el mundo ardía. ¿Acaso esta vez es diferente?

«Estas instituciones orientadas al desarrollo económico han sido en el pasado las que han estado a la vanguardia de la destrucción de la naturaleza, a menudo con la idea de que iban a transformar este activo natural en algo productivo y así ayudarían a un país a desarrollarse [en términos económicos] –admitió Gretchen Daily–. Pero ahora, después de décadas devastadoras, están cambiando su punto de vista y empiezan a reconocer el valor irremplazable y absolutamente clave de la naturaleza. Necesitamos que pronto consigan éxitos que sirvan de fuente de inspiración para que otros intenten lo mismo y generen confianza en el enfoque del capital natural».

*   *   *

A pesar del evidente valor del capital natural, es innegable que este puede ser difuso y difícil de cuantificar. Pero ¿y si tuviéramos mercados para otros servicios ecosistémicos además del carbono? ¿Y si los biocréditos, basándose en los modelos establecidos para los créditos de carbono, pudieran valorar unidades individuales de capital natural y crear un mercado capaz de financiar su protección?

Resulta que existen ciertos tipos de créditos basados en la naturaleza desde hace décadas. A principios de la década de 1980, en Estados Unidos surgió un sistema de créditos de mitigación de humedales tras la aprobación de la Ley de Aguas Limpias.[19] Con el cambio de milenio, cientos de bancos de mitigación funcionaban en todo el país. Estos bancos de conservación se basaban en la creación o restauración de humedales en una determinada zona para compensar la pérdida de humedales en otro lugar, obligando de esta manera a los promotores inmobiliarios o a las empresas mineras a compensar los daños que causaban a este tipo concreto de capital natural. A finales de la década de 1990 surgieron mercados complementarios de bancos de conservación, centrados en la (re)creación de hábitats para determinadas especies en peligro de extinción. En el Reino Unido se han realizado esfuerzos análogos con especies amenazadas como el tritón crestado. Los promotores inmobiliarios, por ejemplo, pagan ahora sistemáticamente por la creación de nuevos estanques o refugios para las pequeñas salamandras cuando una construcción pone en peligro los hábitats existentes. En la actualidad, el Reino Unido está adoptando un modelo de «ganancia neta de biodiversidad», que va más allá de la mera compensación y exige a las empresas que dañan un hábitat que demuestren que sus esfuerzos de mitigación tienen un efecto positivo, y no neutro, sobre las especies que amenazan.[20]

El Paulson Institute calcula que estos mercados de compensación de la biodiversidad mueven entre 6.000 y 9.000 millones de dólares en todo el mundo.[21] Pero estos mercados heredados, arraigados como están en un marco jurídico que compensa los daños causados por promotores de proyectos concretos y limitados a un pequeño número de economías avanzadas con una biodiversidad denostada durante mucho tiempo, tienen un valor limitado para proteger y restaurar el capital natural del planeta. Y lo que es más importante, se basan en procesos que implican en gran medida la (re)creación de hábitats, y no en resultados en términos de la diversidad de especies y el funcionamiento de los ecosistemas.

Algunos sostienen que un nuevo mercado internacional de biocréditos voluntarios, inspirado en el mercado de carbono, que crece rápidamente, pero aprendiendo de sus deficiencias, podría ser una forma de impulsar más recursos destinados a la conservación.

Ricardo Bayon, coautor en 2007 de un libro sobre bancos de conservación y participante en la creación de varios mercados de compensación de biodiversidad, decía esto sobre el problema de conseguir definir una unidad común de biodiversidad: «Con los mercados de la biodiversidad no existe la mercantilización [...] No es lo mismo un leopardo de las nieves que un águila. Son cosas muy diferentes. Así que no hay una [única] mercancía natural». Estas palabras se hacen eco de las reflexiones de sir Partha Dasgupta sobre las ventajas de poder reducir el cambio climático a un único parámetro. Los bancos de mitigación heredados superaron este problema gracias a que se centraron en recrear los mismos hábitats en prácticamente la misma región, pero este enfoque ya no es viable cuando se pretenden crear mercados internacionales de biodiversidad que requerirán alguna unidad de medida común.

Bayon decía que no todos los mercados tienen por qué seguir el ejemplo del petróleo o el trigo, fijando precios de referencia para productos comercializados que son esencialmente idénticos en sus características. El mercado inmobiliario, por ejemplo, funciona sin esa normalización. Utiliza una métrica común, los metros cuadrados, pero permite que un metro cuadrado de propiedad en Hong Kong se negocie a un precio mucho más alto que el mismo metro cuadrado en Atenas. Los nuevos sistemas de biocréditos podrían hacer lo mismo: un bosque totalmente restaurado en Costa Rica valdría más en términos de «ganancia de biodiversidad» que un pastizal degradado en el Cerrado brasileño.

Una forma de sortear el reto de la normalización sería aceptar la diversidad de la naturaleza y, por tanto, abandonar el concepto de equivalencia. Los bancos de conservación heredados y los sistemas de compensación de carbono suelen basarse en equiparar la contaminación o los daños en un lugar con el efecto compensador de una acción positiva en otro. Pero un nuevo paradigma es posible. Las Naciones Unidas y el International Institute for Environment and Development han recomendado la creación de sistemas de biocréditos que no funcionen como compensaciones, sino que representen «una contribución totalmente positiva a la biodiversidad».[22]

Citan el trabajo del grupo de investigación sobre biodiversidad y clima Operation Wallacea, donde investigadores como su fundador, Tim Coles, han propuesto la creación de cestas de biodiversidad, similares a las cestas de la compra utilizadas para calcular la fluctuación del índice de precios al consumo, que podrían ayudar a cuantificar las ganancias en biodiversidad. Mediante el seguimiento de los cambios en unas pocas métricas relevantes a nivel local –por ejemplo, en el caso de un arrecife en recuperación, la cobertura de coral, la diversidad de microorganismos a partir de muestras de ADNe y la diversidad de peces a partir del análisis de vídeos–, podríamos construir y comercializar biocréditos sobre la base de las mejoras en el índice. Según la metodología de Operation Wallacea, un biocrédito equivale a un 1 % de aumento o de pérdida evitada en el valor medio de la cesta de parámetros elegida por hectárea. Ya hay proyectos piloto en marcha en el Reino Unido, México, Honduras y otros países.[23]

Estos nuevos métodos dependerán de nuestra capacidad para comprender y rastrear la increíble complejidad de los sistemas ecológicos. En el capítulo siguiente analizaremos en detalle cómo las mejoradas tecnologías emergentes pueden apoyar ese seguimiento según procedimientos que habrían sido inimaginables para los ecólogos de generaciones anteriores.

En mi opinión, el verdadero valor de esta oleada de interés por los mecanismos de crédito relacionados con la biodiversidad es la importancia otorgada a unos resultados rigurosamente verificados. Demasiadas de las historias que nos cuentan las empresas sobre modelos de negocio positivos para la naturaleza parecen buenas, pero carecen de sustancia. Si permiten financiar la restauración de la naturaleza sin la pretensión de equivalencia, cuantificando en cambio el aumento de los resultados de biodiversidad tanto en los mercados regulados como en los voluntarios, podríamos crear una nueva vía para apoyar la recuperación del capital natural en ecosistemas de todo tipo, evitando el seguimiento habitualmente deficiente y los resultados inflados que erosionaron al principio la confianza en los mercados voluntarios de carbono.

Con el tiempo, un sistema de este tipo podría permitir la acumulación transparente de varios servicios ecosistémicos; por ejemplo, la filtración de agua además de los resultados en términos de carbono. Diferenciar los distintos objetivos nos permitiría valorar cada servicio ecosistémico por separado y luego sumarlos todos, en lugar de tratar el valor ecosistémico como un beneficio colateral cuyo efecto sobre los precios de los créditos no está claro. Aunque todavía no hemos llegado al punto de construir o comercializar biocréditos, para quienes se preocupan por la biodiversidad –y esperemos que seamos todos– este es un campo que merece la pena seguir de cerca en los próximos meses y años.

Mientras se desarrollan y perfeccionan los instrumentos alrededor del capital natural, entre los pensadores y activistas ecológicos hay una corriente de opinión que cuestiona el propio concepto. La crítica más generalizada es que el capital natural está reñido con lo que es el valor intrínseco de la naturaleza. George Monbiot, un escritor que claramente se preocupa por el mundo natural, señala: «Es ilusoria la expectativa de que podemos defender el mundo vivo a través de la mentalidad que lo está destruyendo. La idea de que la naturaleza existe para servirnos, que su valor consiste en los beneficios instrumentales que podemos extraer de ella, que este valor puede medirse en términos monetarios y que lo que no puede medirse no importa, ha demostrado ser letal para el resto de la vida en la Tierra».[24,25] Bram Büscher, otro crítico, ha argumentado que las motivaciones extrínsecas podrían oscurecer las razones morales y espirituales para preservar la naturaleza.[26]

Más adelante examino detenidamente las concepciones indígenas de la naturaleza y el tipo de interacción que promueven con ella, y comparto la profunda convicción de que, en última instancia, la naturaleza no tiene precio. Pero, para mí, la idea del capital natural es un complemento obvio de esa convicción y no entra en contradicción con ella. Gretchen Daily también ha reflexionado sobre la interacción entre el enfoque del capital natural y estos instintos más nobles: «En primer lugar, personalmente me importa mucho el argumento del valor intrínseco [...] y espero que podamos ir adquiriendo mucha más conciencia y comprensión de la gran cantidad de culturas que han existido hasta que se inició este último período histórico en el que todo parece comercializable y mercantilizable. Pero no hemos avanzado casi nada para evitar el colapso del ecosistema y creo que, si nos limitamos a los argumentos más espirituales y basados en el valor intrínseco de la naturaleza, estamos condenados. Me encuentro en la cincuentena, y a lo largo de mi vida he sido testigo de los intentos de muchos queridos amigos de defender únicamente ese argumento intrínseco. Ahora creo que lo que necesitamos pasa más por concienciar a todo el mundo de que está en juego su propio interés a corto plazo, y de que cualquier mejora en el entorno natural redundará en su propio bienestar».

Estoy de acuerdo. Mi opinión, contraria a la de sus detractores, es que el concepto de capital natural no implica en absoluto que lo que no se puede medir no importe. Simplemente establece una especie de precio mínimo para el valor económico total de la naturaleza. Y es importante recordar que los mercados de la naturaleza ya existen; solo que, tal y como están construidos actualmente, han permitido siglos de destrucción al valorar la naturaleza de forma incorrecta.

Parte de la objeción de pensadores ecologistas como Monbiot al concepto de capital natural se debe a su traducción del valor de la naturaleza a un precio en dinero, y a la implicación percibida de que, por tanto, puede sustituirse por otras formas de capital. «Al fijar el precio de un río, un paisaje o un ecosistema, o bien se está poniendo a la venta, y en ese caso el ejercicio es siniestro, o bien no se está poniendo en venta, y en ese caso carece de sentido», escribe Monbiot.

Daily señala que el valor en dólares que asignamos de alguna manera no viene al caso: «De lo que se trata es de comparar opciones de forma coherente, y utilizar una métrica monetaria es una forma de hacerlo. La utilidad de este tipo de comparaciones es tan antigua como la civilización humana; de hecho, la primera forma de escritura, la cuneiforme, evolucionó en Mesopotamia como una forma muy sencilla de contabilizar el grano que las primeras sociedades agrarias empezaban a producir y comercializar». Entonces, como ahora, la contabilidad, ya sea en dólares o en fanegas de trigo, sigue siendo una forma esencial de crear un lenguaje común en torno a lo que valoramos.

«Se puede adoptar un enfoque más sofisticado, con múltiples valores en juego, y comparar escenarios», añadió Daily, muy consciente de los difíciles equilibrios que hay que hacer cuando se trata de capital natural, y no de capital financiero totalmente fungible. «A menudo habrá desacuerdos, ganadores y perdedores, pero también con frecuencia, gracias a estos equilibrios, será posible encontrar un camino que satisfaga a una variedad más amplia de interesados que el *statu quo*».

Más allá de la actitud pragmática propugnada por Daily, discrepo de la afirmación de que tales ejercicios son siniestros o carecen de sentido. Ningún contable del capital natural lleva a cabo estos cálculos pensando en destruir la naturaleza: prácticamente siempre son un intento de poner de manifiesto y contabilizar un valor previamente oculto y justificar aún más, así, la protección de la naturaleza. En cualquier caso, los malos propósitos nunca han necesitado calcular el capital natural para justificar la destrucción de la naturaleza: la puerta conceptual a la explotación siniestra de la naturaleza lleva abierta mucho tiempo, con o sin la idea del capital natural.

Tampoco puede decirse que la valoración del capital natural carezca de sentido si no existe una amenaza inmediata para un ecosistema natural. El argumento económico puede ayudar a financiar tanto la protección continuada como la regeneración gradual: ambas son causas valiosas en un mundo donde el interés económico de empresas, Gobiernos y particulares puede alinearse con lo que es bueno para la naturaleza con mucha más frecuencia de lo que tendemos a creer.

Una crítica relacionada es que la idea del capital natural podría utilizarse para privatizar la naturaleza y convertir en beneficio privado lo que debería gestionarse para el bien común. Una respuesta es que muchos cálculos del capital natural se suelen realizar a nivel nacional; a menudo es el Estado el que se encuentra más capacitado para captar los beneficios públicos de los servicios ecosistémicos difusos, en forma de menor coste en caso de catástrofe o de menor gasto sanitario. La contabilidad del capital natural puede permitir a un país analizar detenidamente el estado de sus ecosistemas e identificar las zonas donde la protección y la regeneración tienen sentido desde el punto de vista económico y moral. Otra respuesta es que hoy en día ya es posible privatizar la naturaleza: los agricultores, ganaderos y propietarios forestales privados son en su mayoría libres de hacer lo que quieran en inmensas franjas del planeta. El problema es que el paradigma actual los empuja hacia la extracción; de hecho, los planteamientos del capital natural podrían ayudarlos a visualizar la prueba contundente que necesitan para constatar que los modelos que emplean actualmente son insostenibles.

Incluso quienes han dedicado su vida a preservar el mundo natural por sí mismo descubren ahora el valor de la idea del capital natural. «La economía es una disciplina que condiciona decisiones de la máxima importancia y, por tanto, nos concierne a todos», afirma sir David Attenborough en relación con el *Dasgupta Review*. «Por fin un informe sitúa la biodiversidad en su centro y proporciona la brújula que necesitamos urgentemente. Al hacerlo, nos muestra cómo, aunando la economía y la ecología, podemos ayudar a salvar el mundo natural en lo que puede ser el último minuto, y al hacerlo, salvarnos a nosotros mismos».[27]

Daily me instó a no perder de vista el bosque por los árboles: «Hemos perdido tanta naturaleza que recuperarla en casi cualquier lugar es un beneficio enorme: ¡ese es el premio que debemos tener en cuenta!».

Parecía que la idea del capital natural era para ella más pragmática que ideológica, fruto de décadas de decepción con presupuestos públicos y donantes privados bienintencionados que, sin embargo, no habían llegado a realizar las inversiones que la naturaleza necesita desesperadamente: «La filantropía nunca será suficiente para conseguir más que una pequeña fracción de lo que necesitamos. Y podemos ver que las reservas naturales son demasiado pequeñas, demasiado escasas y están demasiado separadas como para sumar. Desde el punto de vista moral, está muy claro que necesitamos más naturaleza. Y cualquier forma que elijamos para transmitir esa necesidad y motivar a la gente es legítima, siempre que seamos sinceros al respecto».

El equipo de Daily en el NatCap se creó para transmitir esa necesidad con cifras concretas. Con sede en la Stanford University, el proyecto es una asociación entre la Academia China de Ciencias, la University of Minnesota y el *Stock*holm Resilience Centre, así como The Nature Conservancy y WWF. El primer objetivo del proyecto era desarrollar modelos intelectuales claros (como los servicios ecosistémicos) para pensar en el capital natural, que ahora se ha traducido en una herramienta informática de código abierto, InVEST, que reúne datos y modelos para ayudar a los responsables de la toma de decisiones a identificar las áreas en las que las inversiones en capital natural pueden beneficiar más a las personas y a la conservación.

Daily ha visitado todo el mundo, desde Belice y Colombia hasta China y Mongolia. Ha pasado semanas enteras viajando, presentando argumentos convincentes para que los responsables políticos y las empresas abracen la idea del capital natural que ella ayudó a promover. Docenas de personas de todo el mundo han aceptado su oferta de trabajar con el equipo de NatCap para integrar el capital natural en su toma de decisiones.

A pesar de todo su trabajo a nivel mundial, Daily siempre ha hecho tangible sus ideas sobre los servicios ecosistémicos llevándolas al plano individual.

Señaló el oasis que nos rodeaba. La pandemia la había obligado a permanecer en el campus de Stanford durante casi dos años después de una vida de constantes viajes, y su jardín se había convertido en algo así como su proyecto favorito. «¿No es precioso?», preguntó, desgranando datos de una serie de estudios realizados desde Finlandia hasta Oakland que han demostrado el efecto positivo de la naturaleza en el desarrollo y la salud mental de los niños. «Estos pequeños elementos nos demuestran que no siempre necesitamos ir a Yellowstone o al Amazonas, lugares a los que nos gustaría ir pero a los que a menudo no podemos llegar [...] incluso pequeñas dosis de naturaleza pueden ser increíblemente beneficiosas. Tenemos que darnos cuenta de que todos podemos ser administradores de ese capital natural».

Sir Partha compartía un sentimiento similar. «Mi trabajo estaba dirigido al ciudadano —me contó refiriéndose a la versión abreviada y no al informe completo—. Debemos conseguir que la persona que te encuentras en el bar diga: "No, no podemos seguir así porque quiero que mis nietos tengan una riqueza natural que ahora sé que no está garantizada"».

Las empresas, los Gobiernos y los particulares se enfrentan cada día a difíciles disyuntivas; lo que hace la idea del capital natural es ayudar a clarificar los equilibrios entre preservar y expoliar la naturaleza.

Como hemos visto, abundan los argumentos económicos a favor de la naturaleza. Cuando nuestro almuerzo se acercaba a su fin, invité a Daily a reflexionar sobre su larga carrera dedicada a divulgar estos argumentos, y si creía que estábamos cerca de un punto de inflexión.

«Al principio solo podíamos citar algunos ejemplos emblemáticos, como la cuenca hidrográfica de Nueva York o el programa de pagos forestales de Costa Rica. Lo que es realmente alentador e indica un salto cualitativo es que ahora encontramos cientos o miles de ejemplos de este tipo en todo el mundo», contestó.

A modo de despedida, me animó a reflexionar no solo sobre cómo repetir los enfoques del pasado que han tenido éxito, sino también sobre cómo innovar para llevar más lejos y más rápido la reflexión sobre el capital natural: «Creo que tenemos que replantearnos radicalmente nuestros sistemas financieros, contables y políticos. No estamos avanzando lo suficientemente rápido».

Como veremos en el capítulo siguiente, la innovación tecnológica y financiera está permitiendo defender la naturaleza de formas que eran inimaginables al principio de la carrera de Daily: «Tenemos que empezar a introducir más la noción de que podemos transformar las sociedades a través de la naturaleza, y de que hay una enorme oportunidad empresarial para la innovación social. Tenemos que desarrollar un sistema que invierta en la regeneración en todas partes. Nuestra narración sobre la naturaleza debe cambiar en ese sentido».

Mientras conducía de vuelta a casa por las sinuosas carreteras bordeadas de palmeras de Stanford, me puse a pensar sobre este lugar, que se supone es el motor mundial de la tecnología y la innovación.

Si los talentos que trabajan en lugares como este en todo el mundo decidieran aportar tan solo una fracción de su creatividad para afrontar el reto de preservar la naturaleza, sentiría como si el cielo azul sobre mí ese día fuera realmente el límite.

Tecnología x Naturaleza

Uno tras otro, los gigantes se dirigieron al abrevadero, con sus colmillos blancos brillando a la luz del sol. En el bosque de matorrales que los rodeaba, jirafas y gacelas remoloneaban entre los árboles; avestruces y pájaros secretario hozaban en el suelo; águilas culebreras y buitres nubia volaban en círculos por encima de ellos. A medida que aumentaba el calor del mediodía, un aire lánguido parecía apoderarse tanto de la fauna como de sus observadores humanos.

Si los elefantes nunca olvidan, desde luego parecen haber perdonado la intrusión de otro tipo de ente volador, puesto que, hace tan solo unas semanas, un dron de última generación había sobrevolado este paisaje keniano, armado con cámaras, LiDAR (light detection and ranging,, detección y alcance de la luz) y sensores térmicos. El Harvard Animal Landscape Observatory (HALO) había cartografiado cada centímetro cuadrado de un ecosistema que acababa de escapar del abismo.[1] Yo me hallaba en el Selenkay Conservancy, a la sombra del Kilimanjaro, para averiguar qué otras tecnologías podrían aportar nuevos argumentos a favor de la naturaleza.

No me hallaba en uno de los muchos parques y reservas nacionales de Kenia, protegidos por ley pero que solo suponen el 8 % de este extraordinario país. Selenkay estaba apartado del camino trillado que lleva al mucho más conocido Parque Nacional de Amboseli, en la frontera entre Kenia y Tanzania. Se trataba de tierras de pastoreo masái que, junto con otras zonas bajo administración autóctona, albergaban la mayor parte de la fauna salvaje de Kenia.

Dos décadas antes, Selenkay había iniciado el camino hacia un modelo de conservación comunitario que combinaba la administración masái con un turismo de bajo impacto. Gamewatchers, un operador de safaris centrado en la comunidad local, había elaborado un modelo de arrendamiento de un espacio de unas 5.500 hectáreas, montado un pequeño campamento de tiendas que no acogía a más de dieciocho visitantes a la vez, y proporcionado empleo a docenas de masáis en calidad de guías, guardas y personal del hotel. Hace treinta años, Selenkay estaba muy degradado por el pastoreo excesivo y se había visto invadido por la enredadera invasora Ipomoea, la campanilla morada. El modelo de conservación comunitaria había funcionado y había ayudado a pagar la restauración del entorno, convirtiéndolo en un hito de regeneración en un paisaje cada vez más amenazado. Selenkay era ahora un refugio para algunos de los elefantes más grandes de Kenia.

Nada más entrar en el campamento gestionado por la comunidad local, me quedé prendado de él. El campamento Porini era elegante en algunos aspectos (estampados de colores combinados con tonos tierra), pero sencillo en otros (duchas de cubo, diseñadas para ahorrar agua en esta zona semiárida).

Gamewatchers había ampliado el modelo a otros lugares, triplicando con creces los ingresos locales y creando una clientela fiel de viajeros con mentalidad ecológica. La pandemia no había sido fácil, pero los clientes habían empezado a volver a los campamentos. Gamewatchers encaja perfectamente en el modelo de ecoturismo consciente que hemos explorado a fondo en este libro.

Pero el rancho del Grupo Eselenkei, las 200.000 hectáreas que rodeaban Selenkay, seguía sometido a las presiones de la economía de mercado. El rápido desarrollo de Kenia –los relucientes rascacielos y las carreteras bien pavimentadas– se había producido a costa de las tierras gestionadas tradicionalmente.

Los masáis de Kenia habían visto cómo sus tierras pasaban gradualmente de ser administradas por la comunidad a ser propiedad privada; cada miembro de Eselenkei, por ejemplo, había recibido una parcela de tierra de unas veinte hectáreas. En otras partes del país, la sequía y la pobreza habían llevado a estos nuevos propietarios a vender sus tierras por tan solo diez vacas (que no valían más que unos pocos miles de dólares). Conduciendo hacia el sur desde Nairobi por una nueva autopista construida por China, era evidente que los nuevos propietarios de estas tierras habían levantado vallas, muros, granjas y fábricas donde antes las acacias vigilaban la sabana abierta.

Eso era importante para los elefantes, leones y ñus de África Oriental, que habían evolucionado en paisajes vastos y abiertos, desplazándose por zonas muy amplias según las estaciones. La gran migración de ñus del Serengueti se repetía en Kenia y Tanzania. Eso fue antes de que los vastos espacios abiertos hubieran quedado fragmentados y unidos solamente por corredores, corredores que habían sido paulatinamente vallados y cerrados. El resultado fue un declive de las poblaciones de herbívoros migratorios y un aumento dramático de los conflictos entre el hombre y la fauna salvaje: los elefantes asaltan las plantaciones de aguacate y los grandes felinos matan al ganado.

En Eselenkei, las vallas aún no se habían instalado. Pero la «subdivisión» legal de la tierra ya había tenido lugar, con la ayuda de mapas digitales que daban a cada miembro de la comunidad masái el perfil de su parcela en lugar de marcadores y límites físicos.

«Nuestra comunidad no tiene un pasado de propiedad privada de la tierra, y creo que hay un gran problema con la generación más joven que desea tener dinero ya. ¿Quién puede culparlos? Pero si venden sus tierras para que sean dedicadas a la agricultura u otras actividades, ¿cómo sobrevivirá la fauna salvaje?», me dijo Ole Kasaine, un líder masái emergente conocido como Wilson. «Una vez que venden, el dinero se evapora y la gente se queda sin tierra en su propia tierra».

Wilson había llevado una vida extraordinaria. Nacido en una comunidad masái tradicional de Selenkay, había recorrido a pie su tierra durante décadas. A medida que avanzábamos por el variado paisaje, se guiaba solo por la vista y era capaz de señalar animales salvajes que mi ojo inexperto apenas podía distinguir. Pude ver hasta qué punto Wilson, que se había formado como observador y guía y había ayudado a poner en marcha el proyecto comunitario, se preocupaba por su tierra y su gente. Incluso conocía a todos los elefantes, desde los más majestuosos hasta los bebés que se divertían en el barro, por su nombre. «Nadie nos creía cuando decíamos que podíamos recuperar la vida salvaje y crear buenos puestos de trabajo para la comunidad [...] por eso la creación de zonas de conservación era primordial. Y lo sigue siendo. Pero tenemos que hacer mucho más, y tenemos que hacerlo rápido, antes de que el resto de nuestra tierra masái se pierda para siempre».

Wilson trabajaba con Viraj Sikand, un empresario que había crecido en Kenia y se había curtido trabajando junto a patrullas contra la caza furtiva en el árido norte del país. Los círculos de Viraj y Wilson estaban llenos de activistas y conservacionistas: gente que había hecho campaña para crear nuevos espacios naturales, salvaguardar los existentes y profesionalizar las agencias de protección de la naturaleza del país. Hablé con varios de ellos; todos celebraban los logros tácticos conseguidos por Kenia, pero estaban convencidos de que los avances en materia de naturaleza debían acelerarse para seguir el ritmo del cambio económico. Ahora recurrían a la tecnología para conseguir precisamente esa aceleración. Sikand se había asociado con Mohanjeet Brar, de Gamewatchers; Patita Nkamunu, líder de la comunidad masái; Mark Tracy, veterano director general de tecnología, e investigadores del Harvard Davies Lab –que habían desarrollado el dron HALO– para crear una nueva empresa llamada EarthAcre. «El objetivo de EarthAcre es utilizar la tecnología para valorar cada metro cuadrado de tierra gestionada por los autóctonos», me dijo Viraj. «Esto incluye el carbono almacenado en la tierra y debajo de ella, pero también la biodiversidad única que existe en cada parcela. Al cartografiar los ecosistemas con un nivel de detalle sin precedentes, esperamos poder reducir drásticamente el tiempo que se tarda en comercializar los créditos de carbono y de biodiversidad, y enviar los ingresos directamente a las personas cuyas tierras podemos valorar y proteger».

La tecnología no es ninguna panacea. Pero en Selenkay, como en otros lugares pioneros de todo el mundo, los argumentos económicos a favor de la naturaleza –ya sea a través del ecoturismo o de los créditos por servicios ecosistémicos– llegan gracias a los espectaculares avances en nuestra capacidad para medir y controlar, a través de ojos en el cielo, sensores en tierra y superordenadores en la nube, de una forma que hace una década era sencillamente imposible.

Pero la tecnología, por supuesto, afecta a todo. Como vimos en el capítulo dedicado a la agricultura respetuosa con la naturaleza, las tecnologías, desde los fertilizantes biológicos hasta la fermentación de precisión, están transformando nuestra forma de producir alimentos. La bioquímica inteligente nos permite crear sustitutos cada vez mejores de los productos que degradan la naturaleza, desde la carne de vacuno hasta el aceite de palma. En cuanto a la eliminación del carbono, tecnologías como el biocarbón y la inyección de biopetróleo son capaces de extraer el carbono natural de las plantas y guardarlo en formas estables durante miles de años. Estas tecnologías, que producen bienes y servicios tangibles, ya son un gran negocio. Se podrían escribir –de hecho, se han escrito– libros enteros sobre la forma en que estas tecnologías están transformando diferentes sectores para mejorarlos.

El equipo de EarthAcre con el dron HALO utilizado para inspeccionar Selenkay. Cortesía de EarthAcre.

En este capítulo, sin embargo, me centraré en las tecnologías que hacen posibles los argumentos económicos a favor de la naturaleza. Muchas de ellas acaban de salir de laboratorios y proyectos de investigación, pero tienen el potencial de transformar radicalmente nuestra forma de entender y valorar el mundo natural.

Las tecnologías a las que me refiero son muy variadas. Para entenderlo, puede ser útil imaginar una especie de tablero tecnológico del planeta, que nos mantuviera al tanto de todo lo que ocurre en los ecosistemas del mundo y que ofreciera soluciones a los problemas a medida que surgen.

* * *

Para empezar, sin duda querríamos observar los bosques, campos, praderas y océanos del mundo. En el pasado, la única forma de hacerlo era enviar científicos sobre el terreno, armados con mapas y anotando lo que veían. Yo mismo he hecho este tipo de trabajo minucioso; aunque puede ser divertido las primeras veces, la observación sobre el terreno es cara y requiere mucho tiempo. También es propensa al error humano: una vez me perdí realizando un estudio topográfico en el bosque de Wytham, sin duda el bosque mejor estudiado del mundo, de manera que no es difícil imaginar los retos que plantea el estudio de ecosistemas más desconocidos.

La tecnología está mejorando drásticamente la situación. Ahora podemos observar el planeta a distancia y de forma relativamente barata, ya sea desde el espacio con satélites o desde el aire pilotando avionetas o drones para cartografiar el paisaje.

Desde su posición estratégica, a miles de kilómetros de altura, los satélites pueden vigilar grandes extensiones de tierra y mar. Ya en la década de 1970, los satélites Landsat, lanzados por la NASA y el Servicio Geológico de Estados Unidos, proporcionaron una gran cantidad de datos a los científicos que buscaban comprender los sistemas ecológicos. Al igual que la cámara del móvil, las cámaras de los satélites pueden detectar la luz en la porción visible del espectro electromagnético, lo que nos permite saber si un determinado terreno es bosque o campo de cultivo y, por tanto, los cambios en la deforestación y el uso del suelo a lo largo de los años.[2]

Pero aún podemos ir más lejos, detectando longitudes de onda que el ojo humano no puede ver. ¿Por qué es importante este tipo de imágenes? Porque la luz que reflejan las hojas puede revelar muchos detalles de los ecosistemas donde se encuentran. Por ejemplo, ahora los satélites pueden utilizar datos «multiespectrales» para detectar diferencias entre tipos de verde e identificar qué especies vegetales hay en un bosque y su productividad.

El LiDAR aún puede ser más preciso, enviando rayos láser y midiendo el modo en que rebotan para captar la estructura tridimensional del terreno y la vegetación. Los sensores LiDAR son especialmente útiles para medir el carbono desde el aire; como el dron HALO, que recorrió Selenkay y pudo captar la estructura de todo en el entorno. «Ahora sabemos, con una precisión de centímetros, qué aspecto tiene el paisaje», me contó Viraj Sikand. «Esto significa que disponemos de un conjunto de datos para la restauración de ecosistemas sin parangón, que nos permite modelizar el carbono y la biodiversidad como nunca antes». Sikand descubrió que montar el sensor LiDAR en un avión más grande permitiría a EarthAcre cartografiar miles de kilómetros cuadrados a la vez, recopilando datos de alta precisión que luego podrían utilizarse para construir los modelos de carbono y biodiversidad de los satélites. «Con este tipo de escala, los costes se reducen a céntimos por hectárea», afirma, lo que supone una notable diferencia con las enormes sumas que cuesta enviar auditores humanos a verificar los proyectos de carbono.

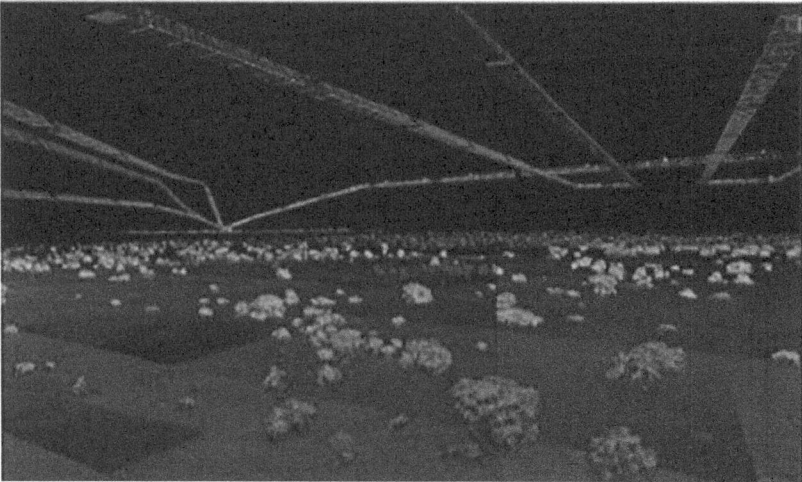

Una «nube de puntos» LiDAR de Selenkay, con la trayectoria de vuelo del dron mostrada arriba. Cortesía de EarthAcre.

Los últimos avances han llevado el LiDAR al espacio para proporcionar datos globales desde satélites, aunque con resoluciones más bajas que las de los drones y aviones. La NASA, en el marco de su Investigación de la Dinámica Global de los Ecosistemas (GEDI, por sus siglas en inglés), instaló un sensor LiDAR en la Estación Espacial Internacional. Atticus Stovall, científico que colaboró en el desarrollo del programa GEDI, opinó lo siguiente sobre lo que esto significa para el futuro de la vigilancia de los ecosistemas: «LiDAR es básicamente como convertir un bosque –o cualquier entorno– en un videojuego, al instante. Crea una reconstrucción virtual de alta resolución del mundo. Y GEDI trata de llevar esto a escala mundial».

¿Por qué es útil? «Básicamente, estamos permitiendo que los láseres se suban a la estación espacial [...] y los utilizamos para valorar los bosques de la Tierra. Por supuesto, se trata de predicciones, más que de mediciones directas [...], pero con los láseres hemos llegado a ser realmente buenos a la hora de hacer esas predicciones y traducirlas a una medida bastante fiable de la biomasa y el carbono y de cómo están cambiando con el tiempo».

Los satélites existen desde hace décadas, pero los últimos avances los han hecho mucho más útiles para los científicos. Organismos públicos como la NASA y la Agencia Espacial Europea han enviado instrumentos cada vez más potentes en sus nuevos satélites, incluido un Landsat actualizado. Una nueva generación de fabricantes de satélites comerciales, como Planet Labs, proporciona ahora datos de alta frecuencia desde flotas de cientos de pequeños satélites. En lugar de esperar semanas o meses a que un satélite más grande vuelva a tomar imágenes del mismo lugar y detecte cambios, los satélites de Planet Labs pueden proporcionar datos diarios o semanales tanto a los agricultores como a los biólogos conservacionistas.

«Cuando combinamos los datos LiDAR con las imágenes por satélite del Landsat, obtenemos imágenes de muy alta resolución de los cambios en la Tierra, junto con una buena medición del carbono [...] básicamente conseguimos todo lo que necesitamos para saber qué tenemos y dónde, en qué medida la situación está cambiando y qué hacer al respecto», comenta.

Atticus dejó claro que estos avances van mucho más allá de la medición de carbono. El control de la biodiversidad es uno de los objetivos más interesantes de este trabajo que enlaza con la naturaleza en su conjunto: comprender los hábitats, sus estructuras y cómo las especies utilizan esos entornos en sus tres dimensiones. Por eso, la próxima década de la NASA tiene como objetivo «comprender todos los sistemas que rigen la vida en la Tierra».

Los satélites no solo son útiles para obtener imágenes. El GPS, el sistema de posicionamiento global que se desarrolló inicialmente para uso militar, proporciona una columna vertebral esencial para prácticamente toda la cartografía y el seguimiento que hacemos. Pero hay herramientas de mapeo específicas de la naturaleza que van más allá: desde 2018, el proyecto ICARUS ha utilizado una antena en la Estación Espacial Internacional para permitir el seguimiento de aves individuales, mamíferos e incluso insectos que llevan etiquetas que pesan tan solo cuatro gramos. En nuestro hipotético tablero de mandos, utilizando este tipo de tecnología podremos evaluar en tiempo real cómo están respondiendo las poblaciones animales a los cambios en el hábitat y actuar en consecuencia.

Resulta alentador que estos métodos de «teledetección» estén superando la fase de investigación académica: las nuevas empresas se están basando en estos avances para crear los modelos económicos que pueden ayudar a impulsar la toma de decisiones sobre el terreno. NCX, por ejemplo, utiliza un amplio conjunto de datos de la silvicultura norteamericana obtenidos por satélite, desarrollado con el programa AI for Earth de Microsoft, para realizar los cálculos en los que se basa su mercado de carbono para silvicultores. El modelo de NCX, basado en el aplazamiento de las talas para que los árboles almacenen más carbono antes de ser cortados, habría sido imposible sin los avances en las observaciones desde los satélites y la mayor potencia de cálculo.

Estos avances también tienen consecuencias para las tierras agrícolas y de labor. Han surgido empresas que proporcionan información sobre los cultivos mediante una serie de sensores que miden mejor las reservas de carbono por encima y por debajo del suelo, y que hacen un seguimiento de la salud del suelo a medida que se adoptan prácticas regenerativas. Working Trees, una empresa en cuya fundación participé cuando estudiaba en Stanford, está impulsando ahora la adopción de silvopastos en los estados del sureste de Estados Unidos. Resultó que los escáneres LiDAR y las cámaras de alta resolución de los iPhones, instalados inicialmente para mejorar las aplicaciones de realidad virtual, también podían proporcionar una forma descentralizada y de bajo coste de rastrear el almacenamiento de carbono en los árboles recién plantados en los pastos. John Foye y Aakash Ahamed, que ahora codirigen la empresa, tienen la misión de democratizar el acceso a los mercados de carbono utilizando instrumentos tecnológicos para que todos los agricultores puedan convertirse en gestores de carbono.

«Antes se necesitaban quinientas hectáreas para poner en marcha un proyecto de reforestación. Ahora, agricultores de cualquier tamaño, ya gestionen cincuenta, cinco o incluso una hectárea, pueden inscribirse en nuestro programa de carbono. Sin el LiDAR de los *smartphones*, esto no habría sido posible», me dijo John cuando nos pusimos al día tras una de sus visitas a Tennessee.

Paralelamente, iniciativas de libre acceso y organizaciones innovadoras sin ánimo de lucro están convirtiendo la transparencia en un bien público mundial. A mediados de 2022, Google y el World Resources Institute se unieron para lanzar Dynamic World, una herramienta de libre acceso que, por primera vez, ofrece mapas casi en tiempo real de la cubierta terrestre mundial.[3] Una nueva plataforma de la organización sin ánimo de lucro CTrees permite ahora hacer un seguimiento del carbono almacenado en cada árbol del mundo, ofreciendo mayor transparencia a los mercados voluntarios de carbono. Antes se tardaba meses en elaborar este tipo de resultados, aunque los datos brutos estuvieran disponibles en tiempo real. Utilizando algoritmos de inteligencia artificial (IA) para acelerar los cálculos numéricos, Dynamic World y CTrees pueden aportar información casi en tiempo real sobre los avances y los retrocesos, de manera que se puede evitar la deforestación al permitir respuestas rápidas cuando se está produciendo.

Global Forest Watch (GFW, por sus siglas en inglés), una organización sin ánimo de lucro, toma estos datos y los pone a disposición de los conservacionistas, «permitiendo una transparencia sin precedentes sobre lo que ocurre en los bosques de todo el mundo». ¿Por qué es útil? En palabras de GFW, «una mejor información permite tomar decisiones más inteligentes sobre cómo gestionar y proteger los bosques para las generaciones actuales y futuras, y una mayor transparencia ayuda al público a exigir responsabilidades a Gobiernos y empresas por el impacto de sus decisiones en los bosques».[4]

Por muy capaces que sean estos sensores remotos y por muy revolucionarios que sean, nuestro cuadro de mandos siempre se beneficiará de un poco de información sobre el terreno. «Uno de los cuellos de botella a los que nos enfrentamos es la recopilación sobre el terreno de datos de alta calidad que proporcionen a los métodos remotos una conexión tangible con lo que estamos midiendo sobre el terreno», explica Atticus. «He pasado gran parte de mi carrera sobre el terreno, caminando por lugares disparatados y abriéndome paso entre la maleza [...] Por increíble que sea la teledetección, debería prestarse al menos el mismo apoyo a las mediciones sobre el terreno».

También en este caso, los avances tecnológicos nos permiten comprender los ecosistemas con una claridad que habría sido inimaginable incluso hace un par de décadas.

Por ejemplo, las cámaras trampa, que revolucionaron la detección de animales salvajes en ecosistemas de difícil acceso, desde los orangutanes en el corazón de Borneo hasta los leopardos de las nieves que acechan en las cumbres de Nepal. Durante décadas, las cámaras trampa tradicionales –que se activan con cualquier movimiento– producían cientos o miles de falsos positivos, confundiendo cualquier movimiento con un animal de interés. Y los investigadores tenían que recuperar las cámaras y analizar manualmente las imágenes para identificar cualquier cosa que pudiera ser útil.

Hoy en día, las cámaras trampa se combinan con modelos de inteligencia artificial para automatizar esta tediosa tarea. Sentinel, un proyecto de Conservation X Labs, adapta las cámaras existentes para ejecutar ingeniosos algoritmos sobre las imágenes a medida que se capturan. Si Sentinel detecta un jaguar –o un cazador furtivo–, envía una notificación a los conservacionistas casi en tiempo real, lo que les permite actuar con mucha más rapidez que antes.[5]

Las cámaras pueden complementarse con bioacústica, un nuevo conjunto de herramientas que nos permite añadir oídos digitales a nuestros ojos tecnológicos. Aunque muchos animales grandes y carismáticos, como los elefantes o los tigres, son fáciles de detectar, las aves y los insectos en particular pueden ser difíciles de distinguir en los bosques densos. Cuando empecé mi formación como ecólogo, me enseñaron a identificar las especies de aves aprendiendo sus cantos, lo cual resulta fácil para una persona dotada como Wilson, pero yo solía equivocarme con demasiada frecuencia. En cualquier caso, hacerlo a la antigua usanza implica recorrer tramos de la selva durante horas o días enteros, lo cual es educativo para los biólogos en formación pero no resulta especialmente escalable ni eficiente.

Con la bioacústica la premisa básica es sencilla: los micrófonos captan el sonido en una amplia gama de frecuencias –incluidas las que están fuera del alcance del oído humano– para identificar la presencia o ausencia de determinadas especies y hacerse una idea de la cantidad que hay. Más allá de los datos poblacionales, las llamadas de los animales también pueden proporcionar una rica fuente de información sobre su comportamiento, como las pautas de migración y apareamiento, y la presencia de competidores y depredadores.

El proyecto Dhvani –que recibe su nombre de la palabra sánscrita que significa «sonido»– es un ejemplo de cómo estos ricos conjuntos de datos pueden servir para la vigilancia y la gestión de los ecosistemas. Financiado por la Columbia University y National Geographic, entre otros, el equipo de Dhvani está empezando a crear y analizar un conjunto de datos sobre sonidos sin precedentes que podría servir de base para tomar decisiones de gestión del entorno en la India.

«Me ha abierto todo un mundo. En un bosque tropical rara vez se ven pájaros. Tras analizar lo que podíamos oír con la bioacústica, me di cuenta de que allí había muchas más especies de las que imaginaba», me dijo Vijay Ramesh, uno de los investigadores del Proyecto Dhvani. El rápido abaratamiento de los aparatos de grabación ha cambiado las reglas del juego: las grabadoras de Dhvani solo cuestan unos cincuenta dólares cada una.

El proyecto Dhvani no es solo un ejercicio de curiosidad científica; los investigadores se proponen comprender si se recupera la biodiversidad –y en qué grado– a medida que vuelven a crecer los bosques en el centro de la India y en la cordillera de Ghat Occidental, al sur. Vijay me contó que sus datos bioacústicos de tierras reforestadas durante más de veinte años arrojaron resultados sorprendentes. «La mayoría de los pájaros habían vuelto [...] pero las frecuencias más altas, entre 12.000 y 24.000 Hz, en las que actúan los insectos, estaban vacías. Estaban prácticamente vacías en todos los bosques, tanto restaurados como degradados». Aún se están estudiando las razones, pero, gracias a la bioacústica, el equipo descubrió un importante punto ciego en el seguimiento de la recuperación de los ecosistemas.

Además Dhvani se topa con los límites de los algoritmos que aceleran el procesamiento de las grabaciones. Resulta que muchos de los modelos informáticos desarrollados hasta la fecha se centran en regiones templadas de Norteamérica y Europa, y se actualizan con conjuntos de datos de regiones donde se puede oír el canto de un solo pájaro cada pocos segundos. «En los bosques tropicales de la

India hay una verdadera cacofonía de pájaros, por lo que los modelos funcionan bastante mal», me dijo Vijay. El equipo de Dhvani está empezando a construir su propia red neuronal desde cero, etiquetando manualmente los archivos para que los modelos de aprendizaje automático puedan adaptarse a un ecosistema más ruidoso.

Si los ojos en el cielo y los oídos en la tierra son cada vez mejores fuentes de información para nuestro tablero de mandos planetario, la tecnología avanza ahora de tal manera que ni las plantas, animales, microbios y hongos más raros pueden escapar a nuestras redes de vigilancia.

Resulta que prácticamente todo –desde la bacteria más pequeña que nade en un estanque hasta una gacela que haya bebido un trago de agua antes de adentrarse en los matorrales o un lince canadiense que se deslice por la nieve– desprende pequeños fragmentos de ADN. Este ADN ambiental, llamado ADNe, puede ahora amplificarse y compararse con una amplia base de datos –técnica conocida como *metabarcodificación*– para desvelar a los habitantes ocultos de los ecosistemas y cómo cambian con el tiempo.

El ADNe puede extraerse de masas de agua o del suelo, pero también puede encontrarse flotando en el aire. Un estudio realizado en el zoo de Copenhague detectó 49 especies de vertebrados solo con aspirar ADNe del aire, entre las que se incluían rinocerontes, jirafas, elefantes, e incluso un pez guppy que vivía en un estanque de la zona de la selva tropical.[6]

Como en el caso de varias de las aplicaciones que hemos analizado aquí, la caída en picado del coste de la tecnología ha contribuido enormemente a hacer posible la secuenciación comercial del ADN electrónico. A principios de siglo, la secuenciación de un solo genoma humano costaba más de cien millones de dólares; en 2022, esa cifra se había reducido a menos de quinientos dólares, superando ampliamente la curva de la ley de More que ha acompañado el aumento de la potencia informática barata y abundante.[7] En la actualidad, una muestra comercial de ADN electrónico cuesta apenas doscientos dólares, gastos de envío incluidos: una gota en un cubo de agua si tenemos en cuenta que los proyectos de conservación hasta ahora solían conllevar enormes costes de supervisión.

No es de extrañar, pues, que se estén creando empresas enteras basadas en este novedoso habilitador. NatureMetrics, una de estas empresas emergentes, ha participado en cientos de proyectos comerciales de ADNe, que abarcan desde la detección de manatíes en Perú para el WWF hasta el análisis de poblaciones de peces en el Támesis, pasando por garantizar que los promotores inmobiliarios de Inglaterra puedan establecer bancos de conservación para el tritón crestado. En cada uno de estos casos, el ADNe ha permitido justificar desde un punto de vista económico el proceso de conservación de forma mucho más barata y rápida que los tradicionales monitores humanos. Katie Critchlow, cofundadora de NatureMetrics, nos explica cómo las empresas sacan el máximo partido de su oferta tecnológica: «Lo interesante es que nuestros clientes más avanzados empiezan a ir mucho más allá de marcar casillas. Gracias a la gran cantidad de datos que obtienen del ADN, descubren especies raras, amenazadas y protegidas que no sabían que existían. Por ejemplo, uno de nuestros clientes mineros encontró una nutria rara en su mina. Y eso los entusiasmó hasta el punto de colaborar con los agricultores de los alrededores de la explotación minera para poner en marcha un plan de gestión de esa especie».

Pero esta realidad no se agota en las historias para tener la conciencia tranquila. Ahora que en las grandes empresas se habla cada vez más de los riesgos relacionados con la naturaleza, Katie explica cómo NatureMetrics empieza a ampliar su gama de servicios: «Ahora proporcionamos un nuevo nivel de análisis y apoyo a la toma de decisiones que permite a nuestros clientes hablar de biodiversidad en el Consejo de Administración. Esto incluye visualizaciones sencillas y claras del cambio ocurrido, lo que les permite determinar si la biodiversidad está mejorando o empeorando».

«Como hasta ahora los datos sobre biodiversidad han sido tan escasos, nos encontramos en un punto de la curva en el que más datos conducen a la toma de decisiones de forma rápida y sencilla. Sé que tener datos no lo es todo, pero lo que se mide, se gestiona; y apenas estamos empezando a ver los efectos de poder ofrecer esos datos a compradores que no los ven solo desde el punto de vista del cumplimiento de la normativa ambiental», declara.

Más allá de las empresas avanzadas que buscan crear cadenas de suministro favorables a la naturaleza, a ambos nos pareció que el

Toma de muestras de ADNe en el jardín de Gretchen Daily en Palo Alto.

ADNe (y otras tecnologías de conservación) también podrían servir de centinela para evitar actividades inadecuadas o fraudulentas en los mercados de carbono, el ecoturismo, la agricultura regenerativa y similares. «El cambio importante fue cuando la gente empezó a ser

153

capaz de controlar las emisiones de metano desde el cielo. Porque ya no importaba lo que Shell dijera sobre sus emisiones de metano: sabíamos cuáles eran. Y lo mismo ocurre con el ADNe», afirma Katie.

Decidí probarlo por mí mismo. El equipo de Katie me envió un par de kits para muestras de tierra y me fui a cazar ADNe a Windy Hill, una reserva natural con vistas panorámicas de la bahía de San Francisco. Lo único que tuve que hacer fue meter un poco de tierra en un botecito de plástico, añadirle un tampón conservante y enviarlo al laboratorio para que lo analizaran.

Guardé el segundo kit durante un tiempo, preguntándome qué hacer con él: las normas de bioseguridad dificultan la toma de muestras en algunos países, y el papeleo nunca ha sido mi fuerte. Al final, opté por volver al hermoso jardín donde había almorzado con Gretchen Daily para ver qué datos de ADNe podría recoger allí.

Unas semanas después llegaron los resultados. El equipo de NatureMetrics había realizado tres series de análisis del ADN electrónico bacteriano, fúngico y faunístico (animal) que encontraron en mis muestras, identificando cientos de taxones (grupos de especies) para cada uno de ellos. Los resultados arrojaron de todo, desde gusanos blancos hasta trufas de ciervo, varios tipos de arañas e incluso oídio, un parásito vegetal conocido por causar enfermedades. Recibí un gráfico del árbol de la vida que comparaba el jardín de Windy Hill con el de Gretchen, cada uno con una comunidad de microbios y bichos visiblemente diferente. Y todo esto, a partir de dos pequeñas cucharadas de tierra.

Aunque mis esperanzas de que apareciera un lince en las muestras de suelo se desvanecieron, el equipo científico de NatureMetrics insistió en que la clave estaba en la visión de conjunto: «Por lo general, nos centramos menos en las listas de especies generadas por muestras individuales y, en su lugar, recogemos múltiples muestras en un hábitat para crear una huella dactilar de la comunidad del suelo. Esto puede servir para comparar distintos hábitats o prácticas de gestión del suelo, o para seguir el éxito o fracaso de la restauración de hábitats a lo largo del tiempo».

El ADNe solo araña la superficie de la alucinante complejidad de los sistemas ecológicos que nos rodean. Según Katie, «El hecho de que sepamos tan poco nos exige que mantengamos intacto el entorno tanto como sea posible. Lo primero que aprendes como ecólogo es que cuantos más bloques de Jenga quitas, más probable es que la torre se caiga». Tal vez, después de todo, el hongo *Cenococcum geophilum* que encontraron en mis muestras sea tan importante como un felino más carismático.

Una de las mayores historias financieras de los últimos años, para bien o para mal, ha sido el auge de *web3*, un término que engloba las tecnologías descentralizadas basadas en *blockchain* que prometían revolucionarlo todo, desde las finanzas hasta la estructura de la propia sociedad. En 2021, se registraron niveles récord de capital riesgo en empresas emergentes de web3: casi 18.000 millones de dólares, según un recuento, en comparación con los escasos 200 millones de dólares en capital riesgo invertidos en empresas de reforestación y restauración de ecosistemas en los dos años transcurridos hasta abril de 2022.[8,9] Para mí, la comparación es dura y bastante deprimente, incluso cuando la burbuja de web3 se desinfló espectacularmente en 2022. A pesar de la escasez de aplicaciones genuinas para el medioambiente o la ecología, un rayo de esperanza proviene de la preocupación medioambiental que ha empezado a filtrarse en estos círculos de web3, que merece la pena comprender por si se les ocurren aplicaciones útiles a la naturaleza en los próximos años.

Aunque no intentaré explicar en profundidad la maraña de términos de la web3, un puñado de conceptos clave pueden ayudar a navegar por este laberinto. En primer lugar, está la cadena de bloques (*blockchain*), un documento de contabilidad digital que, al igual que el libro de un contable, permite a los usuarios registrar transacciones, solo que aquí ningún contable tiene el control. El *blockchain* vive en una red, y su diseño inherente hace que sea imposible de manipular por un solo sujeto. Como única fuente de verdad, la cadena de bloques está pensada para permitir una serie de aplicaciones basadas en la confianza. Es posible que conozcas las cadenas de bloques por las criptomonedas, como Bitcoin, que las han hecho posibles: fichas, basadas en su escasez relativa, que han hecho ganar y perder fortunas de la noche a la mañana.

Un término relacionado es el contrato inteligente (*smart contract*), un programa basado en *blockchain* que se activa automáticamente, sin la participación de ningún intermediario, cuando se cumplen determinadas condiciones. Ambos términos juntos han permitido la creación de organizaciones autónomas descentralizadas (DAO, por sus siglas en inglés), que a mí me parecen cooperativas sin líderes creadas para la era digital. Basadas en contratos inteligentes, las DAO se rigen por los votos de los miembros que las constituyen. Cualquier cambio en las actividades de las DAO, o la decisión de terminarlas, puede ser propuesto por un miembro cualquiera y votado por todos los demás.

Por último, están los símbolos no fungibles (*non-fungible tokens* o NFT). Permitidos por esos libros de contabilidad públicos e inmutables, los NFT funcionan como certificados de propiedad y autenticidad de los activos digitales. Los NFT permiten a los usuarios poseer objetos digitales artificialmente escasos, como obras de arte únicas, objetos en juegos virtuales o grabaciones exclusivas de música. Aunque las consecuencias jurídicas aún no están claras, los NFT también pueden representar activos físicos, como una parcela de tierra. Muchas de estas tecnologías están empezando a utilizarse en el *metaverso*, un término pensado para el ciberespacio, en contraposición al universo físico que habitamos. Los entusiastas de la vanguardia pueden hablar de DAO y NFT, pero el interés sin duda se habrá ido en el momento en que estas palabras lleguen a la imprenta.

Se ha escrito mucho sobre web3, incluso sobre el tremendo impacto que la «minería» de Bitcoin, que consiste en configurar potentes ordenadores para procesar código de Bitcoin y generar nuevas monedas a cambio, puede tener sobre las emisiones de carbono. Con una huella de carbono del tamaño de la de Nueva Zelanda, el impacto de las emisiones de Bitcoin es una cuestión importante, aunque es posible introducir mejoras: en 2022, cambios técnicos redujeron drásticamente las emisiones del principal competidor de Bitcoin, Ethereum. Para nosotros, lo que importa es si las llamadas tecnologías web3 pueden permitirnos hacer cosas reales que promuevan soluciones para nuestros desafíos planetarios tan reales. En mi exploración de la situación, tres amplias aplicaciones de web3 parecen estar afianzándose.

En primer lugar, se están estudiando los libros de contabilidad electrónicos por su potencial para generar confianza y verificabilidad en los mercados de carbono y servicios ecosistémicos. En la actualidad, muchas transacciones de carbono se realizan de una en una, entre comprador y vendedor, sin la infraestructura de mercado que existe, por ejemplo, para la compraventa de acciones. Un terminal Bloomberg es una fantástica fuente de datos en tiempo real sobre los movimientos y volúmenes de las cotizaciones bursátiles; no puede decirse lo mismo de estos mercados incipientes. Mientras que los mercados de capitales demuestran que la confianza puede integrarse en sistemas sin web3, los libros de contabilidad electrónicos pretenden resolver el mismo reto sin emplear los numerosos sistemas que hacen girar el mundo financiero tradicional.

Regen Network, uno de los pioneros en el espacio web3, lanzó en 2022 uno de estos libros de contabilidad de carbono y ecosistemas; el Regen Ledger, se nos dijo, fue «construido para servir como registro público de los pasivos y activos ecológicos de la Tierra». Los bancos tradicionales también se han subido al tren de las criptomonedas. Carbonplace, una nueva iniciativa lanzada por siete grandes bancos –entre ellos UBS y Standard Chartered–, pretende crear la «infraestructura de intercambio» ideal para los mercados y compraventas de carbono.

Mientras que los registros contables descentralizados pretenden aportar una transparencia radical a los mercados de carbono, una nueva generación de DAO se enfrenta a un reto diferente: ampliar los mercados de reducción y eliminación de carbono mediante métodos que también incluyan acciones sobre la naturaleza. Gran parte del interés por las DAO se debe al desconcertante conjunto de reglas que adoptan, denominadas «tokenomía», con las que esperan generar beneficios para sus miembros. A menudo pueden parecerse a un esquema de Ponzi, con precios que suben a medida que más compradores se incorporan al sistema.

En algunos casos, no existe un valor de referencia de sus *tokens* más allá de su escasez artificial. Sin embargo, en muchas DAO dedicadas al carbono, los *tokens* están respaldados por créditos de carbono, cuyo valor fluctúa. No voy a tratar de explicar la dinámica de estos sistemas «tokenómicos», incluidas las brutales oscilaciones de precios que se derivan del mayor o menor interés que despiertan. Al margen de las ganancias y pérdidas que ocasionan, para nosotros la cuestión importante es si las DAO pueden aumentar el volumen de extracciones de carbono y contribuir de esta manera a restaurar la naturaleza.

En el capítulo sobre los mercados de carbono, constatamos que no todos los créditos de carbono son iguales. Algunas DAO, como Eden, son muy restrictivas respecto a los créditos que aceptan y se han asociado con Patch, un mercado de renombre que concentra lo que generalmente se consideran créditos de alta calidad. En mi opinión, merece la pena aumentar la liquidez de los créditos de carbono de alta calidad. Pero, en muchos casos, las DAO han acabado perjudicando activamente la integridad de los mercados de carbono que pretenden mejorar.

La saga de la DAO Klima, y el protocolo Toucan en el que se basa, es un ejemplo de cómo algunas aplicaciones bienintencionadas de web3 pueden tener consecuencias no deseadas. Creada explícitamente para limpiar el mercado de los créditos baratos y de baja calidad y conseguir unos precios más altos de los créditos de carbono con la intención de que los nuevos proyectos fueran más rentables, la combinación Klima–Toucan –que era mucho más grande que Eden– acabó involuntariamente impulsando la financiación de créditos de carbono anticuados y sin valor. Entre ellos se incluían supuestos «créditos adicionales» que acabaron canalizando el dinero hacia proyectos rentables de energías renovables que ya se habían construido, que no proporcionaban esencialmente ningún nuevo beneficio climático y que los compradores concienciados nunca habrían financiado.

«Toucan parece estar generando una demanda totalmente nueva de créditos desatendidos durante mucho tiempo y que habían experimentado poca o ninguna demanda en los últimos años», informa CarbonPlan. «Descubrimos que alrededor del 28 % de los créditos negociados por Toucan (que representan seis millones de toneladas equivalentes de CO_2) proceden de lo que llamamos proyectos zombis», escriben, refiriéndose a proyectos de baja calidad que no habían encontrado compradores en el mercado abierto durante años antes de la aparición de Toucan y Klima. «Al final, cualquier estrategia de compensación de carbono basada en *blockchain* será tan buena como los créditos en los que se base. Cuando organizaciones como Toucan o DAO Klima externalizan el control de calidad a los registros de compensaciones de carbono, no solo corren el riesgo de sufrir los problemas de los mercados voluntarios actuales [...] también pueden convertirse en el vertedero de créditos que ya han sido eliminados por compradores más concienciados».[10]

Las DAO y sus arcanas reglas contrastan con la lógica más sencilla que subyace a los NFT: los compradores pagan por poseer algo, normalmente intangible pero a veces físico, y pueden demostrar su propiedad con un token único. Muchos utilizan los NFT con fines puramente especulativos, comprando NFT de simios de dibujos animados y tuits inéditos con la esperanza de poder venderlos a un precio más alto alto; a mediados de 2022, esos mercados efervescentes ya habían comenzado a retroceder. Si se eliminan los sueños especulativos, lo que los NFT ofrecen, en algunos casos, es la oportunidad de contribuir a la restauración del ecosistema y recibir a cambio un recuerdo único.

Hablé con Neal Spackman, que trabaja con comunidades locales e indígenas de todo el planeta para ayudar a revivir prácticas agrícolas y acuícolas tradicionales y restaurar tierras costeras degradadas. Neal también puso en marcha un proyecto NFT, 100 Million Mangroves, y yo quería saber qué había llevado a un empresario comprometido con el capital natural a involucrarse en la web3.

«Sabía poco sobre los NFT. Pero empezaron a crecer en el verano de 2021, y se nos presentó esta oportunidad. Teníamos un artista brillante, Saiful Haque, y le pregunté si podíamos hacer un proyecto de NFT y destinar el 100 % de los fondos obtenidos a la restauración de manglares. Así fue como empezamos», me contó Neal. Cada donante recibía una obra de arte única a cambio de su contribución al proyecto.

Me pareció que los NFT de los manglares no hacían más que dar un giro tipo web3 al *crowdsourcing* filantrópico. «Una de las principales críticas a los NFT es que no se es dueño del objeto real, ¿verdad? Cualquiera puede copiarlo, y cualquiera puede apropiarse de sus datos. Pero en nuestro caso no queremos que se compren los pájaros, los lagartos y los peces que son cada vez más abundantes. Lo que se puede tener es la propiedad de un NFT que refleje los hechos», explicó. «Se puede decir: "Mira, he comprado esto, lo que significa que estoy contribuyendo a aumentar la biodiversidad; estoy proporcionando un espacio para que aumente la vida en este planeta". Eso es un crédito de biodiversidad con NFT».

Solo el 8 % de las donaciones benéficas en el mundo se destinan a causas medioambientales; quizá las historias únicas que forman parte del atractivo de estos NFT puedan ayudar a generar una fuente de donantes totalmente nueva para financiar proyectos de restauración.[11] Otro proyecto, Moss, adopta este planteamiento de financiación basado en el NFT y lo aplica a parcelas físicas del Amazonas, cada una del tamaño de un campo de fútbol, que corren riesgo de deforestación.[12]

Aunque sigo dudando de que estos proyectos tengan aplicaciones más allá de lo que es, a primera vista, pura filantropía, Neal planteó la posibilidad de más aplicaciones a medida que el procedimiento fuera madurando, incluidas las relacionadas con las criptomonedas y los demás componentes básicos de la web3: «No me parece que estemos monetizando la ecología, sino ecologizando el dinero. Esto nos lleva a los grandes sueños del mundo de web3, la idea de que podemos crear monedas respaldadas por capital natural, en las que el suelo, la ecología, el agua o la salud de los océanos se reflejen en una moneda. Es un gran sueño. No sé si es posible. Pero sí sé que hoy puedo crear un producto que me ayude a destinar más dinero del que tenemos ahora a financiar la biodiversidad». Eso suena muy bien.

A medida que exploramos las muchas formas en que la tecnología puede contribuir a la rentabilidad de la naturaleza, nuestro tablero de mandos planetario empieza a tomar forma. Ahora podemos gestionar la naturaleza con más precisión y a menor coste que en ningún otro momento de la historia de la humanidad. La precisión es importante, porque aporta confianza a unos mercados que hasta ahora han carecido de ella y, por tanto, no han podido crecer. En el pasado, la justificación económica de ayudar a la naturaleza exigía grandes dosis de credulidad para pensar que el carbono realmente se almacenaba o que la biodiversidad realmente se recuperaba. La tecnología hace que esas dosis sean menores cada año, de manera que cada vez estamos más seguros de obtener aquello por lo que pagamos cuando invertimos en la naturaleza.

El poder de reducción de costes de la tecnología también es importante. Antes los gastos generales eran enormes y reducían a muy poco lo que quedaba para la verdadera restauración. Ahora el rápido descenso de los costes del seguimiento tecnológico transforma la economía de los proyectos y permite a los promotores destinar una mayor parte de las ganancias de los proyectos de almacenamiento de carbono, ecoturismo o agricultura a actuaciones directas, de tal manera que se restauran los ecosistemas y se canaliza dinero hacia las comunidades que lo necesitan.

Las personas e instituciones involucradas en estos proyectos son cada vez más conscientes de que la combinación de varias de estas herramientas puede aportar más que la suma de sus partes. En Kenia, EarthAcre ya está planeando desplegar técnicas de bioacústica además de datos LiDAR obtenidos por satélite y drones. «Nuestra esperanza es crear el conjunto más completo de indicadores de biodiversidad, y no podemos hacerlo de forma creíble sin integrar múltiples fuentes de datos», me dijo Viraj mientras recorríamos el camino que partía de Selenkay.

«Con EarthAcre esperamos que los compradores de créditos de carbono o de biodiversidad nos recompensen por ser capaces de contarles una historia creíble de cómo la biodiversidad está volviendo a las tierras gestionadas por los masáis». Viraj añadió que su equipo estaba estudiando fotos, vídeos e incluso NFT como medios para conectar a los compradores con los atributos únicos de cada hectárea que estaban ayudando a restaurar.

Sarika Khanwilkar, de Dhvani, insistió en la utilidad de la tecnología para crear conexiones con espacios naturales lejanos: «Lo que me entusiasma de las tecnologías acústicas es su uso como medio para conectar a la gente con la naturaleza y despertar su interés por ella. Los sonidos de la naturaleza están desapareciendo y podemos utilizarlas para fomentar la curiosidad de la gente por la biodiversidad». Al haber crecido con los documentales de sir David Attenborough, todos sabemos cómo los avances de los medios visuales convirtieron a generaciones de habitantes de las ciudades en fervientes amantes de la naturaleza. Quizá haya nuevas fronteras al alcance de la mano.

Wilson estaba de acuerdo, mirando por las ventanillas del todoterreno mientras pasábamos junto a manadas de ñus tomando el sol. Al fin y al cabo, esta era su tierra: una tierra que había estado en manos de los masáis durante generaciones; una tierra que le había criado a él, y que ahora ayudaba a conservar para las generaciones venideras. Contó historias de su infancia, de los encuentros de su padre con rinocerontes y leones, de las aspiraciones que tenía para Kenia.

Ante los interesantes avances tecnológicos en la creación de mercados y en la vigilancia de la naturaleza, a menudo se pasa por alto la importancia de registrar y difundir en tiempo casi real el impacto de

historias como la de Wilson; historias de esperanza, cambio y resurgimiento que son muy importantes si queremos dar un impulso a la
crisis de la biodiversidad. Las formas en que la tecnología puede ayu-
darnos a crear y mantener nuestras conexiones con la Tierra podrían
tener el objetivo de construir un tablero tecnológico de proporciones
planetarias.

Combatir los incendios
con las finanzas

El viaje por la sinuosa carretera nos había llevado a lo alto de las montañas de Sierra Nevada, en California. Al salir de una curva, apareció una vista impresionante: una enorme masa de agua cristalina rodeada de laderas cubiertas de pinares. No era difícil entender por qué el lago Tahoe, uno de los lagos de montaña más grandes y profundos del mundo, es un paraíso para los amantes de la naturaleza, atestado de excursionistas y practicantes de *paddle surf* en verano y de esquiadores y *snowboarders* en invierno.

Tahoe, y los innumerables lagos y ríos que conforman este paisaje emblemático, no existirían sin su rica cuenca boscosa, el territorio central de la tribu washo. La fiebre del oro de California a finales del siglo XIX trajo colonos blancos y un modelo de exclusión y eliminación de los indígenas que, a estas alturas, resulta deprimentemente familiar. Cuando el ferrocarril llevó el desarrollo y la industria a Sierra Nevada, los primeros conservacionistas, con todos sus graves defectos, empezaron a tomar nota.

En 1905, Theodore Roosevelt creó la Reserva Forestal de Yuba y amplió la ya existente Reserva Forestal de Tahoe; un año después, las dos reservas se combinaron para formar el Bosque Nacional de Tahoe, que sigue siendo una zona protegida por el Gobierno federal.

Si hubiera bastado con consagrar por ley la conservación de Tahoe, ahora no habría mucho que contar. Sucedió que, si bien la protección federal redujo drásticamente la tala comercial, las autoridades federales también se embarcaron en un largo programa de extinción de incendios que dio lugar a décadas de relativa calma, seguidas de unos incendios enormes. Alimentados por los restos leñosos en unos bosques anormalmente densos, y exacerbados por sequías históricas y veraneantes descuidados, los incendios forestales en las sierras arden ahora con una intensidad aterradora casi todos los años.

Las autoridades tienen cada vez más claro lo que hay que hacer: aclarar los bosques, eliminar árboles y matorrales muertos, y restaurar las praderas naturales y los rodales de álamo temblón para que las coníferas que queman con facilidad dejen de invadir estos espacios abiertos. En resumen, para que Tahoe resista los incendios hay que «restaurar» un paisaje que, a ojos inexpertos, parece agradablemente arbolado, pero que en realidad está peligrosamente cubierto de maleza y necesita desesperadamente volver a su estado primigenio menos homogéneo.

Todo eso cuesta dinero, lo que nos lleva a la eterna pregunta que hemos explorado a lo largo de este libro: ¿quién va a pagarlo? El Servicio Forestal de Estados Unidos (USFS, por sus siglas en inglés) sufre una falta crónica de fondos y, cada vez más, una parte importante de su presupuesto debe dedicarse a la lucha contra los incendios en lugar de a su prevención. En 1995, el USFS dedicaba el 16 % de su presupuesto a la extinción de incendios; una década después, esa cifra se había disparado a más del 50 %, y ha seguido aumentando desde entonces.[1,2] Pero hay otros agentes –desde las agencias públicas del agua hasta las aseguradoras– que se beneficiarían económicamente de una lucha proactiva contra las causas de los incendios forestales. Estas instituciones hubieran pagado, si hubieran podido: lo que hacía falta era una pizca de innovación financiera.

Ahí es donde entraron Zach Knight y el equipo de Blue Forest Conservation, una organización sin ánimo de lucro creada para «combatir el fuego con financiación». Su Bono de Resiliencia Forestal (FRB, por sus siglas en inglés) –un instrumento financiero diseñado para atraer capital privado que complemente el dinero público y filantrópico– acababa de ser lanzado con éxito en el Bosque Nacional de Tahoe. Ahora, Zach y su equipo esperan llevar su creatividad financiera al resto del oeste de Estados Unidos.

Las estadísticas sobre la inversión en la naturaleza son claras: no se invierte lo suficiente. El Paulson Institute calculó que el mundo gasta actualmente entre 124.000 y 143.000 millones de dólares en conservación de todo tipo, mediante el gasto público, la filantropía, las compensaciones y las cadenas de suministro sostenibles. Esta cifra se ve empequeñecida por las subvenciones de efectos negativos que los

Gobiernos del mundo destinan a la agricultura, la silvicultura y la pesca, que ascienden a más de medio billón de dólares.

El Paulson Institute calculó que el «déficit de financiación de la biodiversidad» –la cantidad que el mundo necesita reunir hasta 2030, además de la exigua cantidad que gasta actualmente para hacer frente a las numerosas crisis del mundo natural– es de al menos 600.000 millones de dólares, y quizá de hasta 820.000 millones.[3]

Los inversores privados y públicos se han dado cuenta de esta necesidad. Se están creando nuevos fondos para invertir en proyectos de carbono natural, cadenas de suministro respetuosas con la naturaleza, nuevas empresas de tecnología climática y similares. Pero por muy importante que sea aumentar la financiación total destinada a la naturaleza, este capítulo no va de la necesidad de más inversión. Ese argumento ya se ha expuesto de forma convincente en otro lugar.

En cambio, en este capítulo quiero explorar las formas inteligentes en que podemos utilizar ese dinero, poniendo de manifiesto cómo agentes de todos los sectores están participando en procesos de innovación financiera al servicio del capital natural.

El modelo de Blue Forest pretende resolver un problema al que se enfrentan las tierras de propiedad pública: todos los costes de restauración se sufragan por adelantado, mientras que los beneficios se reparten a lo largo de muchos años. Pero, una vez que el Servicio Forestal identificó las zonas a restaurar, Blue Forest salió a buscar lo que denominaron *beneficiarios*: otras entidades que pudieran tener un interés financiero en mejorar la salud de los bosques. Una de esas entidades era la Agencia del Agua de Yuba, que gestiona la cuenca. Willie Whittlesey, que ayudó a crear el proyecto FRB de Yuba, dijo que los cálculos de coste-beneficio que Blue Forest les presentó «simplemente tenían sentido desde el punto de vista empresarial. Nos cuesta alrededor de un millón de dólares cada diez años retirar restos leñosos, y cuatro millones más retirar sedimentos. Y eso es en un bosque que no se ha quemado. Pero, si sufrimos un incendio catastrófico, los costes se multiplican por diez. ¡Preferimos pagar para evitarlo!». Añadió que había beneficios más difíciles de cuantificar sobre la calidad y cantidad del agua que hacían que el argumento fuera aún más sólido.

Paralelamente, Blue Forest consiguió inversores, es decir, entidades capaces de aportar el dinero necesario por adelantado para llevar a cabo la restauración y a las que se les iría devolviendo a lo largo del tiempo, con intereses, a medida que los beneficiarios obtuvieran beneficios. Al convertir un proyecto de restauración de enormes proporciones en una serie de flujos de caja previsibles y esperados por los beneficiarios, como Cal Fire y Yuba, Blue Forest había conseguido que los árboles de Tahoe pudieran ser objeto de inversión.

Uno de esos inversores era CSAA, una empresa de seguros con sede en California que, naturalmente, estaba interesada en el creciente problema de los incendios forestales en el Estado. Jeff Huebner, director de Riesgos de CSAA, me dijo: «Piensa en nosotros como un primer agente financiero. Acudimos más o menos al mismo tiempo que se producen los incendios, y estamos allí después para ayudar a la gente a reconstruir. Y nos dimos cuenta de que [...] el aumento de los incendios forestales se estaba convirtiendo en una amenaza existencial para nosotros. Así que nos preguntamos: ¿debemos limitarnos a ser un primer agente financiero y responder *a posteriori*? ¿O ir contracorriente? ¿Cómo podemos hacer una inversión que ofrezca un rendimiento financiero aceptable y múltiples beneficios desde una perspectiva medioambiental y social?».

Así nació el primer FRB. Tomando prestado de un manual que ya es habitual en los proyectos de infraestructuras grises, pero que aún no se había probado en los sistemas naturales, el modelo Blue Forest canalizó el dinero de los inversores para pagar la restauración de los bosques y consiguió que los beneficiarios, como la Agencia del Agua de Yuba y el servicio forestal, devolvieran ese capital gradualmente a medida que mejoraba la salud del bosque.

La clave del éxito del FRB fue la inteligente alianza que había conseguido entre inversores y beneficiarios, y la coalición de apoyo de nueve organismos –federales, estatales, locales y ONG– que se habían unido para formar la North Yuba Forest Partnership en 2019. Zach Knight, cofundador y consejero delegado de Blue Forest, nos explicó cómo y por qué los sectores públicos y privado se habían unido con este propósito: «En el mundo de la política, hablamos de la necesidad de *subvencionar* cosas. Cuando estamos en el sector privado, hablamos

de *financiar* cosas. Estas palabras a veces se utilizan indistintamente, pero significan cosas distintas. Y en Blue Forest hacemos ambas cosas, lo cual es muy extraño, ¿verdad? Lo que hacemos es reunir una serie de recursos procedentes de los Gobiernos federal, estatal y, en última instancia, local, y luego conseguimos financiación con este aval creando una asociación público-privada». La clave está en cómo estructurar los flujos de tesorería. «Se trata básicamente de encontrar la manera de evitar que en los años sucesivos surjan necesidades punta de efectivo, de manera que lo que hacemos sea más predecible y eficiente«, dijo Knight.

Con su plan piloto, Blue Forest se había propuesto responder a tres preguntas: «¿Pueden estas entidades suscribir este tipo de contratos? ¿Se pueden controlar los beneficios para que hagan lo que está previsto? ¿Y aceptarán los inversores todo esto?». La respuesta a las tres resultó ser un rotundo sí. Tras el éxito de la primera prueba piloto, la Agencia del Agua de Yuba quiso ampliar el programa a las 300.000 hectáreas que gestionaba. A escala nacional, el USFS llegó a un acuerdo para empezar a extender el FRB a otros seis Estados y ver si estructuras financieras similares podían ayudar en la restauración de los bosques posterior a los incendios, así como en una gestión proactiva. Nathalie Woolworth, del Servicio Forestal, afirma que «las asociaciones de colaboración público-privadas y los mecanismos financieros que aprovechan el capital público y privado, además de las asignaciones presupuestarias del Servicio Forestal, son estrategias clave de la Estrategia Decenal para la Crisis de los Incendios Forestales».

«Hemos llegado a un punto en el que el Servicio Forestal dice: "Vemos que este trabajo es tan valioso que también nos gustaría invertir en él". Ahora, el Gobierno federal, a través de dos programas distintos, se ha comprometido a invertir 55 millones de dólares en esta zona durante los próximos diez años. Así que se trata de una inversión absolutamente masiva», afirmó entusiasmado Zach Knight. Reconoció que había que seguir trabajando para convencer a los inversores de que aumentaran sus compromisos, pero afirmó que el primer FRB había sido un valioso elemento de prueba «para convencernos de que esto puede hacerse a escala de diez millones de dólares y, más adelante, de cien millones de dólares».

Willie parecía dispuesto a aceptar el reto. «Tenemos que ponernos a trabajar en la restauración de los bosques a un ritmo y a una escala nunca vistos. Es lo que hay que hacer. El objetivo es conseguir que nuestros bosques, especialmente en el Oeste [de Estados Unidos], vuelvan al estado en que estaban antes de la década de 1850. Eso es lo que va a crear un paisaje realmente resistente a los incendios forestales y al cambio climático».

En términos básicos, las innovaciones financieras destinadas a la naturaleza suelen apropiarse de las estructuras y herramientas que utilizan las altas finanzas tradicionales y las modifican para que puedan canalizar el dinero hacia nuestro planeta vivo. Los innovadores de las finanzas están encontrando formas de reformar instrumentos como los bonos y seguros vinculados a resultados, las calificaciones crediticias y la propiedad de acciones ordinarias con fines positivos para la naturaleza. Exploremos algunas de las innovaciones financieras que están proporcionando nuevos argumentos económicos a favor de la naturaleza.

El seguro, ese contrato habitual que utilizamos para proteger nuestras inversiones en propiedades, coches o vacaciones, es un producto que transfiere el riesgo del individuo a un fondo común capaz de pagar a los pocos desafortunados que sufren una desgracia a cambio de un pago anual relativamente modesto. ¿Por qué no hacer lo mismo con los activos medioambientales y las personas que dependen de ellos?

El Arrecife Mesoamericano (MAR, por sus siglas en inglés), la segunda barrera de coral más grande del mundo, se ha convertido en un banco de pruebas precisamente para esto. Esta franja de enorme biodiversidad que recorre las costas caribeñas de México, Belice, Guatemala y Honduras proporciona protección costera, reduce la erosión de las playas, actúa como vivero de peces y sustenta el polo turístico de la Riviera Maya, que genera diez mil millones de dólares anuales. Los arrecifes sanos también actúan como primera línea de defensa contra huracanes y tormentas, reduciendo la energía de las olas hasta en un 97 %.[4]

En 2019, el Gobierno del estado mexicano de Quintana Roo decidió invertir en la protección de este valioso activo natural, contratando una póliza de seguros con el gigante mundial de reaseguros Swiss Re, con la ayuda de Nature Conservancy. El problema estaba en los detalles: cuando una tormenta arrasa un arrecife y lo daña, el tiempo apremia. Si se dispone de fondos para evaluar rápidamente los daños y empezar a replantar, los arrecifes tienen más posibilidades de recuperarse antes de la siguiente tormenta. Por eso se diseñó una póliza de seguros «paramétrica», que paga automáticamente cuando se incumple una métrica públicamente verificable, en lugar de esperar a que los evaluadores trabajen metódicamente, como podrían hacer tras un accidente de coche, y asignen un coste en dólares a los daños. En este caso, un huracán de categoría 3 –más de cien nudos, medidos de forma independiente por el National Hurricane Center– se fijó como umbral para activar el pago.

La decisión fue oportuna. En 2020, el huracán Delta azotó la costa y la póliza pagó 850.000 dólares prácticamente de inmediato para financiar los gastos de reparar los desperfectos a lo largo de la costa. Tras comprobar los beneficios del plan, el Fondo MAR, una organización sin ánimo de lucro formada por fondos de conservación de cada país de la región del MAR, está suscribiendo una segunda póliza para cubrir una sección mucho mayor del arrecife, ampliando la protección de este seguro a partes de Guatemala, Belice y Honduras. Paralelamente, el fondo tiene previsto financiar una brigada de buzos de respuesta rápida que puedan intervenir y comenzar la restauración de los desperfectos en cuanto se pague la póliza de seguro.[5]

Los arrecifes son los sistemas costeros más carismáticos; pero otros como los manglares y las praderas marinas pueden ofrecer a las comunidades beneficios de protección frente a las inundaciones aún mayores. The Nature Conservancy publicó en diciembre de 2020 un informe en el que se investiga la viabilidad de extender este modelo a más arrecifes y a otros hábitats.[6]

El Banco Mundial, por su parte, ha presentado una amplia visión del papel de los seguros ante la crisis de la biodiversidad. En su informe de 2022, *Insuring Nature's Survival,* el Banco expone las formas en que las aseguradoras pueden ayudar a proteger los activos naturales y facilitar una mayor inversión, calificando la pérdida de biodiversidad de «fuente cada vez más importante de riesgos y oportunidades para el sector de los seguros».[7] Sin embargo, la idea de asegurar la naturaleza sigue siendo, por ahora, un nicho en el mejor de los casos.

Nephila, una aseguradora especializada en catástrofes y riesgos meteorológicos, ha conseguido crear todo un negocio para ayudar a empresas y Gobiernos a hacer frente a las amenazas que los fenómenos meteorológicos extremos y el cambio climático suponen para sus activos, un mercado que antes parecía improbable que despegara.

Barney Schauble, presidente de Nephila, me dijo que todas las aseguradoras tenían que responder a tres preguntas clave a la hora de crear un nuevo plan de seguros: la precisión de la predicción del riesgo, cuánto cobrar y qué tamaño podría tener el mercado con el tiempo. «La última es clave. Que una persona tenga un problema de cinco millones de dólares no es muy interesante [...] pero si muchos más tienen el mismo problema, hasta sumar mil millones de dólares, entonces es cuando puedes construir una cartera de riesgo», comenta.

Está de acuerdo en que proyectos piloto como el de Quintana Roo son prometedores, pero sostiene que se necesita más para empezar a ampliar la demanda de seguros aplicados a la naturaleza: «Los proyectos piloto pueden demostrar que existe una forma de hacer algo. Pero lo que realmente se necesita [...] es cierta presión para decir: demos consistencia al proyecto. Y ahora mismo, para la mayoría de estos países, empresas y particulares, no existe realmente una presión externa para proteger contra las pérdidas».

Las cosas podrían cambiar rápidamente si los responsables políticos fueran capaces de estimular esa demanda, afirmó, señalando el éxito de la implantación en la India del seguro de cosechas dirigido a su vasto sector de pequeños agricultores. «Hace cinco o seis años, el Gobierno decidió que ser el único respaldo de los agricultores que pasaban por un mal momento no era una respuesta a largo plazo. Así que fomentó el desarrollo de proveedores locales de seguros de cosechas. Aunque están muy subvencionados y el Estado paga gran parte de las primas, la idea era crear un marco en el que empezara a haber un mercado privado. Ahora hay un gran mercado. Y, cuando las cosas se ponen feas, también hay algo de capital que viene de fuera de la India a ese mercado para apoyar cuando llueve poco o llueve demasiado. Con el tiempo, se puede empezar a eliminar la subvención. Pero ahora ya existe todo un ecosistema de agentes, empresas aseguradoras y reaseguradoras», me dijo.

Mientras hablábamos me quedó claro que la demanda de seguros podría venir de todas partes: los involucrados en las compensaciones de carbono podrían contratar seguros contra incendios forestales; las empresas de ecoturismo y agricultura podrían hacer lo mismo contra sequías o tormentas, y las ciudades podrían darse cuenta de su interés financiero en protegerse contra las pérdidas de los ecosistemas costeros.

«Lo que me da esperanzas es que hay mucha gente inteligente y mucho capital movilizado para intentar cambiar la manera de tomar decisiones. Ahora es cuestión de velocidad. Estamos en 2022, no en 2012 ni en 1985, cuando la gente empezaba a pensar en ello. Así que la cuestión es si podemos movilizar ese capital con la suficiente rapidez», reflexiona.

Las aseguradoras pueden ayudar a gestionar el riesgo de pérdidas, pero la inversión proactiva suele ser la primera línea de defensa. Algunas organizaciones están adoptando una financiación basada en los resultados, como la pionera Blue Forest en Norteamérica, y aplicándola a financiar un conjunto más amplio de intervenciones en materia de biodiversidad.

En marzo de 2022, el Banco Mundial y sus socios lanzaron el primer bono para la conservación de la vida salvaje. Denominado «bono rinoceronte», este instrumento financiero de 150 millones de dólares a cinco años, basado en resultados, canaliza las inversiones hacia la conservación de las poblaciones de rinoceronte negro en dos parques nacionales de Sudáfrica. Los inversores no reciben un pago anual, sino que, si los esfuerzos de conservación tienen éxito, reciben una retribución pagada por la Global Environment Facility, además de recuperar el dinero que invirtieron. ¿Por qué interesa este instrumento a los inversores? Porque, en un escenario de alto crecimiento del número de rinocerontes del 4 % anual, podrían obtener un rendimiento superior al de los bonos típicos del Banco Mundial; en un escenario intermedio, les iría igual, mientras que si las poblaciones de rinocerontes evolucionaran mal recuperarían su capital pero obtendrían rendimientos inferiores.[8]

Estructurarlo de modo que los inversores pudieran asumir un riesgo en el crecimiento del número de rinocerontes a cambio de un rendimiento potencialmente mayor, significaba que inversores privados podían aumentar el impacto del escaso dinero de los donantes. En efecto, los donantes podían garantizar que solo pagaban (a los inversores privados, que adelantaban el dinero) cuando se cumplían los resultados previstos. Por su parte, el Gobierno sudafricano pudo financiar la conservación del rinoceronte en dos zonas protegidas de gran importancia ecológica y proporcionar medios de subsistencia a las comunidades de esas zonas sin aumentar su considerable deuda soberana.

Otra innovación ha sido el canje de deuda por naturaleza, que permite la condonación de la deuda a cambio de garantías medioambientales. La idea se puso a prueba por primera vez en las Seychelles en 2018, cuando los acreedores concluyeron que era improbable que el país, fuertemente endeudado, pagara todas sus deudas. A cambio de una quita de la deuda, las Seychelles acordaron canalizar parte del ahorro hacia la conservación marina y crear políticas que protegieran el 30 % de sus mares.

En el caso de las Seychelles, el importe de la deuda condonada fue pequeño, del orden de unos pocos millones de dólares, pero, en 2022, Belice dio un paso más: el Gobierno, en colaboración con The Nature Conservancy y otros socios, ejecutó un canje de deuda por naturaleza que consistió en la recompra de más de 500 millones de dólares de deuda comercial que cotizaba a 55 centavos de dólar (lo que indicaba que los tenedores de bonos tenían poca fe en la capacidad de Belice para devolver la deuda). La nueva deuda se estructuró como un «bono azul», en el que la American Development Finance Corporation aportaba un seguro de riesgo político.[9]

De un plumazo, la deuda de Belice pasó de ser insostenible a tener valor de inversión, y la operación redujo la carga de la deuda global del país en un 9 % del PIB. Con parte del ahorro, Belice acordó destinar 180 millones de dólares a la conservación marina en los siguientes veinte años. He tenido la suerte de ver con mis propios ojos la belleza de los tesoros submarinos de Belice y la majestuosidad del Gran Agujero Azul, el singular sumidero marino gigante que se encuentra en su barrera de arrecifes. Ver a este pequeño país dar un paso tan grande hacia la conservación de su espacio natural me llena de esperanza.

De hecho, ambas transacciones resultaron ser una triple victoria: para los países que redujeron su deuda insostenible, para los acreedores que tenían pocas probabilidades de que les reembolsaran el dinero y para los ecosistemas marinos, que ahora cuentan con fuentes estables y a largo plazo de financiación para su conservación. A medida que los países en desarrollo ricos en biodiversidad luchan por pagar sus deudas en medio de las turbulencias de los mercados tras la crisis del covid, se vislumbran más acuerdos de este tipo.

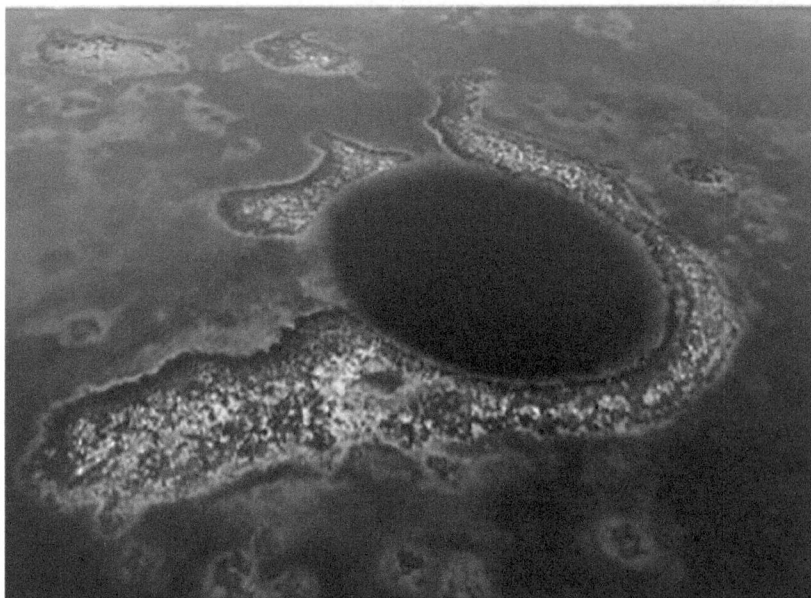

El Gran Agujero Azul de Belice, parte del ecosistema de la barrera de coral que ahora recibirá más fondos gracias al acuerdo.

Samantha Power, consultora en financiación de la naturaleza que ha trabajado para el Banco Mundial, se refirió a la posibilidad de ampliar este enfoque a otras zonas: «En todas las regiones del mundo, países como Gabón y Colombia, por ejemplo, tienen vastos bosques tropicales intactos que prestan servicios ecosistémicos, como el secuestro de carbono y el ciclo del agua. Estos servicios ecosistémicos son increíblemente importantes para las economías y las sociedades, y lo serán cada vez más debido al cambio climático. Cuando se compara el valor de estos servicios con la deuda soberana de los países que albergan esos bosques, queda claro que a los países ricos les interesa condonar esta deuda a cambio de la conservación y restauración de los ecosistemas que proporcionan esos servicios».

El Banco Mundial también ha estado trabajando en la integración de los resultados medioambientales en el mercado más amplio de bonos del Estado, a modo de reflejo de lo que ha ocurrido con el aumento de las empresas que emiten «bonos verdes» para ayudar a pagar los compromisos de reducción de las emisiones de carbono. «Básicamente, se aplica una penalización al tipo de interés que se cobra a un país si no cumple, por ejemplo, un objetivo nacional de reducción de emisiones, pero sus inversores cobran inicialmente un tipo de interés más bajo. Los inversores empiezan a reconocer que es menos arriesgado prestar a un país que está en transición hacia una economía baja en carbono y respetuosa con la naturaleza, y comparten con el prestatario parte del ahorro de costes derivado de esa mitigación del riesgo. Emitir uno de estos bonos crea un incentivo fiscal real para que el Gobierno cumpla el objetivo pactado», explicó Power.

En 2022, Chile se convirtió en el primer país en emitir bonos por valor de de 2.000 millones de dólares vinculados a la sostenibilidad y ligados a la reducción de emisiones y al aumento de la cuota de energías renovables del país.[10] Power planteó la posibilidad de hacer lo mismo con la biodiversidad, con el objetivo de «proteger los bienes públicos globales que proporciona la naturaleza y que a menudo ignoramos».

Como hemos visto con los «bonos rinoceronte» y los canjes de deuda por naturaleza, las donaciones de dinero filantrópicas pueden desempeñar un papel catalizador en este tipo de innovación financiera. Están surgiendo nuevas iniciativas para coordinar y dirigir mejor estas sumas. Esto no se limita a las organizaciones sin ánimo de lucro occidentales bien financiadas: Shloka Nath, directora ejecutiva de India Climate Collaborative (ICC), una organización sin ánimo de lucro, me habló de su trayectoria hasta crear ICC para dirigir la financiación catalizadora de los donantes en la India. «Nos preguntábamos cuál sería la mejor manera de organizar un grupo de defensores del clima para la India. El gasto filantrópico total en la India a favor del clima y sus sectores adyacentes asciende a unos 300 millones de dólares. El déficit de financiación es enorme, y nos dimos cuenta de que el clima y la naturaleza no se comprendían bien. Teníamos que aportar soluciones a los donantes y crear oportunidades para ellos en el ámbito del clima basadas en las necesidades más urgentes», me explicó. La ICC está creando una cartera de proyectos basados en la naturaleza, utilizando fondos filantrópicos para realizar el trabajo preliminar que hace que los proyectos resulten atractivos para los inversores privados. De este modo, el dinero de los donantes puede desempeñar un papel importante a la hora de demostrar la viabilidad de estas inversiones, lo que ayudará a que los inversores se sientan cómodos con unas innovaciones financieras que, en un principio, pueden parecer descabelladas.

Mientras las organizaciones internacionales y los Gobiernos se replantean el papel de los bonos y los préstamos en la financiación de un futuro respetuoso con la naturaleza, otros se replantean la propia estructura de las sociedades anónimas: ese motor del crecimiento económico que, desde los tiempos del mercantilismo, ha permitido a los empresarios obtener capital de los inversores para impulsar el crecimiento y la innovación.

Cuando oí hablar por primera vez del Intrinsic Exchange Group (IEG), admitiré que me desconcertó su propuesta de crear el nuevo tipo de empresa que denominan «empresa de activos naturales» (NAC o Natural Asset Company), en asociación con la Bolsa de Nueva York.

La idea parecía ser que estas NAC, una alternativa a la estructuración de estas inversiones en la naturaleza como empresas o proyectos tradicionales, adoptarían un sistema de contabilidad a medida –declaraciones de rendimiento ecológico–, similar a los resultados financieros emitidos por las empresas normales. Las NAC serían a la vez un depósito de valor y una forma de captar los beneficios económicos de los numerosos servicios ecosistémicos que las tierras, ya sean vírgenes o en explotación, pueden producir. A medida que las tierras se conservan o restauran, las externalidades positivas (carbono, biodiversidad, aire y agua limpios, etc.) podrían traducirse en capital financiero, a través de vías como los mercados de productos sostenibles, la reducción de carbono y otros servicios ecosistémicos. Sus activos podrían apreciarse, al igual que una casa, para reflejar los resultados de restauración.

Douglas Eger, presidente y consejero delegado de IEG, explicó por qué había optado por esta vía alternativa, y cómo IEG había convencido a esa augusta institución de la vieja guardia, la Bolsa de Nueva York, para que se asociara con ellos.

Eger me instó a pensar más allá de las limitaciones de los muchos cursos de finanzas y contabilidad que he hecho a lo largo de mi vida: «Muchas cosas que la gente valora en el capital natural no se recogen en las normas contables tradicionales. ¿Por qué aceptamos este modelo como la única forma de crear riqueza, este modelo de "Utilizo materiales y mano de obra. Vendo un producto. Mágicamente, tengo beneficios"?».

El principio básico del nuevo modelo de IEG es el siguiente: una empresa podría registrar sus tierras agrícolas como una NAC, y los inversores comprarían acciones de la nueva empresa para participar en su crecimiento. Con el tiempo, las prácticas agrícolas regenerativas podrían mejorar el valor subyacente de la tierra y generar servicios ecosistémicos que se detallarían en el balance ecológico de la NAC. El precio de las acciones de la NAC estaría diseñado para subir, y los inversores podrían comerciar libremente con acciones de las NAC, como hacen con las empresas tradicionales. La idea central es una empresa que valora plenamente su capital natural y obtiene una recompensa económica por mejorar sus *stocks* y flujos.

Eger explicó las ventajas prácticas para una cooperativa de agricultores que quisiera seguir la vía de la NAC: «Para financiar la agricultura regenerativa, por ejemplo, puede haber una pequeña prima. Pero hay que encontrar la manera de incluir la producción de servicios ecosistémicos junto con los cultivos básicos. El modelo NAC permite financiar mejoras en la explotación, la cadena de suministros, y ofrece al usuario final un producto mejorado».

A diferencia de otros innovadores de las finanzas naturales que hemos conocido, Eger insistía en que era necesario un nuevo paradigma del propio mercado de valores para dar vida a los mercados naturales. Para él, la creación de NAC era la evolución natural del concepto del capital natural que hemos explorado en este libro, adaptando los balances para incluir el capital natural, en lugar de describir los riesgos e impactos naturales utilizando únicamente el lenguaje de las finanzas tradicionales.

Si IEG y la Bolsa de Nueva York son capaces de llevar a cabo esta idea aparentemente descabellada, parece probable que el ecosistema financiero salga ganando. Tal vez, un día no muy lejano, la campana de la oferta pública inicial de la Bolsa de Nueva York suene con regularidad para las NAC comprometidas con la restauración del planeta, y proporcione un bienvenido descanso a la aparentemente inacabable marcha de empresas de productos de consumo que venden sus visiones ecologistas de crecimiento y prosperidad a posibles inversores.

Con el destino del planeta en juego, tenemos que estar dispuestos a arriesgarnos por algunas de estas innovaciones financieras. Cuando la Compañía Holandesa de las Indias Orientales (Vereenigde Oostindische Compagnie o VOC) realizó la primera OPV (oferta pública de venta) del mundo en 1602, seguramente fue recibida con perplejidad y escepticismo.[11] Es posible que los escépticos se sintieran justificados cuando el precio de las acciones se disparó y se desplomó coincidiendo con la burbuja de los tulipanes. Pero la VOC siguió existiendo hasta finales del siglo XIX, cuando las sociedades anónimas se convirtieron en inamovibles por defecto en todo el mundo.

Hay otras características del sistema financiero que bien podrían adaptarse a modelos empresariales positivos para la naturaleza. Una que destaca es el sistema de agencias de calificación, las S&P Global y Moody's del mundo, que permiten a los inversores evaluar el riesgo crediticio de las empresas de forma independiente y prácticamente instantánea. Las *start-ups* londinenses BeZero y Sylvera junto con la estadounidense Renoster son ejemplos de una nueva clase de agencias de calificación que combinan el seguimiento tecnológico del ecosistema con una diligente labor analítica para crear agencias de calificación globales adaptadas al mercado voluntario de carbono.

BeZero, por ejemplo, ha calificado cientos de proyectos de forma muy parecida a como lo haría un agente financiero tradicional con los balances de las empresas; un proyecto con calificación AAA podría tener, en sus palabras, «una alta probabilidad de evitar o eliminar una tonelada de CO_2e», a diferencia de un proyecto de categoría A, que tendría una probabilidad «baja». BeZero ha evaluado todo tipo de proyectos, desde un proyecto de conservación de turberas en Indonesia, que recibió la calificación AAA, hasta un proyecto de fogones limpios en Guatemala, que recibió una baja A.

«Cuando estudiamos por primera vez el mercado voluntario de carbono, no había correlación alguna entre nuestra evaluación de la calidad del proyecto de carbono y el precio por tonelada que se cobraba [...] lo que refleja una falta total de transparencia en el mercado», me dijo Nick Atkinson, director científico de BeZero. Mi propia experiencia en los mercados de carbono confirmó esta apreciación: invertir en la primera oleada de proyectos de carbono era como comprar una acción o un bono sin tener ni idea de su rendimiento financiero ni de la calificación crediticia de la empresa, algo que no era inaudito en los días del *boom* bursátil pandémico pero que, desde luego, no es lo ideal para el funcionamiento de un mercado sano.

«La idea es que podamos proporcionar una calificación objetiva del impacto sobre el carbono del proyecto, y eso se traduce en una mayor transparencia para el inversor y el comprador de esa tonelada de carbono. Saben que si ven un crédito de carbono calificado a un nivel inferior, puede que tengan que comprar dos créditos por cada vez que quieran compensar», explica Nick. Las agencias de calificación suelen equivocarse, como ocurrió durante la crisis de 2008; aun así, constituyen una herramienta importante para inversores y compradores que carecen de la capacidad de evaluar en profundidad cada proyecto individual.

Philip Platts, jefe de Observación de la Tierra de BeZero y ecologista de formación, se mostró muy preocupado por el impacto que un mercado de carbono opaco pueda tener en los resultados de conservación: «Si los buenos proyectos no reciben una buena recompensa ni están bien gestionados, eso es un obstáculo para la conservación. Por otro lado, si se gestionan bien y el precio de un crédito de carbono puede vincularse con mayor precisión al bien que se está haciendo en términos de carbono, puede convertirse en un vehículo masivo para avanzar en la conservación». Por el momento, BeZero se centra en los mercados de carbono, pero en su lista de prioridades figura calificar los beneficios colaterales según los Objetivos de Desarrollo Sostenible de la ONU o la biodiversidad.

* * *

Reflexionando sobre el mundo de las finanzas tradicionales, con toda su profundidad y liquidez, me quedé pensando en qué tendrían que hacer los instrumentos emergentes de las finanzas dirigidas a la naturaleza para ser tomados en serio.

Zach Knight me dijo que Blue Forest se había planteado la misma cuestión, y que se deberían proporcionar más y mejores pruebas de los avances así como mejorar la comunicación. «Necesitamos recurrir a conceptos de financiación que ya funcionen, comprensibles para cualquiera. No se trata de un reto financiero o científico; es un reto de comunicación. En última instancia, estamos educando a los inversores y aprendiendo a comunicar mejor cómo son estos programas cuando traducimos la acción en financiación», afirma.

La naturaleza, por supuesto, no puede financiarse exactamente igual que la infraestructura gris. «Las infraestructuras verdes tienen aspectos positivos y negativos. La diferencia es que los flujos de caja no son tan evidentes. No hay un peaje que alguien vaya a pagar por el bosque. Así que tenemos que ser creativos a la hora de implicar a las distintas partes interesadas y entender qué significa el éxito para ellas», explica Knight.

Algunos pioneros de la financiación positiva de la naturaleza, como el equipo del IEG, intentan abrir los modelos que contienen las finanzas tradicionales. Mientras se intensifican esfuerzos como el suyo, parece que merece la pena, y como mínimo es pragmático, ayudar a la naturaleza a hablar el lenguaje del sistema financiero actual. «¿Qué podemos hacer para que estos proyectos se parezcan a las inversiones en infraestructuras? Creo que eso ha estado en el ADN de Blue Forest desde el primer día», explicó Knight.

Por muy valiosas que puedan ser estas innovaciones financieras, a menudo se sitúan entre el control público y el privado, lo que explica por qué muchas de las que hemos explorado aquí se basan por el momento en presentar el proyecto a una coalición de inversores públicos y privados, y salvar la enorme brecha que a menudo puede existir entre ellos.

«La mayoría de los financieros subestiman el poder del sector público, y los gobernantes no entienden o subestiman el poder de las finanzas», señala Knight. Él mismo cambió su punto de vista respecto del poder del erario público: «Lo que nunca consideré de verdad cuando trabajaba en los parques o en las finanzas fue el poder de la política y la escala a la que opera el Gobierno. Por eso creo que es tan importante que los Gobiernos participen».

Las finanzas son, en última instancia, un medio para alcanzar un fin. Si ese fin es la maximización del beneficio privado a corto plazo sin tener en cuenta los costes ecológicos o sociales, y esos son los valores que elegimos expresar a través del sistema financiero, eso es exactamente lo que el sistema producirá. Por mi parte, las innovaciones positivas hacia la naturaleza que se están produciendo en el mundo de las finanzas hacen que sienta una cierta mezcla de esperanza y cautela ante la posibilidad de que tengamos al alcance de la mano un paradigma diferente; uno que tome el ingenio financiero que anima al sistema económico, lo aplique para proteger los sistemas de soporte vital de nuestro planeta, y nos deje a nosotros y a nuestro único hogar en una situación mejor.

La defensa indígena de la naturaleza

Bajar del *ferry* que había partido de Auckland fue como retroceder en el tiempo hasta la Nueva Zelanda primigenia. Los helechos cubrían el suelo del bosque. Pájaros de todos los colores dominaban el lugar, algunos revoloteaban entre las copas de los árboles mientras otros parecían más que satisfechos sin levantar el vuelo. Durante todo un verano, me encontré haciendo a diario el viaje más pintoresco del mundo, trasladándome cada mañana a la isla de Tiritiri Matangi para investigar su rara fauna y aprender de la comunidad que había ayudado a dar vida a este santuario. Tras los estudios de campo con otros incrédulos visitantes, almorzábamos en una colina cubierta de hierba con vistas panorámicas del golfo de Hauraki, rodeados de coloridos *pūkeko* que esperaban para comerse las sobras.

El tiempo que pasé en Nueva Zelanda, así como entre comunidades indígenas de otros lugares, me abrió los ojos a una noción más antigua de la naturaleza, arraigada en la sabiduría indígena y en el sentimiento del valor infinito del planeta. Después de todo, se dice que el 80 % de los ecosistemas intactos del mundo se encuentran en tierras indígenas; incluso hoy en día, estas áreas gestionadas por indígenas cubren más superficie de la Tierra que todos nuestros parques nacionales juntos.[1,2]

En lugar de ver al ser humano y a la naturaleza por separado, estos sistemas de creencias tradicionales comparten la idea de que ambos están inextricablemente unidos. Esto contrasta con el enfoque conservacionista, que, como he descrito en las primeras páginas de este libro, tiende a ver la flora y la fauna de la Tierra como algo que hay que cercar y admirar de lejos. Prácticamente todas estas comunidades a las que me refiero han logrado coexistir de forma pacífica con la biodiversidad durante miles de años (aunque el hecho de que algunas de estas culturas se hayan ido extinguiendo en todo el mundo demuestra que esta narrativa dista mucho de ser unidimensional). Incluso cuando aceptamos o nos reconciliamos con las limitaciones de un sistema de mercado, las culturas indígenas nos muestran un camino para vivir en armonía con la Tierra.

Esto no quiere decir que los argumentos económicos a favor de la naturaleza coincidan siempre con las visiones indígenas del mundo. No es así, aunque haya muchas más similitudes de las que a primera vista podría parecer. Las cosmovisiones indígenas nos recuerdan que la economía no es más que un complemento práctico y oportuno del valor eterno y atemporal de la naturaleza. Juntas, ambas, ofrecen un camino para superar la mentalidad conservadora, tipo fortaleza, de los occidentales, el viejo modelo de expulsar a los residentes originales de sus tierras y vallar los parques para convertir todo cuanto se encuentre a su alrededor en escenario de un capitalismo extractivo; una forma de proceder que no ha permitido evitar el desastre planetario que tenemos entre manos.

Como muchas otras partes del mundo, Nueva Zelanda fue en su día una colonia británica, sometida a los tristemente habituales abusos de represión, asentamiento y extracción. Pero el colonialismo en Aotearoa, como se llama Nueva Zelanda en maorí, tuvo un inicio muy distinto al de su vecina Australia.[3] Esta última había sido declarada *terra nullius* por los colonos europeos; a su población aborigen se le concedieron pocos derechos y fue tratada en la práctica como infrahumana.

En Aotearoa, tras dos décadas de contactos y fricciones entre británicos y maoríes, se firmó en 1840 el Tratado de Waitangi, cuyos términos suenan, sobre el papel, vagamente progresistas incluso hoy en día. La letra del tratado entre la Corona y los jefes maoríes de la isla Norte otorgaba a estos últimos plenos derechos y protección como súbditos británicos, junto con «tierras y haciendas, bosques, pesquerías y otras propiedades que puedan poseer colectiva o individualmente». Como era de esperar, poco después la Corona violó el espíritu del tratado y los iwi, o tribus maoríes, se vieron expulsados de las tierras que habían habitado durante cientos de años. Pero, con el paso del tiempo, el documento demostró una notable resistencia y sentó las bases jurídicas para una mayor igualdad.

Finalmente, en 1975, se creó el Tribunal de Waitangi, que concedió indemnizaciones por valor de casi 2.200 millones de dólares neozelandeses por los agravios cometidos por los colonizadores: una miseria comparada con el daño causado, pero muy lejos del tono del debate sobre las reparaciones en lugares como Estados Unidos.[4] La Aotearoa moderna donde tuve el privilegio de investigar era visiblemente progresista (aunque distaba mucho de ser perfecta) en su aceptación de las culturas indígenas anteriores al colonialismo.

Tiritiri es un caso particular de regeneración comunitaria que se ha convertido en un santuario para especies raras y amenazadas de todo tipo. Ofrece, además, una experiencia educativa accesible a los habitantes de las ciudades que desean conectar con la riqueza natural del país. Yo había acudido para estudiar las poblaciones de aves de Tiritiri, además de conocer la rica cultura del pueblo maorí de Aotearoa, estrechamente vinculada a las maravillas naturales de sus islas.

Como muchas naciones insulares, las especies autóctonas de Aotearoa habían sido diezmadas por voraces invasores que ya no estaban sujetos al control natural de la población ejercido por los depredadores en sus ecosistemas nativos. Primero fue la introducción (probablemente involuntaria) de la rata polinesia por parte de los maoríes en el siglo XIII; después llegó una oleada más destructiva de gatos, comadrejas y similares junto con los colonos europeos. La historia de Tibbles –el gato de un farero que desempeñó un papel importante, aunque no definitivo, en la extinción del chochín de la isla de Stephens– sirve para ilustrar el profundo efecto que incluso un pequeño número de especies invasoras tuvo en una población de aves poco acostumbrada a los mamíferos depredadores.[5] Los invasores solo fueron expulsados con éxito de unas pocas islas como Tiritiri, lo que las había convertido en refugios protectores de la fauna autóctona del país.

Mientras me formaba para ejercer de guía en la isla, mi jefa, Mary-Ann, me sugirió que en las explicaciones usara los nombres maoríes de los habitantes de la isla: «Podrías decir los nombres en inglés, pero a mí me parecen inadecuados para describir a estos pájaros tan bonitos».

Así aprendí que el pequeño pájaro amarillo y negro que come miel era el *hihi*; los rechonchos calamones de los colores del arcoíris, que apenas superaban los cuatrocientos en todo el país, eran los *takahē*, mientras que sus primos mucho más comunes eran los *pūkeko*; el *tīeke* era la odiosa y ruidosa ave con sus características barbas rojas. Las plantas parecían identificarse también mejor con sus nombres autóctonos: *pohutukawa*, en lugar del curiosamente anglocéntrico «árbol de Navidad de Nueva Zelanda», y *ponga* para el helecho plateado que figuraba en las insignias deportivas del país.

Un *takahē* en peligro de extinción en la isla Tiritiri Matangi.

Profundizar en las concepciones maoríes de la naturaleza supuso un respiro en medio del trabajo clínico propio de los estudios de campo a lo largo de los sinuosos senderos y los claros que salpicaban la isla, azotada por el viento. De los brillantes conservacionistas maoríes y *pākehā* (no maoríes) con los que trabajé aprendí que los maoríes se toman muy en serio su responsabilidad como guardianes del medioambiente, que respetan profundamente la naturaleza y la protegen no solo porque les permite ganarse la vida, sino también a causa de tradiciones espirituales o culturales que a menudo pesan más que las inquietudes materiales. Tomemos como ejemplo el principio de *kaitiakitanga*, que se define como «guardar y proteger el medioambiente para respetar a los antepasados y garantizar el futuro». Parte de este deber es pragmático, pero otra parte procede de un deseo colectivo de preservar el *mana*, o poder espiritual, de su tierra. En el pasado, la *kaitiakitanga* era practicada por los *kaitiaki* (guardianes) que imponían *rāhui* (prohibiciones o restricciones temporales, por ejemplo, a la recolección en una zona) y protegían los *wāhi tapu* (lugares sagrados). En la actualidad, los *kaitiaki* colaboran con el Gobierno en cuestiones medioambientales, luchan por incluir los principios de *kaitiakitanga* en la legislación, y abogar por que los valores intangibles y sagrados de la naturaleza se incorporen a la ley.

Tomar algo de la tierra o del mar es, para los maoríes, un privilegio que conlleva responsabilidades; en particular, la responsabilidad a largo plazo de convertirse en *kaitiaki,* es decir, de guardar y proteger los recursos naturales para las generaciones futuras.[6] En lugar de pensar que los humanos existimos por separado o en oposición a nuestro entorno, la ética maorí se basa en la creencia de que el bienestar humano está intrínsecamente entrelazado con el de la naturaleza. Esta noción resulta familiar a pueblos originarios de todo el mundo.

Aunque las concepciones occidentales del valor intrínseco de la naturaleza comparten algunos rasgos con estas concepciones, existe una importante diferencia filosófica que merece la pena destacar. En la visión eurocéntrica, incluso los amantes de la naturaleza más bienintencionados ven la conservación a través de la óptica de la preservación, según la cual todo uso humano es «perjudicial o problemático para el medioambiente y, en lo que respecta a las cuestiones de uso tradicional, poco ético», en palabras de un estudio realizado por un equipo de investigadores maoríes y *pākehā*.[7] La defensa a ultranza de la conservación se ha traducido en algunos éxitos significativos, pero también en muchos fracasos sonados y en un progreso general muy insuficiente; no se puede obviar el hecho de que ocho mil millones de personas necesitan vivir de forma sostenible de la tierra.

La visión eurocéntrica de la conservación contrasta con el espíritu de «conservación para uso futuro» que anima la relación de los pueblos indígenas con la naturaleza. «El uso no es un sacrilegio, sino que puede ser un homenaje a la vida en estado salvaje o incluso un incentivo añadido para una buena gestión medioambiental. Desde este punto de vista, los seres humanos son vistos como un componente de los ecosistemas que interactúa plenamente y moderan los impactos de los seres humanos como algo natural», escriben estos investigadores.[8]

Para la mayor parte de la Tierra que existe fuera de las zonas estrictamente protegidas, la concepción indígena de coexistir con una ecología que funcione tanto por su propio bien como para nuestro uso colectivo parece ser la que tiene más probabilidades de funcionar.

La propia Tiritiri había sido deforestada para la cría y el pastoreo de ovejas hasta 1970, cuando fue objeto de un intenso esfuerzo de replantación que añadió 240.000 árboles autóctonos. Una vez desterrados de la pequeña isla los depredadores invasores, se trasladaron a Tiritiri aves que, en gran parte, se habían perdido, como el *tieke*, el *hihi* y el *takahē*. Es aún más notable que todo esto no lo hicieran empresas o el Gobierno, sino docenas de voluntarios que se organizaron en una sociedad de conservación, los Partidarios de Tiritiri Matangi, que siguen supervisando el funcionamiento diario de la ahora exuberante isla. Los maoríes y los isleños del Pacífico de la zona de Auckland eran visitantes habituales.[9] Mi día más memorable en Tiritiri fue cuando guié a un grupo de escolares procedentes de los suburbios que nunca habían visto el mar, a pesar de haber crecido a pocos kilómetros de las olas del golfo de Hauraki.

Más al sur, el Departamento de Conservación (DoC, por sus siglas en inglés) había empezado a colaborar en la gestión de la isla Stephens, escenario del presunto crimen de Tibbles y ahora santuario de los raros lagartos endémicos tuátara, los últimos de un orden de reptiles que antaño vagaban por la Tierra junto a los dinosaurios. Aquí, el iwi maorí local y el DoC habían establecido un acuerdo de cogestión en tierras indígenas, un acuerdo que más tarde se valoró como una forma pragmática y equitativa de avanzar en la conservación en Aotearoa.

Estos avances en materia de conservación se produjeron en el contexto de un replanteamiento más amplio de la relación entre la cultura indígena de Nueva Zelanda y su sociedad moderna. Más tarde, el Día de Waitangi de 2022, me impresionaron las palabras de Tā Joe Williams, el primer juez maorí del Tribunal Supremo. Señaló que había signos tanto pequeños como grandes, desde el canto del himno nacional en maorí por defecto hasta los avances en cuestiones jurídicas y sociales, de que el respeto mutuo se estaba afianzando poco a poco. «Esto dice mucho de en quiénes nos estamos convirtiendo. No de en quiénes nos hemos convertido –nos queda mucho camino por recorrer–, sino de en quiénes nos estamos convirtiendo. Ahora podemos decir que hay un impulso detrás de la idea básica de que *Māoritanga* [la cultura maorí] es importante no solo para mí, como maorí, sino para todos».[10]

La relación de Aotearoa con su cultura indígena, al igual que su trayectoria en cuestiones medioambientales en general, dista mucho de ser perfecta. Pero aquel verano me marché con la esperanza de que este país estaba dando verdaderos pasos hacia la solución de estos problemas, gracias a la adopción de una visión ecológica del mundo, extraída de *Māoritanga*, que hace hincapié en la protección en lugar de en la destrucción.

Los australianos indígenas han vivido una historia bastante diferente a la de sus homólogos de Aotearoa. Su historia colonial es, sin duda, mucho más oscura; las desigualdades actuales con respecto a las poblaciones no indígenas son más marcadas. También existe un contexto cultural diferente. Por ejemplo, mientras que los maoríes comparten en gran medida una lengua, los australianos aborígenes y del estrecho de Torres hablaban más de 250 lenguas y dialectos en la época de la colonización europea, lo que refleja la diversidad de culturas y naciones de esta vasta tierra. Y a diferencia de los maoríes, que llegaron de otras islas polinesias hace unos ochocientos años, los aborígenes australianos se asentaron en Australia hace al menos cincuenta mil años.

El resultado es una huella humana mucho más antigua en la flora y la fauna de Australia. Durante milenios, los aborígenes australianos encendieron fuegos –fundamentales en la cultura tradicional– de forma racional y sensata desde el punto de vista ecológico, como práctica de gestión del suelo. «El fuego daba buenos resultados. Hacía que la tierra fuera hospitalaria, reconfortante, abundante y hermosa», escribe el historiador Bill Gammage en *The Biggest Estate on Earth*. La gestión aborigen del fuego permitía «mantener más diversidad de la que podría mantener cualquier régimen natural de incendios [...]

rara vez se producían incendios descontrolados y devastadores. La gente tenía que evitarlo o morir. Lucharon para que el fuego fuera maleable y para confinar los fuegos asesinos a las leyendas y cuentos con moraleja».[11] Todo esto fue posible gracias a una conexión espiritual con la tierra y a unos conocimientos ecológicos sobre dónde y cuándo encender fuego que se habían transmitido oralmente de generación en generación.

En resumen, la ecología moderna de Australia –los koalas y canguros, y los árboles y plantas que los sustentan– coevolucionó con los humanos durante milenios. Hasta la llegada de los colonos europeos, que tenían tanto miedo al fuego como desdén por las prácticas tradicionales que lo habían gestionado con éxito.

John Kanowski, director científico de la Australian Wildlife Conservancy (AWC), nos aclara los problemas que aquejan a los ecosistemas australianos adaptados al fuego. «Los europeos llegaron con ideas muy distintas sobre el fuego. Yo mismo procedo de una familia de silvicultores que trajeron de Alemania esta ética de la silvicultura, en la que el fuego era una amenaza que había que mantener alejada», explica. «Los indígenas recibían un trato absolutamente atroz y, además, se les prohibía quemar como habían hecho durante miles de años. El resultado fue un aumento masivo de la cantidad de combustible y un ciclo de incendios forestales del que aún no hemos salido».

¿Cómo consiguen los pequeños incendios controlados crear hábitats para la fauna salvaje en lugar de destruirlos? Además de evitar incendios mayores e incontrolables eliminando la maleza inflamable, las quemas crean huecos en el paisaje que permiten a múltiples especies de animales encontrar sus propios nichos ecológicos. «Solo nos dimos cuenta de ello tras un fantástico estudio dirigido por propietarios tradicionales que conocían la tierra al detalle. Incluso nuestros mejores satélites tienen un tamaño mínimo de píxel, pero resultó que gran parte de esta heterogeneidad que sustenta la vida era invisible a las herramientas disponibles en aquel momento», me dijo.

Incendios forestales cada vez más importantes han arrasado el continente a medida que el planeta se calienta y Australia se vuelve más seca. El Black Summer, la temporada de incendios de 2019-2020, calcinó un área mayor que Sri Lanka y liberó más dióxido de carbono que Grecia en todo un año.[12] Las imágenes de wómbats y koalas carbonizados llenaron las pantallas de los televisores: se calcula que tres mil millones de animales sufrieron daños, junto con los 445 humanos que murieron por los incendios.[13] En el norte de Australia, la AWC y otras organizaciones están intentando dar marcha atrás a la locura de Australia con respecto al fuego, recuperando las prácticas autóctonas de gestión de incendios y combinándolas con equipos modernos. En Kimberly, por ejemplo, la organización se ha asociado con las corporaciones aborígenes de Wilinggin y Dambimangari. En una vasta región de sabana tropical, conocida por sus paisajes escarpados y sus acantilados calcáreos, la AWC reclutó aborígenes para que se unieran a los equipos de bomberos equipados con helicópteros. La idea era que se desplegaran por una superficie equivalente a la mitad de Inglaterra para lanzar cápsulas incendiarias y provocar incendios controlados. Los agricultores y ganaderos que hasta ahora habían rechazado el fuego se dirigen ahora a la AWC para realizar quemas controladas y proteger así sus propiedades.

Y a estas antiguas prácticas indígenas se están añadiendo nuevos modelos empresariales para crear un flujo de financiación de las actividades de regeneración; los científicos que trabajan con grupos aborígenes han desarrollado una metodología bien validada que les permite emitir créditos de carbono. Al fin y al cabo, las pequeñas quemas pueden evitar los grandes incendios forestales, que liberan cantidades mucho mayores de dióxido de carbono a la atmósfera.

Hay otros grupos que defienden el valor de la gestión autóctona de los incendios en todo el mundo, desde Canadá hasta Namibia y Brasil. Visité el Pantanal un año después de que una catastrófica serie de incendios forestales arrasara el humedal. Estos incendios destructivos sin duda habían sido exacerbados por el cambio climático, pero en su origen se encontraba el hecho de haber suprimido las quemas en los ranchos de una forma ilógica desde el punto de vista ecológico. «Las autoridades y los nuevos colonos consideran que el fuego es el enemigo, pero el fuego no es el enemigo. Hay que saber utilizarlo con sabiduría, como hicieron los antiguos colonos europeos en el Pantanal durante doscientos cincuenta años, así como la población nativa durante siglos antes que ellos», me contó André, del albergue de Araras, para expresar su desacuerdo frente a quienes prohibían el fuego y dejaban que la hierba seca se acumulara en los pastizales, o quemaban durante la estación seca, en contra de la sabiduría tradicional, cuando las llamas podían arder sin control.

Puede resultar tentador considerar cada práctica autóctona de forma aislada, como guías para la gestión de ecosistemas que cualquiera puede adoptar y reproducir. Pero los programas de mayor éxito que se apoyan en estas técnicas subrayan la importancia de la propiedad indígena de las tierras y su autogestión, elementos que son más escasos en el sur de Australia, según pude saber. «Es una historia diferente en el sur de Australia, porque la desposesión de los indígenas viene de lejos. La gestión del fuego es una creación cultural, no una habilidad innata [...] Si se separa a la gente de sus prácticas, aunque solo sea durante una generación, estas pueden desaparecer», señaló Kanowski.

En todo el mundo, el colonialismo fomentó el desplazamiento y la asimilación cultural de los pueblos indígenas y precipitó –intencionadamente o no– la desaparición de sus lenguas, culturas y prácticas tradicionales. Pero esta mentalidad colonizadora no es patrimonio exclusivo de los libros de historia. En la India, a pesar de las leyes progresistas, la protección constitucional y las décadas de activismo, más de un millón de adivasi, habitantes de los bosques, son expulsados de lo que tradicionalmente se han considerado sus tierras para impulsar a toda costa un modelo de conservación que los ve como un obstáculo y no como aliados.[14] En Kenia, el Servicio Forestal ha llevado a cabo una serie de desalojos violentos de la comunidad Sengwer de sus asentamientos ancestrales, incluso mientras el covid hacía estragos en el país. En la vecina Tanzania, miles de indígenas masáis se enfrentaron en 2022 al desalojo, a causa de los planes para crear un nuevo coto de caza.[15,16] Estos son solo tres ejemplos de las innumerables pérdidas territoriales e indignidades que los pueblos indígenas de todo el mundo deben soportar hasta el día de hoy.

Los movimientos para garantizar la soberanía indígena han cobrado fuerza en los últimos años. En 2017, la Declaración de Uluru desde el Corazón, la más importante declaración jamás realizada por los pueblos de las Primeras Naciones australianas, declaró que «la soberanía es una noción espiritual: el vínculo ancestral entre la tierra, o "madre naturaleza", y los pueblos aborígenes e isleños del estrecho de Torres. Esa tierra nos vio nacer, seguimos vinculados a ella y a ella regresaremos algún día para unirnos a nuestros antepasados [...] Nunca se ha cedido ni extinguido y coexiste con la soberanía de la Corona.[...] Buscamos reformas constitucionales para empoderar a nuestro pueblo y que ocupe el lugar que le corresponde en nuestro propio país. Cuando tengamos poder sobre nuestro destino, nuestros hijos florecerán. Caminarán en dos mundos y su cultura será un regalo para su país».[17]

Como era de esperar, un estudio tras otro han demostrado que garantizar la tenencia de las tierras indígenas puede ayudar a proteger y restaurar los ecosistemas naturales. Los 370 millones de indígenas de todo el mundo poseen legalmente el 18 % de las tierras del planeta, gran parte de ellas en zonas de gran biodiversidad que debemos proteger colectivamente a toda costa.[18] Los investigadores que estudian las tierras gestionadas por indígenas en Bolivia, Brasil y Colombia han descubierto que generan servicios ecosistémicos tremendamente valiosos, valorados en cientos de miles de millones de dólares, y que los costes de garantizarlos representan como mucho el 1 % de los beneficios totales.[19]

Un estudio histórico sobre los resultados de la conservación en Brasil entre 2005 y 2012 descubrió que las tasas de deforestación en tierras indígenas eran hasta diecisiete veces más bajas que en las zonas desprotegidas, contrariamente a los viejos estereotipos que pretenden lo contrario.[20]

La reversión de la desposesión y la concesión de derechos formales sobre tierras que antes carecían de títulos legales pueden estar impulsando estos resultados positivos para la naturaleza. Un interesante estudio utilizó el escalonamiento temporal de la concesión de títulos indígenas en Brasil para estimar sus efectos causales sobre la deforestación, y descubrió que los derechos de propiedad colectiva reducían la deforestación en torno a un 75 %. Con más de dos millones de hectáreas de tierras indígenas pendientes de titulación, estos resultados no harán sino aumentar el coro de voces que piden que se garanticen lo antes posible los derechos de los pueblos de las primeras naciones del mundo sobre las tierras que siempre han administrado.[21]

Nia Tero es una organización que ha surgido para facilitar la propiedad de las tierras a los indígenas. Operando en el Amazonas, las islas del Pacífico y los bosques boreales de Canadá, Nia Tero «establece acuerdos transparentes y justos con los pueblos indígenas y las comunidades locales para garantizar que puedan defender y gobernar con éxito sus territorios, gestionar y proteger sus recursos naturales y ganarse la vida».[22]

Peter Seligmann, fundador en 1987 de Conservation International, organización mundial sin ánimo de lucro dedicada a la conservación de la naturaleza, fue el artífice de la creación de Nia Tero. «Habíamos conservado 150 o 200 millones de hectáreas durante décadas de trabajo en Conservation International, y recuerdo que pensé: "Caramba, eso es mucho"», explicó Seligmann. «Y luego miré el globo terráqueo y lo que habíamos protegido era aproximadamente la anchura de esa línea perforada alrededor del centro. Pasé mucho tiempo pensando en la escala de nuestra actividad y descubrí que un tercio de la Tierra está bajo la tutela de los pueblos indígenas. Una parte es de propiedad formal y otra informal. Pero aprendí que esos lugares eran extremadamente importantes para el clima, con el 20-30 % del carbono superficial, la mitad de los bosques tropicales, el 80 % de la biodiversidad, el 40 % de los ecosistemas intactos y casi el 0 % del apoyo financiero. Así que llegué a la conclusión de que, para llegar a la escala apropiada, teníamos que centrarnos en apoyar a los pueblos indígenas y ceder nuestro poder a su autoridad, propiedad y sabiduría», me dijo.

Fundada en 2017, Nia Tero alberga ahora una mezcla poco convencional de organismos al servicio de su misión, reuniendo bajo su paraguas a líderes indígenas de campos tan dispares como las artes y la abogacía. La organización trabaja para garantizar la administración a largo plazo de las tierras, promoviendo tanto políticas de apoyo como que las voces indígenas sean escuchadas y potencien la comprensión global de su sabiduría. Tā Joe Williams, que con tanta fuerza plasmó el viaje nacional de Aotearoa, preside ahora Nia Tero.

La división creativa de Nia Tero, dirigida por Tracy Rector, de ascendencia choctaw y afroamericana, ha cosechado muchos éxitos, entre ellos una coproducción, *What They've Been Taught*, que se estrenó en Sundance en 2022. «Es solo el principio. Veo la promoción como una forma de elevar la comprensión de las perspectivas indígenas sobre la reciprocidad a un público no indígena [...] para que comprenda y apoye las reivindicaciones indígenas sobre la propiedad de la tierra y otras cuestiones. Vamos a necesitar aliados, y vamos a tener que conquistar los corazones y las mentes de los no indígenas», dijo Seligmann.

Pero los derechos y bienes indígenas van más allá del territorio. En algunos casos, los conocimientos tradicionales –la propiedad intelectual natural, si se quiere– también pueden formar parte de la cuestión. El caso del rooibos, el característico té rojo y ámbar de Sudáfrica, ilustra cómo las cosas podrían estar por fin cambiando. El rooibos ("arbusto rojo" en afrikáans) ha sido consumido durante generaciones por los pueblos khoi y san del Cabo Occidental y fue comercializado por primera vez hace unos 150 años por los colonos sudafricanos. Aunque lo conocemos mejor en forma de té, actualmente hay más de 140 patentes pendientes por sus propiedades bioquímicas y saludables, muchas de las cuales se han deducido de los conocimientos tradicionales que llevaron a los khoi y a los san a utilizarlo en primer lugar.

Desgraciadamente, los esfuerzos mundiales por garantizar los beneficios de estos conocimientos a favor de los pueblos indígenas –incluidos el Convenio sobre la Diversidad Biológica de las Naciones Unidas de 1992 y el Protocolo de Nagoya de 2010– han hecho poco por establecer normas para su participación en los beneficios. Nos quejamos de los imitadores que se apropian de la propiedad intelectual de los estudios de cine o de las marcas de ropa, pero ¿por qué tendría que ser diferente en el caso de los conocimientos especializados de los indígenas?

En 2019, la ahora próspera industria del rooibos fue pionera en un nuevo enfoque para compartir los frutos de la propiedad intelectual natural, acordando un amplio acuerdo de reparto de beneficios con los pueblos khoi y san. Una tasa anual del 1,5 % sobre el precio del rooibos que sale de los campos del Cabo Occidental se paga ahora a las comunidades locales, que han establecido mecanismos de gobernanza y distribución equitativa de estos beneficios. Los estudios atribuyen a la paciencia, al esfuerzo sostenido y al diálogo de las partes implicadas la creación de lo que se ha convertido en una primicia mundial para los pueblos indígenas que buscan solo una pizca de los beneficios que sus conocimientos tradicionales pueden reportar a empresas y Gobiernos.[23]

Algunos lugares han llevado las innovaciones jurídicas aún más lejos, ampliando la protección más allá de los gestores humanos de la naturaleza a favor de los derechos de la propia naturaleza.

Aotearoa vuelve a estar a la vanguardia. En 2017, el río Whanganui, el tercero más largo del país, fue reconocido como persona jurídica. Aunque pueda sonar descabellado para quienes solo han oído hablar de personalidad jurídica en el sentido occidental, el cambio se exigió en respuesta a los derechos de propiedad ingleses que habían dividido el río y sus riberas en varias partes. Para los iwi maoríes que habitaban la zona, el río era un todo indivisible con su propia fuerza vital, o *mauri*. El Tribunal de Waitangi acabó interviniendo, declarando que el río tenía derechos propios y nombrando a dos guardianes para que hablaran en su nombre.

¿Por qué los maoríes querían este reconocimiento del *Te Awa Tupua*, la cosmovisión que consideraba el río como un ser vivo? Explícitamente no para impedir toda actividad económica o sancionar a quienes lo utilizan, sino para considerar dicho uso desde una creencia central que encaja con su noción tradicional de la naturaleza, una que da y a la vez es merecedora de la atención del hombre.[24]

La Constitución de Ecuador de 2008, votada por la mayoría de sus ciudadanos, hizo algo parecido al otorgar derechos legalmente exigibles a la *Pachamama,* o Madre Tierra, incluido el derecho a «mantener y regenerar sus ciclos, estructura, funciones y procesos evolutivos». En 2021, el Tribunal Constitucional del país exigió su aplicación, ordenando al Gobierno que revocara los permisos mineros en el bosque nuboso de Los Cedros, gravemente amenazado, para proteger los derechos del ecosistema.[25]

Los avances no han sido tan directos en otros lugares. En la India, el Tribunal Supremo del estado himalayo de Uttarakhand citó el caso Whanganui para otorgar en 2017 personalidad jurídica a los ríos Ganges y Yamuna, considerados sagrados por los hindúes desde hace mucho tiempo.[26] La medida se adoptó tras años de activismo judicial destinado a frenar el torrente de contaminantes que se vertía en ambos ríos; sin embargo, el Tribunal Supremo de la India suspendió la orden ese mismo año, calificándola de insostenible desde el punto de vista jurídico.[27]

Aunque avanza a trompicones, el movimiento por los derechos de la naturaleza pretende replantearse la relación de la humanidad con la naturaleza de una forma más fundamental de lo que muchos de nosotros podríamos imaginar. Aunque en general los marcos jurídicos pueden desempeñar un papel importante a la hora de animarnos a valorar la naturaleza en lugar de explotarla, hasta la fecha estos movimientos han sido en gran medida simbólicos. Pero el simbolismo es importante, aunque lo único que haga sea desplazar la ventana de Overton para que otras protecciones medioambientales parezcan más «moderadas» en comparación. Más allá de los resultados, el mero hecho de que por fin se dé credibilidad a las cosmovisiones indígenas del mundo a ojos de la ley, al menos en algunos lugares y en alguna medida, es digno de celebración.

Reflexionando sobre lo que he aprendido de la forma en que los pueblos indígenas plantean la cuestión de la naturaleza, destacan algunos temas importantes.

Por un lado, la noción misma de espacio natural parece desvanecerse a medida que leo artículo tras artículo documentando la profunda huella humana que decenas de miles de años de caminar por la Tierra han dejado en ella. No cabe duda de que hay lugares donde esa huella ha sido menos destructiva, a menudo los lugares donde los pueblos indígenas han encontrado desde hace mucho tiempo formas de prosperar junto a las plantas y los animales. También me resisto a utilizar un lenguaje que «trata como otros» a los pueblos de las Primeras Naciones; considerarlos nobles e intachables me parece una simplificación condescendiente. Los propios maoríes, cuando se asentaron por primera vez en Aotearoa, cazaron aves moa gigantes no voladoras hasta su extinción antes de llegar a una ética de coexistencia que encajara con su nuevo entorno.

Hoy en día, los guardianes indígenas del mundo natural viven de la tierra al mismo tiempo que existen dentro de economías de mercado más amplias; las disyuntivas se plantean igual para ellos que para los pequeños agricultores y empresarios.

Esas disyuntivas suelen resolverse de formas que podrían parecer inaceptables para la ética conservacionista occidental, desde la caza de osos polares a pequeña escala por parte de los inuit hasta el uso continuado del fuego como gestión del paisaje en la sabana australiana. En otros casos, siglos de marginación y una persistente falta de oportunidades económicas han llevado a los pueblos indígenas a tomar decisiones difíciles sobre la tierra que habitan. Los nativos americanos que han abierto sus tierras a la minería y a la prospección petrolífera seguramente lo han hecho con el corazón encogido. Dicho esto, los grupos indígenas de las distintas regiones del mundo pueden percibir las oportunidades económicas que ofrecen sus tierras de formas diferentes. Como señala Peter Seligmann, «Los pueblos indígenas no son homogéneos. Por ejemplo, hay una voz muy potente, sobre todo en Estados Unidos, que es anticapitalista y desconfiada, y se puede entender por qué. La confianza es esencial, y los pueblos indígenas tienen pocos motivos para confiar en el mundo exterior o comercial. La historia está plagada de ejemplos de promesas incumplidas. La postura que adoptan la mayoría de los pueblos indígenas es que la existencia de una diversidad de opiniones permite a sus comunidades tomar sus propias decisiones».

Más allá de la cuestión económica, investigar y escribir este capítulo ha renovado mi profundo respeto por las culturas, prácticas y cosmovisiones indígenas que con demasiada frecuencia se han perdido en el debate sobre la salvación de nuestro planeta. La conexión espiritual con la naturaleza que une a muchas de estas naciones dispares resulta importante, oportuna e inspiradora incluso para quienes no nos consideramos indígenas.

En un retrato íntimo de los pueblos koyukon atabascanos de Alaska, el antropólogo cultural Richard Nelson ofrece una traducción de la visión que esa cultura tiene de la naturaleza en unos términos que me afectaron profundamente. La visión koyukon del mundo se basa en la relación con la naturaleza y no en la devoción monolítica o la gestión utilitaria de los recursos naturales, y trata a las plantas y a los animales como si fueran miembros de la familia. Las relaciones familiares pueden ser vivificantes, pero también pueden ser contenciosas, y los koyukon tratan de navegar por esta complejidad desde un profundo respeto, evitando el enfoque transaccional que, como la mayoría de nosotros sabemos muy bien, puede dañar estas relaciones.[28]

Vernos a nosotros mismos como custodios de nuestro planeta vivo a través del tiempo puede llevarnos a tomar decisiones de forma diferente: la sostenibilidad adquiere un significado más profundo cuando opera en escalas de tiempo milenarias, en lugar de trimestrales. Debo admitir que entender esta perspectiva me llevó incluso a cuestionar el sentido de este libro en torno a los argumentos económicos a favor de la naturaleza en lugar de dar exclusividad a su valor atemporal. Me llevó a cuestionar con más fuerza mi actitud pragmática de ir avanzando desde hoy mismo, en lugar de dedicarme al difícil trabajo de reimaginar nuestra relación total con la naturaleza.

Pero una serie de conversaciones –y a veces debates más acalorados– revelaron puntos en común entre ambos enfoques, además de las evidentes áreas de tensión. Los servicios ecosistémicos que la economía valora actualmente son los que tienden a la extracción de petróleo, madera, pescado y similares. En cambio, las culturas indígenas valoran el conjunto más amplio de servicios vitales que, hasta ahora, han sido ignorados en gran medida por el capitalismo. En algunos aspectos, estas nociones indígenas podrían tener más en común con la idea del capital natural que anima este libro –la de valorar profundamente y aprovechar de forma sostenible todo el espectro de servicios que proporciona la naturaleza, invirtiendo al mismo tiempo en su suministro futuro– que la relación de brazos caídos con la naturaleza que comparten tanto la conservación al estilo colonial como la extracción descontrolada.

También me parece que los diversos argumentos económicos que hemos explorado, desde proyectos comunitarios de créditos de carbono hasta un ecoturismo reflexivo, podrían ofrecer por fin una salida a las decisiones a las que a menudo se enfrentan los grupos indígenas cuando intentan compaginar el desarrollo económico y social con la integridad cultural. Si las Primeras Naciones son realmente capaces de tomar decisiones libres e informadas en este sentido, como exige la Declaración de las Naciones Unidas sobre los Derechos de los Pueblos Indígenas, ¿por qué no van a poder recibir por fin algún tipo de ayuda financiera a cambio de los bienes públicos que las tierras que administran proporcionan a todo el planeta?

El concepto de capital natural podría por fin permitir reconocer, en términos de mercado, una pequeña porción del universo de valor práctico, cultural y espiritual que aporta la naturaleza. Podría proporcionar a los pueblos indígenas una forma de frenar la oleada de capitalismo financiero depredador, creando modelos de negocio basados en la regeneración y no en la explotación. Y, si deciden rechazar los argumentos comerciales a favor de la conservación de la naturaleza desde la perspectiva del largo plazo, los no indígenas deben aceptar que tienen todo el derecho a hacerlo, en el espíritu de respeto mutuo y autodeterminación que debe presidir este tipo de compromisos. Sería lo correcto después de tantos errores.

Conclusiones

*Cuando has agotado cuanto ofrecen los negocios, la política,
la convivencia, y todo lo demás; y te has dado cuenta de que
nada de eso resulta al final satisfactorio, y desgasta permanentemente, ¿qué queda? Queda la naturaleza.*

WALT WHITMAN

Hace muchos años, pasé un día en la biblioteca de mi abuela, que
era conservacionista, leyendo sobre arrecifes y reptiles, y mi asombro
ante la riqueza del mundo natural crecía por momentos. Cuando mi
abuela regresó por la tarde, intenté contarle lo que había aprendido,
rebosante de emoción. Estaba claro que lo que decía no tenía mucho
sentido. «No sé si te entiendo, *kanna*. Explícamelo otra vez, igual que
se lo explicarías a un niño, utilizando solo cuatro palabras», sugirió,
sin importarle que yo fuera un niño en aquel momento.

Al terminar este libro, dedicado en parte a la memoria de mi abuela, me acordé de aquel día y pensé que podría probar la misma técnica. Me puse a buscar palabras sencillas que resumieran lo que quería
comunicar. Al final me quedé con cuatro palabras –*de, en, con* y *como*
(la naturaleza)– que encontré en el aparentemente poco prometedor
terreno de un informe de IPBES.

La piedra angular de la defensa económica de la naturaleza es el
reconocimiento de nuestra dependencia esencial de ella: el hecho de
que todos vivimos de ella. Durante demasiado tiempo se ha considerado que la naturaleza es natural solo si es prístina y está alejada de
los asuntos mundanos del día a día de los seres humanos, reservada
a los documentales y las postales. Este pensamiento es poco más que
una fantasía, y peligrosa por cierto, que alimenta la idea de que de
algún modo nos hemos desvinculado nosotros mismos y nuestra economía moderna de la dependencia del mundo natural.

Las sociedades y economías humanas solo pueden sobrevivir y
prosperar, a largo plazo, gracias al mundo natural; gracias a los bienes físicos que la naturaleza nos proporciona, desde alimentos hasta
combustible y madera; y gracias a los servicios ecosistémicos de regu-

lación y protección, desde la polinización hasta el almacenamiento de carbono y la protección contra las inundaciones. Durante demasiado tiempo, estas múltiples facetas han sido ignoradas y dejadas de lado en favor de una visión extractiva cortoplacista.

Los argumentos pragmáticos a favor de la naturaleza se extienden también a cómo vivimos en ella, ya sea en el campo o en la jungla urbana. Acercarnos a la naturaleza, ya sea viajando a islas lejanas o dando paseos por parques urbanos, nos permite vivir más sanos y felices. Que la naturaleza es buena para nuestro bienestar no es ninguna sorpresa; y que pueda aportar beneficios prácticos y económicos a las comunidades y a los Gobiernos no hace sino dar más peso a los argumentos en su defensa.

Sin embargo, hace décadas que sabemos que vivimos de y en la naturaleza. Lo que es diferente hoy en día, como se expone en este libro, es que han aparecido algunos revolucionarios que defienden la naturaleza desde una perspectiva económica, buscando instrumentos nuevos y transformadores. Recordé la incansable labor de Gretchen en Palo Alto, Wilson y Viraj en Selenkay, Jone y Marina en Taveuni, Zach en Tahoe y muchos otros con los que me he cruzado. También hay pensadores originales en ciudades tan distantes como Singapur y Medellín; en empresas tan grandes y consolidadas como Microsoft y tan nuevas como IEG. Puede que no todos estos esfuerzos alcancen una escala mundial, pero muestran las muchas caras de una revolución que se está produciendo gracias a políticas bien pensadas y a nuevos y emocionantes saltos en el ámbito de las tecnologías y las finanzas.

Desde los mercados de carbono y el ecoturismo hasta la agricultura respetuosa con la naturaleza y la ecologización urbana, cada uno de los implicados está demostrando que es posible vivir mejor de y en la naturaleza, no en un futuro lejano sino ahora. Sus historias merecen ser contadas en todas partes, y ya volveremos al tema de cómo puede ayudar cada uno.

* * *

Además del valor que encierran estos dos primeros términos (*de* y *en*), que son propios de una perspectiva extrínseca o económica, los dos últimos también tienen una gran importancia.

Vivir *con* y *como* la naturaleza es lo que nos anclará, y actuará como brújula moral y espiritual, incluso mientras avanzamos en la defensa pragmática y económica de la naturaleza, que se ha pasado por alto durante demasiado tiempo.

Vivir *con* la naturaleza –en armonía con la naturaleza, como administradores de la naturaleza, quizá incluso garantizando los derechos de la naturaleza– es la idea que todas las tradiciones sabias del mundo han defendido durante milenios. Es una idea que nos anima a ver la naturaleza como la base de nuestra cultura y a nosotros mismos como seres vivos únicos, producto de miles de millones de años de evolución, con la responsabilidad de proteger todo aquello que existe en nuestro planeta. Debemos abrazar y cultivar nuestro sentimiento de ser únicos y, como tales, sujetos de responsabilidad ecológica y cósmica, sintiéndonos respaldados por el sistema de creencias o valores que elijamos.

Por último, quizá la propuesta más atrevida de todas sea que podemos vivir como naturaleza, como pretenden muchas tradiciones indígenas. En este marco, podríamos empezar a vernos como parte de la naturaleza, en una conexión espiritual profunda con la diversidad de la vida en la Tierra. En este sentido, al proteger la naturaleza, nos protegemos a nosotros mismos.

Esto último puede constituir un salto demasiado grande para algunos, pero sospecho que cada uno de nosotros ha sentido en algún momento esa responsabilidad por el mundo natural, y ha comprendido que podemos, en algún sentido profundo, existir como naturaleza.

No podemos permitirnos sucumbir a un falso dilema entre la perspectiva intrínseca y la económica, como subrayó Christiana Figueres: «No son dos lados de un mundo polarizado. Para mí, en realidad, están uno encima del otro. Cuando pienso en el imperativo moral de proteger la naturaleza, lo sitúo en la base. Encima está el imperativo científico, luego tienes el imperativo económico [...] Apilas todos estos imperativos y la respuesta queda clara».

Quienes sostienen que las motivaciones económicas debilitan las motivaciones intrínsecas olvidan que las fuerzas del mercado ya operan en estos ecosistemas: cada cazador furtivo, maderero ilegal, agricultor intensivo, productor de aceite de palma o pesquero de arrastre responde a un conjunto de incentivos económicos que fomentan la sobreexplotación. El sentido de este libro es sencillamente dejar constancia de que, en estos momentos, se está creando un conjunto diferente de incentivos económicos, un sistema que promueve un comportamiento mejor. En última instancia, tendremos que compatibilizar cada una de estas ideas de vivir *de, en, con* y *como* naturaleza. El contexto puede dictar cuál de los marcos resuena con más fuerza, pero todos juntos constituyen un poderoso argumento a favor de la naturaleza.

Para concluir, he decidido no ofrecer recetas para que el mundo detenga la crisis climática y la de la naturaleza. En cualquier caso, tienden a limitarse a unas pocas exhortaciones bien conocidas, que continúan siendo válidas: que las decisiones de los Gobiernos hagan funcionar los mercados y que estos gasten con generosidad e inteligencia; que las empresas sean ecológicamente sensibles, en lugar de rapaces, con el fin de crear valor a largo plazo para sus accionistas y otras partes interesadas; que las economías industrializadas entreguen los dólares prometidos desde hace tiempo para ayudar al mundo en desarrollo.

En lugar de ello, quiero dirigirme directamente a los lectores que han llegado al final de este viaje: ofrecerles algunos principios que quizá merezca la pena tener en cuenta, así como algunas decisiones que quizá encierren algún valor para sus propias vidas personales y profesionales.

Los principios por los que yo mismo me guío a estas alturas ya les resultarán familiares. En primer lugar, conviene ser escépticos, pero constructivos, a la hora de evaluar cualquier argumento en defensa de la naturaleza, para protegernos de las fantasías ecologistas que nos hacen sentir bien pero que carecen de sustancia. Espero haber proporcionado en este texto algunas de las herramientas necesarias para ser un consumidor de información con capacidad de discernimiento; tras su lectura será más fácil tener una idea de las reglas que podemos aplicar para garantizar que los créditos de carbono sean sólidos, que el ecoturismo favorezca adecuadamente la conservación y que los productos ecológicos sean positivos para la naturaleza. Asimismo, nos hemos detenido en el grado de transparencia que la tecnología y las herramientas financieras pueden y deben permitir.

Pero cuando exijamos transparencia radical, debemos hacerlo con empatía. No todos los pasos en falso son malintencionados, y aquellos que intentan crear modelos empresariales favorables a la naturaleza en sus comunidades suelen ser gente honesta que aprenden y crecen con la experiencia. Exijámosles lo mejor, por supuesto, pero ahorrémonos el rencor y las denuncias generalizadas que a menudo hacen más mal que bien.

En segundo lugar, preguntémonos siempre adónde va a parar finalmente el dinero. La defensa de la naturaleza es también la defensa de una economía regenerativa, no extractiva. Seguir la pista del dinero puede ayudar a revelar si estos modelos económicos están teniendo los efectos apropiados tanto para las gentes como para los lugares. Siempre habrá intermediarios sin escrúpulos, sobre todo a medida que se crean nuevos mercados; exigir que la mayor parte del dinero de tu visita o de tu compra vaya a las comunidades locales no es mucho pedir.

En tercer lugar, conviene recordar a las personas que están detrás de todo esto. Mejorar el capital humano puede ser un poderoso complemento para garantizar el capital natural, y hay muchos contactos importantes entre la defensa de la naturaleza y la defensa de un mundo más justo, igualitario y antirracista. Lograr el bienestar de nuestras sociedades es lo que, en última instancia, creará un apoyo duradero a favor del progreso medioambiental, y parece descabellado intentar resolver nuestra relación rota con la naturaleza sin sanar simultáneamente el contrato social entre nosotros, los humanos. Los mejores argumentos a favor de la naturaleza resultan ser aquellos en los que la población local da algo más que su consentimiento libre, previo e informado, es decir, cuando participa activamente, tal como ocurrió con la High Line o al restaurar Selenkay. Cada uno de nosotros puede contribuir a crear las condiciones para que se produzca un cambio con su trabajo, su voto, su compromiso comunitario y su acción personal.

A estas alturas, ya hemos visto que los responsables políticos, las empresas y el sector financiero pueden realmente ser determinantes en este reto existencial. Los lectores que trabajen en estos sectores tienen mucho trabajo por delante en su vida profesional: deben incluir la naturaleza en la agenda de su organización, y ayudar a rediseñar tantos procesos y productos como sea posible para apoyar un modelo económico positivo para la naturaleza, inspirado en cualquiera de los ejemplos empresariales que hemos explorado en este libro.

Un sinfín de personas motivadas con conocimientos muy diversos, desde ingenieros a profesionales del *marketing*, dedican sus carreras exclusivamente a luchar contra la crisis climática y a defender la naturaleza. Estos esfuerzos proceden tanto de las mayores empresas y de la administración pública como de las más pequeñas empresas de nueva creación, fondos financieros y ONG. Si sus circunstancias personales se lo permiten, considere la posibilidad de unirse a sus filas; quizá incluso pueda valorar poner en marcha su propia empresa o iniciativa. De entrada, unirse a las acciones de base no debería ser difícil. Al igual que los ciudadanos que hicieron campaña a favor de la High Line o que están replantando Freetown, unirse a un proyecto comunitario para restaurar la naturaleza puede resultar estimulante a nivel personal, además de tener un impacto local.

Como ciudadano y consumidor, cualquiera de nosotros es un pilar fundamental del capitalismo democrático. Eso nos da un poder increíble, aunque la responsabilidad recaiga en última instancia en organizaciones más amplias. Ese poder –que actualmente se utiliza sobre todo para devastar los sistemas naturales, con o sin nuestro conocimiento– puede aprovecharse precisamente para el objetivo contrario.

Si ha llegado hasta el final de este libro, ya ha dado un paso importante para comprender la gran cantidad de argumentos que existen para defender la naturaleza. En estas páginas apenas hemos arañado la superficie, pero espero que haya servido para despertar la curiosidad por el amplio mundo de los modelos económicos positivos para la naturaleza.

Es importante que, a medida que uno aprende, comparta sus conocimientos y entusiasmo con quienes lo rodean, pues probablemente también sientan preocupación por cuestiones que, aparentemente, puedan parecer no relacionadas, desde el bienestar animal a la contaminación por plásticos y la extinción de las especies. Invito a mis lectores a hablar del capital natural como un todo integrado a hacer correr la voz de que, al igual que la transición hacia un futuro con una contribución neta cero de gases de invernadero, la defensa de la naturaleza también conlleva la oportunidad de un futuro económico más brillante. El cambio climático no apareció de la nada en la agenda de los líderes mundiales y de las empresas; hizo falta un millón de conversaciones, nacidas de personas reflexivas que exigen lo mejor de sus sociedades. Animo a todos a mantener esas conversaciones, esta vez en nombre de la naturaleza.

Quienes tengan talento para los medios de comunicación de cualquier tipo, pueden plantearse fomentar esas conversaciones aprovechando todas las posibilidades de nuestro mundo conectado por Internet. Cuando mi amiga Sophie Purdom decidió lanzar el boletín *Climate Tech VC* en plena pandemia, admitió que lo hacía «egoístamente, con el deseo de sintetizar y dar sentido al mundo de la tecnología climática». Pero el boletín, dirigido por voluntarios, se ha convertido rápidamente en una fuente creíble y seria para muchos miembros de la comunidad de *start-ups* y de inversores climáticos. «Lo único que hemos hecho ha sido encontrar la manera de conectar el clima y la tecnología con el trabajo actual o las esperanzas para el futuro, y comunicarlo de una manera seria, educada pero inspiradora, accesible y francamente divertida», explica.

Si tiene la suerte de vivir en una sociedad donde se celebran elecciones libres y justas, utilice su voto. A veces, la política puede parecer inútil, pero muchos de los ejemplos que he tratado en este libro han sido posibles gracias a un decidido apoyo de las administraciones públicas. Podemos ayudar a elegir aliados a todos los niveles: municipal, autonómico o estatal. Tal vez se queden cortos, pero también puede que consigan cambios espectaculares aprovechando el poder del Estado, como han hecho muchos servidores públicos comprometidos en todo el mundo. Puede que incluso decida presentarse usted mismo algún día para algún cargo público.

También puede ir un paso más allá en su activismo contribuyendo a fomentar el entusiasmo por la naturaleza en las comunidades a las que pertenece. Al hacerlo, recuerde que la defensa de la naturaleza no puede ir en detrimento de la acción en defensa del clima, en la que el activismo ha logrado resultados notables. Los dos movimientos son aliados naturales; las disyuntivas, cuando las haya, pueden resolverse mediante una paciente labor de cooperación siempre que mantengamos la vista en un futuro mejor, un futuro en el que, en última instancia, los dos movimientos convergen.

Al igual que los argumentos intrínsecos y económicos a favor de la naturaleza se complementan, también lo hacen los pequeños pasos personales y la exigencia de cambios sistémicos.

Quienes puedan permitírselo también pueden elegir con su dinero y su manera de consumir. El dinero que uno gasta tiene efectos en cascada que pueden extenderse por medio mundo, incluidos esos ecosistemas prístinos que todos soñamos con visitar. Si está leyendo este libro, es probable que el marfil, las aletas de tiburón y la madera de teca no estén en su lista de prioridades de consumo, pero nuestras decisiones colectivas de compra han creado sin querer un poderoso argumento comercial para invertir en más explotaciones ganaderas, plantaciones de aceite de palma, pesqueros de arrastre y minas ilegales en el Amazonas. Nada de esto es sostenible, y las empresas están empezando a darse cuenta de ello; puede acelerar su despertar exigiéndoles más. Si analiza a fondo las decisiones que mueven su consumo, ya sean grandes o pequeñas, estará indicando que las consecuencias de sus compras le importan y enviando un mensaje sobre el futuro positivo hacia la naturaleza que desea.

Viva donde viva, puede ayudar a recuperar la naturaleza a lo grande o mediante pequeñas acciones. Cuando hablé con Issy Tree y Charlie Burrell de Knepp, me dijeron que alguien que viva en la ciudad y tenga una jardinera en la ventana ya está colaborando en la recuperación de la naturaleza de un paisaje; no hace falta tener un castillo. En su libro *Asilvestrados* (Capitán Swing, 2023) ofrecen una guía práctica para recuperar la naturaleza incluso a pequeña escala.

Quizá el paso más importante, y el más personal, sea cultivar el sentimiento de admiración hacia la naturaleza que habita en lo más profundo de todos nosotros. Después de pasar años en los bosques de Tanzania, estudiando la vida social de nuestros parientes chimpancés más cercanos, Jane Goodall escribió: «Quienes han experimentado el placer de estar a solas con la naturaleza no necesitan más palabras; y a quienes no lo han conocido les diré que ninguna palabra podrá jamás describir el fabuloso contacto, casi místico, con la belleza y la eternidad que nos embarga de forma repentina y totalmente inesperada. La belleza siempre está ahí, presente, pero los momentos de auténtica conciencia no son frecuentes».[1]

Esos momentos de toma de conciencia pueden ser raros, pero han sido algunos de los más profundamente motivadores en mi propio viaje de investigación y de escritura de este libro. Llegaron sin avisar, tal y como Goodall dijo que iba a ocurrir, a veces en visitas a lugares lejanos fruto de mi enorme privilegio, pero a veces también en los entornos más pedestres. Mirando al océano Índico desde la monzónica Bombay, recorriendo a caballo el verde Pantanal, caminando por algunos de los últimos vestigios de bosque primigenio en Devon; en cada una de esas ocasiones, y en tantas otras, me sentí afortunado de estar vivo y más comprometido que nunca a hablar en defensa de la naturaleza.

Los animo a buscar más de esos momentos descritos por Jane Goodall en sus vidas. Ya sea en espacios verdes cerca de casa o más lejos, como ecoturistas conscientes, hay que darse permiso a sentir en lugar de limitarse a pensar. Me he dado cuenta de que los miembros más jóvenes de nuestra sociedad entienden este sentimiento intuitivamente y lo expresan en su amor por los animales o la vida al aire libre. Independientemente de la edad que tengamos, mantengamos vivo el sentimiento de que vivimos *con* la naturaleza y *como* naturaleza; ese sentimiento de lo sublime sustentará todo lo que hagamos.

¿Hacia dónde vamos? Cada año parece traer consigo otra crisis económica, de salud pública o geopolítica urgente, además de la crecida de los mares y el incendio de los bosques. Pero, cuando pienso en lugares como Kanha y Komodo, no puedo evitar sentirme optimista. Es cierto que se ha perdido mucho, pero ¡queda tanto por salvar y regenerar! Apelando a los factores económicos y a los valores intrínsecos, a la cabeza y al corazón, confío más que nunca en nuestra capacidad de encontrar un camino, aunque sea tímido al principio, para forjar las economías y sociedades del futuro que sean positivas para la naturaleza. En el fondo, estas historias que he contado sobre los tiburones del Pacífico, los parques urbanos y todo lo demás son historias que reflejan el ingenio humano que nos está ayudando a superar nuestros defectos demasiado humanos, y describen formas en que podemos, en este pequeño punto azul que llamamos hogar, argumentar en defensa de la naturaleza.

Agradecimientos

Este libro no habría sido posible sin la ayuda de las muchas personas que me ofrecieron su aliento, tiempo, contactos, buenos consejos y apoyo.

Todo comenzó con una propuesta de última hora presentada al Premio Financial Times-McKinsey Bracken Bower; estoy muy agradecido a Lorella Belli, que fue jurado de ese premio y aceptó ser mi agente y me ayudó a desarrollar mi proyecto. Tuve la suerte de poder trabajar con dos editores brillantes: Rowan Cope, de Duckworth, y Manasi Subramaniam, de Penguin Random House India, para dar vida a este libro.

Gracias a mi ayudante de investigación, Angharad Morgan, por su paciente y meticuloso trabajo; cualquier error en esta obra solo es responsabilidad mía.

Escribir este libro fue aún más agradable gracias a los amigos que se ofrecieron a ayudarme o a hacerme compañía en mis viajes: Aakash Ahamed, Aaran Patel, Amy Hammond, Alex Prather, Ben Kramer, Cath Berner, Chris Stromeyer, Dany Rifkin, Emily Fry, Eric Nevalsky, Frances Simpson-Allen, John Foye, Kobi Weinberg, Morrison Mast, Richard Ng, Siobhan Stewart, Sophie Purdom, Tommaso Cariati, Tyler Brandon, Vidit Doshi y tantos otros.

Tuve la suerte de poder recurrir a la sabiduría de personas mucho más experimentadas que yo. Anne Simpson y Laura Hattendorf dedicaron muchas horas de su tiempo a darme sabios consejos para mejorar el manuscrito. Alicia Sieger, Art Ward, Colin le Duc, Gretchen Daily, Gyanendra Badgaiyan, Hans Mehn, Henry Mance, Justin Adams, Mark Mills, Owen Lewis, Sayeqa Islam y Shannon Bouton me ayudaron a dar forma a mis ideas sobre varios temas y tuvieron la amabilidad de presentarme a sus contactos.

Mis padres están en el origen de mi trabajo. Mi padre, Shrikanth, fue mi primer profesor y mentor. Nunca olvidaré nuestros largos paseos por la campiña india durante mi infancia, las horas pasadas a su lado mientras alimentaba mi curiosidad sobre cómo funciona realmente el planeta; a día de hoy sigue siendo mi guía. Mi madre, Vasanthy, me enseñó lo que significa el amor incondicional. Ella lo sacrificó todo para criarnos, dedicando sus formidables energías a mí y a mi hermana hasta que volamos del nido. Ahora es fotógrafa y una inspiración tanto para mí como para una nueva generación de naturalistas en la India y en muchos otros lugares. No podría estarles más agradecido a ambos.

Mi hermana Sushmitha también es una constante fuente de inspiración para mí. Siguiendo su pasión por el yoga y la filosofía, consiguió despertar en mí la pasión por la naturaleza, y no solo me animó a escribir sino que también se prestó a ser uno de los primeros lectores de mis escritos. Sé que siempre me protegerá, y yo a ella.

Le debo muchísimo a Shyamli. Sus valores inquebrantables, su talento creativo poco común y su poderoso intelecto me han influido profundamente. A través de su propia búsqueda para sentir, pensar y dar sentido al mundo, me ha ayudado a distinguir qué es lo realmente importante. Con ella he compartido una vida de aprendizaje, risas, aventuras y servicio. Este libro, y muchas otras cosas más, nunca habrían visto la luz sin ella.

Lecturas complementarias

Hay muchísimos libros excelentes sobre la naturaleza y el clima que me han ayudado a formarme y me han servido de inspiración. A continuación, y sin ánimo de ser exhaustivo, propongo una breve lista de lecturas para quien desee saber más.

Ensayos sobre la naturaleza y el clima

- *The Invention of Nature*, de Andrea Wulf (John Murray, 2015), la fascinante biografía de Alexander von Humboldt, un polímata que probablemente inventó nuestro moderno concepto de «naturaleza». (Versión en castellano: *La invención de la naturaleza,* Taurus, 2017.)
- *Under a White Sky*, de Elizabeth Kolbert (Vintage, 2021), una mirada profunda sobre la huella que estamos dejando en el planeta. (Versión en castellano: *Bajo un cielo blanco,* Editorial Crítica, 2021.)
- *How to Love Animals*, de Henry Mance (Vintage, 2021), una investigación ingeniosa y sin prejuicios sobre por qué tratamos tan mal a los animales.
- *Race for Tomorrow*, de Simon Mundy (William Collins, 2021), un cuaderno de viaje que pone de manifiesto el impacto del cambio climático y del colapso ecológico desde Siberia hasta las islas Salomón.
- *What's Left of the Jungle*, de Nitin Sekar (Bloomsbury India, 2022), una aproximación al reto de conservar la naturaleza en la India, así como a los conflictos entre el hombre y la fauna salvaje en este país.
- *The Uninhabitable Earth*, de David Wallace-Wells (Penguin, 2019), un resumen breve pero devastadoramente lúcido de la ciencia de la emergencia climática. (Versión en castellano: *El planeta inhóspito,* Editorial Debate, 2019.)
- *Wilding*, de Isabella Tree (Picador, 2018), y *Land Healer*, de Jake Fiennes (BBC Books, 2022), ambas obras cuentan historias sobre la recuperación de las granjas británicas. (Versión en castellano: *Asilvestrados,* Capitán Swing Libros, 2023.)
- *Regenesis*, de George Monbiot (Penguin, 2022), un manifiesto para transformar la agricultura dejando espacio también a la naturaleza. (Versión

en castellano: *Regénesis: alimentar el mundo sin devorar el planeta,* Capitán Swing Libros, 2021.)

- *Braiding Sweetgrass,* de Robin Wall Kimmerer (Milkweed Ediciones, 2013, y Penguin, 2020), un libro de memorias, escrito con gran lirismo, que nos acerca a la sabiduría indígena y a las enseñanzas de las plantas. (Versión en castellano: *Una trenza de hierba sagrada,* Capitán Swing Libros, 2021.)

Guías prácticas sobre la naturaleza y el clima

- *Valuing Nature,* de William Ginn (Island Press, 2020), y *The Little Book of Investing in Nature,* del mismo autor (Global Canopy, 2020), dos manuales que nos enseñan cómo invertir en la naturaleza y presentan una gran cantidad de casos prácticos.
- *Green Growth That Works* (Island Press, 2019), una guía de los mecanismos para utilizar el capital natural en la política y las finanzas.
- *How to Avoid a Climate Disaster,* de Bill Gates (Penguin, 2021), una guía clara y accesible sobre los aspectos básicos de la descarbonización del planeta. (Versión en castellano: *Cómo evitar un desastre climático,* Plaza & Janés, 2022.)
- *Regeneration: Ending the Climate Crisis in One Generation,* de Paul Hawken (Penguin, 2021), una batería de acciones para revertir el cambio climático y la pérdida de la biodiversidad.

Notas

¿Por qué la naturaleza? ¿Por qué ahora?

1   Hausfather, Z. (2021). *State of the climate: 2020 ties as warmest year on record.* Carbon Brief. (Online), https://tinyurl.com/2p8m-jwt4
2   Wallace-Wells, D. (2019). *The uninhabitable Earth: A story of the future.* Londres: Penguin UK.
3   Climate Action Tracker. (2022). *2100 warming projections.* (Online), https://tinyurl.com/27n33f6h
4   World Commission on Environment and Development. (1987). *Our Common Future.* Oxford y Nueva York: Oxford University Press.

Un aliado natural en la lucha contra el cambio climático

1   The Nature Conservancy. (2017). *Nature's make or break potential for climate change.* (Online), https://tinyurl.com/2mfyy5et
2   Global Carbon Project. (2021). *Supplemental data of global carbon budget 2021* (Version 1.0 Data set). (Online), https://tinyurl.com/39c8yhpm
3   Stephens, L., Fuller, D., Boivin, N., Rick, T., Gauthier, N., Kay, A., Marwick, B., Armstrong, C. G., Barton, C. M., Denham, T., Douglass, K., Driver, J., Janz, L., Roberts, P., Rogers, J. D., Thakar, H., Altaweel, M., Johnson, A. L., Sampietro Vattuone, M. M., Aldenderfer, M., ... Ellis, E. (2019). Archaeological assessment reveals Earth's early transformation through land use. *Science*, 365(6456), pp. 897-902. https://doi. org/10.1126/science.aax1192
4   WWF. (2018). Living planet report – 2018: Aiming higher. Grooten, M., & Almond, R.E.A. (Eds). Gland, Suiza: WWF.
5   Conservation International. *A critical investment in 'blue carbon'.* (Online), https://tinyurl.com/yck7bz2b
6   CAIT data: Climate Watch. (2020). *GHG Emissions.* Washington, DC: World Resources Institute. (Online), https://tinyurl.com/yc892kj4
7   United Nations Environment Programme. (2015). The emissions gap report 2015. Nairobi: UNEP.
8   World Bank. *Carbon pricing dashboard.* (Online) https://tinyurl.com/3byvapra

9   California Air Resources Board. (2021). *California's compliance offset program.* Government of California. (Online), https://tinyurl.com/5cfudmh8
10 Conservation International. (2022). *Vida Manglar impact report.* (Online), https://tinyurl.com/4kf2h8nn
11 Chay, F., Cullenward, D., Hamman, J., & Freeman, J. (2021). *Insights from analyzing a new round of carbon removal projects.* CarbonPlan. (Online), https://tinyurl.com/378zzaaa
12 Smith, B. (2020). *Microsoft will be carbon neutral by 2030.* Microsoft. (Online), https://tinyurl.com/5dzcxmex
13 Science Based Targets. *Companies taking action.* (Online), https://tinyurl.com/3u7py9rc
14 Microsoft. (2021). *Microsoft carbon removal: Lessons from an early corporate purchase.* (Online), https://tinyurl.com/442a9vzf

Guía básica del ecoturismo

1   Weiss, T. (2004). Tourism in America before World War II, *The Journal of Economic History*, 64(2), pp. 289-327.
2   Luckham, N. Overtourism: *A centuries-old issue.* Responsible Travel. (Online), https://tinyurl.com/bdfsxc9y
3   Budowski, G. (1976). Tourism and environmental conservation: conflict, coexistence, or symbiosis?, *Environmental Conservation, 3* (1), pp. 27-31.
4   IBIS World. (2021). *Global tourism – Market size statistics for global tourism.* (Online), https://tinyurl.com/3ex6ea7p
5   Lock, S. (2021). *Global tourism industry – statistics and facts.* Statista. (Online), https://tinyurl.com/4udcufc4
6   Karantzavelou, V. (2021). *Sustainable travel survey 2021 – 83% say sustainable travel is important.* Travel Daily News. (Online), https://tinyurl.com/3km8nu9h
7   Ecosystem Marketplace. (2021). *Voluntary carbon markets top $1 billion in 2021 with newly reported trades: A special ecosystem marketplace COP26 bulletin.* (Online), https://tinyurl.com/2p84579k
8   IPBES. (2022). *Summary for policymakers of the thematic assessment of the sustainable use of wild species of the Intergovernmental Science-Policy Platform on Biodiversity and Ecosystem Services.* J.-M. Fromentin, M.R. Emery, J. Donaldson, M.-C. Danner, A. Hallosserie, D. Kieling, G. Balachander, E. Barron, R.P. Chaudhary, M. Gasalla, M. Halmy, C. Hicks, M.S. Park, B. Parlee, J. Rice, T. Ticktin, & D. Tittensor (Eds). Bonn, Alemania: IPBES secretariat. (Online), https://doi.org/10.5281/zenodo.6425599
9   World Travel and Tourism Council. (2019). *The economic impact of global wildlife tourism. Travel & tourism as an economic tool for the protection of wildlife.* (Online), https://tinyurl.com/fv34c9ym

10 Brunnschweiler, J.M., & Barnett, A. (2013). Opportunistic visitors: Long-term behavioural response of bull sharks to food provisioning in Fiji. *PLOS ONE, 8*(3), e58522. https://doi.org/10.1371/journal.pone.0058522

11 Friedlander, A.M., Golbuu, Y., Ballesteros, E., Caselle, J.E., Gouezo, M., Olsudong, D., & Sala, E. (2017). Size, age, and habitat determine effectiveness of Palau's Marine Protected Areas. *PLOS ONE, 12*(3), e0174787. https://doi.org/10.1371/journal.pone.0174787

12 Organization for Economic Co-operation and Development. (OECD). (2019). *Biodiversity: Finance and the economic and business case for action, report prepared for the G7 Environment Ministers' Meeting, 5-6 May 2019.*

13 Fennell, D. (2008). *Ecotourism* (3ª ed.) Nueva York: Routledge.

14 Buckley, R. (2010). *Conservation tourism.* Wallingford: CAB International.

15 Buckley, R.C., Castley, J.G., Pegas, F.D.V., Mossaz, A.C., & Steven, R. (2012). A population accounting approach to assess tourism contributions to conservation of IUCN-redlisted mammal species, *PLOS ONE, 7*(9). e44134. https://doi.org/10.1371/journal.pone.0044134

16 Buckley, R. C., Morrison, C., & Castley, J. G. (2016). Net effects of ecotourism on threatened species survival, *PLOS ONE, 11*(2). e0147988. https://doi.org/10.1371/journal.pone.0147988

17 Bookbinder, M.P., Dinerstein, E., Rijal, A., Cauley, H. and Rajouria, A., 1998. Ecotourism's support of biodiversity conservation. *Conservation biology*, 12(6), pp. 1399-1404.

18 Long, G. (2022). Venezuela's environmental crisis: 'The beginning of a wave of destruction'. *Financial Times.* (Online), https://tinyurl.com/mryb-fdsj

19 Rogers, P., & van Strien, M. (2022). *Promoting the business of conservation tourism in Southeast Asia.* Mandai Nature. (Online), https://tinyurl.com/2p8dxs42

20 Mosher, L. (2020). *Blue habits phase 2 wrap-up: Driving behaviour change through nature travel.* Oceanic Society. (Online), https://tinyurl.com/57s864jh

21 Brandon, K. (1996). Ecotourism and conservation: A review of key issues. *Environment Department Papers No. 033.* Washington, DC: World Bank.

22 Vianna, G.M.S., Meekan, M.G., Pannell, D., Marsh, S., & Meeuwig, J.J. (2010). WANTED DEAD OR ALIVE? The relative value of reef sharks as a fishery and an ecotourism asset in Palau. Perth, Australia: Australian Institute of Marine Science.

23 Duffy, R. (2015). Nature-based tourism and neoliberalism: Concealing contradictions. *Tourism Geographies*, 17(4), 529-543. DOI 10.1080/14616688.2015.1053972

Renaturalizar y regenerar

1   Barkham, P. (2020). First wild stork chicks to hatch in UK in centuries poised to emerge. *The Guardian.* (Online), https://tinyurl. com/3sku6cr5
2   Beaver Trust. (2020). *A tale of two beavers: At Knepp estate.* (Online), https://tinyurl.com/3f7tjye4
3   Soil Health Institute. (2021). *Economics of soil health systems in midwest corn and soy.* (Online), https://tinyurl.com/3s29wcdy
4   Montanarella, L., Badraoui, M., Chude, V., Costa, I.D.S.B., Mamo, T., Yemefack, M., Aulang, M.S., Yagi, K., Hong, S.Y., Vijarnsorn, P., & Zhang, G.L. (2015). Status of the world's soil resources: main report. *Embrapa Solos-Livro científico (ALICE).*
5   Sanderman, J., Hengl, T., & Fiske, G. J. (2017). Soil carbon debt of 12,000 years of human land use. *Proceedings of the National Academy of Sciences,* 114 (36). pp. 9575-9580. DOI 10.1073/pnas.1706103114
6   Ellen Macarthur Foundation. Regenerating an ecosystem to grow organic sugar: The Balbo Group. (Online), https://tinyurl.com/2ycr92u9
7   Donovan, M. (2020). *What is sustainable intensification?* The International Maize and Wheat Improvement Centre. (Online), https://tinyurl.com/3cykpcs3
8   Australian Centre for International Agricultural Research. *Achieving sustainable agricultural intensification in eastern and southern Africa: What is needed?* Australian Government. (Online), https://tinyurl. com/yy64udhf
9   Burgess, P.J., Harris, J., Graves, A.R., & Deeks, L.K. (2019). Regenerative agriculture: Identifying the impact; enabling the potential. Report for SYSTEMIQ.
10 Food and Agriculture Organisation of the United Nations. (2020). *Global meat production, 1961 to 2018.* (Online), https://tinyurl.com/28dwmuvs
11 Cassidy, E.S., West, P.C., Gerber, J.S., & Foley, J.A. (2013). Redefining agricultural yields: From tonnes to people nourished per hectare. *Environmental Research Letters, 8* (3). p.034015. DOI 10.1088/1748-9326/8/3/034015
12 Marchant, N. (2021). *The world's food waste problem is bigger than we thought – here's what we can do about it.* World Economic Forum. (Online), https://tinyurl.com/4pvyjs7f
13 Sun, Z., Scherer, L., Tukker, A., Spawn-Lee, S.A., Bruckner, M., Gibbs, H.K., & Behrens, P. (2022). Dietary change in high-income nations alone can lead to substantial double climate dividend. *Nature Food,* 3 (1), pp. 29-37. DOI 10.1038/s43016-021-00431-5
14 Impossible Burger. (2019). *Impossible Burger Environmental Life Cycle Assessment 2019.* (Online), https://tinyurl.com/529za8yp
15 Tree, I. (2018). *Wilding: The return of nature to a British farm.* Londres: Picador.

16 McGinnis, M. (2018). *Over half of U.S. farms lose money, USDA study shows.* Agriculture.com. (Online), https://tinyurl.com/bdd7mmdm

17 Sengupta, R. (2020). Every day, 28 people dependent on farming die by suicide in India. *DownToEarth.* (Online), https://tinyurl. com/2zswxyp2

18 Chenery, S., & Gorman, V. (2020). *How the regenerative farming movement transformed Charles Massy's sheep station.* ABC News. (Online), https://tinyurl.com/bdc9truh

19 Massy, C. (2017). *Call of the reed warbler: A new agriculture – a new Earth.* Brisbane: University of Queensland Press.

20 McMahon, P. (2016). The investment case for ecological farming. Australia: *SLM Partners.*

21 Land O'Lakes, Inc. (2022). *Truterra Carbon Programs Frequently Asked Questions.* (Online), https://tinyurl.com/y4hb8va2

22 Abram, M. (2021). How a carbon payments scheme will work for 100 UK farmers. *Farmers Weekly.* (Online), https://tinyurl.com/568t4aha

23 Slessarev, E., Zelikova, J., Hamman, J., Cullenward, D., & Freeman, J. (2021). Depth matters for soil carbon accounting. *CarbonPlan.* (Online), https://tinyurl.com/n8tfcxcy

24 Danone. (2021). *Regenerative agriculture: Developing new agricultural models to regenerate the planet.* (Online), https://tinyurl.com/8kw3p6vm

25 Newton, P., Civita, N., Frankel-Goldwater, L., Bartel, K., & Johns, C. (2020). What is regenerative agriculture? A review of scholar and practitioner definitions based on processes and outcomes. *Frontiers in Sustainable Food Systems, 4.* p. 194. DOI 10.3389/fsufs.2020.577723

26 Harvey, F. (2019). Can we ditch intensive farming – and still feed the world? *The Guardian.* (Online), https://tinyurl.com/kfv89cns

27 Department for Environment, Food and Rural Affairs (DEFRA). Get ready for our 3 new environment management schemes. UK Government website. (Online),, https://tinyurl.com/bdchfw43

Junglas urbanas

1 Ministry of the Environment and Water Resources, Ministry of National Development. (2016). *Singapore's climate action plan: A climate-resilient Singapore, for a sustainable future.* Government of Singapore. (Online), https://tinyurl.com/3yz9aema

2 Joson, J. (2022). *How Singapore is pioneering the way to creating a greener urban environment.* Arch Daily. (Online), https://tinyurl. com/52xszwtr

3 Seng, L. T. (2012). From botanic gardens to gardens by the Bay: Singapore's experience in becoming a garden city. *BiblioAsia, 8*(2). (Online), https://tinyurl.com/2xxkfuc9

4   United States Environmental Protection Agency. *Different Shades of Green. Green Infrastructure Research at the Environment Protection Agency* [Brochure]. (Online), https://tinyurl.com/2cpp62xc

5   European Environment Agency. (2021). *What is green infrastructure?* (Online), https://tinyurl.com/2daarv6z

6   Lim, M., & Xenarios, S. (2021). Economic assessment of urban space and blue–green infrastructure in Singapore. *Journal of Urban Ecology*, 7(1). DOI 10.1093/jue/juab020

7   Dreiseitl, H., Leonardsen, J.A., & Wanschura, B. (2015). Cost-benefit analysis of Bishan-AMK Park.

8   Bass, B., Krayenhoff, E. S., Martilli, A., Stull, R. B., & Auld, H. (2003). The impact of green roofs on Toronto's urban heat island. En: *Proceedings of the first North American green roof infrastructure conference, awards and trade show: greening rooftops for sustainable communities.* Canadá.

9   Ramboll Group, C40 Cities. (2020). Heat resilient cities: Measuring benefits of urban heat adaptation. Case study: Medell.n green corridors.

10 Killicoat, P., Puzio, E., & Stringer, R. (2002). The economic value of trees in urban areas: Estimating the benefits of Adelaide's street trees. En: *Proceedings Treenet Symposium*: Vol. 94, (p. 106).

11 McDonald, R., Kroeger, T., Boucher, T., Wang, L., & Salem, R. (2016). Planting healthy air: A global analysis of the role of urban trees in addressing particulate matter pollution and extreme heat. *The Nature Conservancy.* (Online), https://tinyurl.com/yv2rwb5w

12 Vivid Economics. (2017). Natural capital accounts for public green space in London. *Report prepared for Greater London Authority, National Trust and Heritage Lottery Fund.* (Online), https://tinyurl. com/2p8nkj5a

13 Are you being served? (2005). *The Economist.* (Online), https://tinyurl.com/36cyjj5v

14 Appleton, A.F. (2002). How New York City used an ecosystem services strategy carried out through an urban–rural partnership to preserve the pristine quality of its drinking water and save billions of dollars and what lessons it teaches about using ecosystem services. En: *The Katoomba Conference.* Nueva York

15 Temmerman, S., Meire, P., Bouma, T.J., Herman, P.M., Ysebaert, T., & De Vriend, H.J. (2013). Ecosystem-based coastal defence in the face of global change. *Nature*, 504(7478), pp. 79-83. DOI 10.1038/nature12859

16 Menéndez, P., Losada, I.J., Torres-Ortega, S., Narayan, S., & Beck, M.W. (2020). The global flood protection benefits of mangroves. *Scientific reports*, 10(1), pp. 1-11. DOI 10.1038/s41598-020-61136-6

17 Global Commission on Adaptation. (2019). Adapt now: A global call for leadership on climate resilience. Washington, DC: World Resources Institute. (Online), https://tinyurl.com/34yeyucx

18 Earth Security. (2021). *The investment value of nature: The case of Zephyr Power Limited.* (Online), https://tinyurl.com/bdw483rv

19 Perur, S. (2016). Story of cities #11: the reclamation of Mumbai – from the sea, and its people? *The Guardian.* (Online), https://tinyurl.com/mtnakf24

20 Fernandes, S., & Chatterjee, B. (2017). World environment day: Mumbai lost 60% of its green cover in 40 years. *Hindustan Times.* (Online), https://tinyurl.com/bddu6azf

21 Rawoot, S., Wescoat Jr., J. L., Noiva, K., & Marks, A. (2015). *Mumbai Case Study. Product of research on 'Enhancing Blue–Green Environmental and Social Performance in High Density Urban Environments'.* Ramboll Group. (Online), https://tinyurl.com/vrucffrs

22 Mumbai Climate Action Plan. (2022). *Climate action plan: Towards a climate resilient Mumbai. Summary for policymakers.* (Online), https://tinyurl.com/4mjwatj5

23 C40 Cities. (2021). *31 mayors introduce even more trees, parks and green space in cities to save lives and tackle the climate crisis.* (Online), https://tinyurl.com/2p9fc63t

24 Channel 4 (2021). 'Freetown to Treetown' – mayor outlines plan to plant a million trees. (Online), https://tinyurl.com/em3mxxfv

25 Ertan, S., & Çelik, R.N. (2021). The assessment of urbanization effect and sustainable drainage solutions on flood hazard by GIS. *Sustainability, 13*(4), p. 2293. DOI 10.3390/su13042293

26 University of New Hampshire. *Overcoming barriers to green infrastructure* [Fact sheet]. Green Infrastructure for New Hampshire Coastal Communities. (Online), https://tinyurl.com/mpa75s65

27 Kabisch, N., Frantzeskaki, N., Pauleit, S., Naumann, S., Davis, M., Artmann, M., Haase, D., Knapp, S., Korn, H., Stadler, J., & Zaunberger, K. (2016). Nature-based solutions to climate change mitigation and adaptation in urban areas: Perspectives on indicators, knowledge gaps, barriers, and opportunities for action. *Ecology and Society, 21*(2). DOI 10.5751/ES-08373-210239

28 Seddon, N., Chausson, A., Berry, P., Girardin, C.A., Smith, A., & Turner, B. (2020). Understanding the value and limits of nature-based solutions to climate change and other global challenges. *Philosophical Transactions of the Royal Society B, 375*(1794), p. 20190120. DOI 10.1098/rstb.2019.0120

29 Mačiulytė, E., & Durieux, E. (2020). Public procurement of naturebased solutions: Addressing barriers to the procurement of urban NBS: case studies and recommendations. *Directorate-General for Research and Innovation (European Commission).* (Online), https://tinyurl.com/yttx7zyf

30 Nature for Water Facility. (2022). *The Nature for Water Facility: Local solutions, global impact.* (Online), Ahttps://tinyurl.com/33tsh-tu6

31 European Commission (2020). *Public Procurement of Naturebased Solutions. Addressing barriers to the procurement of urban NBS: case studies and recommendations.* (Online), https://tinyurl.com/c9ahythh

32 Poon, L. (2021). *The U.S. Neighborhoods With the Greatest Tree Inequity, Mapped Bloomberg* (Online), https://tinyurl.com/2casfux2

33 De Zylva, P., Gordon-Smith, C., & Childs, M. (2020). *England's green space gap.* Friends of the Earth. (Online), https://tinyurl. com/yb5zmzz8

Capital natural: un marco de referencia

1 Bose, S., Dong, G., & Simpson, A. (2019). *The financial ecosystem: The role of finance in achieving sustainability.* (pp. 19-46). Cham, Suiza: Palgrave Macmillan.

2 Natural Capital Forum. *What is natural capital?* (Online), https://tinyurl. com/m7ysbsbk

3 Natural Capital Committee. (2019). *Natural capital terminology.* (Online), https://tinyurl.com/yemhcnn4

4 IPBES. (2019). Global assessment report on biodiversity and ecosystem services of the Intergovernmental Science-Policy Platform on Biodiversity and Ecosystem Services (Version 1). E. S. Brondizio, J. Settele, S. Díaz, & H. T. Ngo (Eds). IPBES Secretariat, Bonn, Alemania. (Online), https://doi.org/10.5281/zenodo.6417333

5 IPBES. (2022). *Summary for policymakers of the thematic assessment of the sustainable use of wild species of the Intergovernmental Science-Policy Platform on Biodiversity and Ecosystem Services.* J.-M. Fromentin, M.R. Emery, J. Donaldson, M.-C. Danner, A. Hallosserie, D. Kieling, G. Balachander, E. Barron, R.P. Chaudhary, M. Gasalla, M. Halmy, C. Hicks, M.S. Park, B. Parlee, J. Rice, T. Ticktin, &. D. Tittensor (eds). IPBES secretariat, Bonn, Alemania. (Online), https://doi.org/10.5281/zenodo.6425599

6 United States Forest Service. *Medicinal Botany.* United States Department for Agriculture. (Online), https://tinyurl. com/5xedkc2t

7 Bishop, J., Brink, P.T., Gundimeda, H., Kumar, P., Nessh.ver, C., Schröter-Schlaack, C., Simmons, B., Sukhdev, P. & Wittmer, H. (2010). The economics of ecosystems and biodiversity: Mainstreaming the economics of nature: A synthesis of the approach, conclusions and recommendations of TEEB. (No. 333.95 E19). Ginebra, Suiza: UNEP.

8 National Science Foundation. (2021). *Economic value of insect pollination services in US much higher than thought, study finds.* (Online), https://tinyurl.com/y7m46es8

9 Taskforce on Nature Markets. (2022). Nature in an era of crises. (Online), https://tinyurl.com/mrycpd9b

10 Taskforce on Nature Markets. (2022). Nature in an era of crises. (Online), https://tinyurl.com/mrycpd9b

11 Costanza, R., d'Arge, R., De Groot, R., Farber, S., Grasso, M., Hannon, B., Limburg, K., Naeem, S., O'neill, R.V., Paruelo, J., & Raskin, R.G. (1997). The value of the world's ecosystem services and natural capital. *Nature, 387* (6630), pp. 253-260.

12 International Monetary Fund. (2021). World Economic Outlook Database. *World Economic and Financial Surveys.*

13 Phillips, J. (2017). Principles of natural capital accounting. *Office for National Statistics.*

14 Dasgupta, P. (2021). The economics of biodiversity: The Dasgupta review. Londres: HM Treasury.

15 The White House. (2022). *A new national strategy to reflect natural assets on America's balance sheet.* (Online), //tinyurl.com/j6rdz7zt

16 Claes, J., Eren, I., Hopman, E., Katz, J., & Van Aken, T. (2022). *Where the world's largest companies stand on nature.* McKinsey Sustain ability. https://tinyurl.com/ykx5xuy9

17 Taskforce on Nature-related Financial Disclosures. *About.* (Online), https://tinyurl.com/5y2adp3f

18 Spurgeon, J., Clarke, P., & Hime, S. (2021). *Principles of integrated capitals assessments.* Capitals Coalition. (Online), https://tinyurl.com/2jcsaaw2

19 Bayon, R., Carroll, N., & Fox, J. (2012). Conservation and biodiversity banking: A guide to setting up and running biodiversity credit trading systems. Earthscan.

20 CIEEM. *Biodiversity net gain – principles and guidance for UK construction and developments.* (Online), https://tinyurl.com/dsx2xu7r

21 Paulson Institute. Financing Nature: Closing the Global Biodiversity Financing Gap. (Online), https://tinyurl.com/urfz272s

22 Ducros, A. y Steele, P. (2022) Biocredits to finance nature and people. International Institute for Environment and Development and United Nation Development Programme (Online), https://tinyurl.com/2p8z793j

23 Operation Wallacea. *Biodiversity credits.* (Online), https://tinyurl.com/5ymjukrm

24 Monbiot, G. (2014). *The pricing of everything.* Monbiot.com (Online), https://tinyurl.com/9d39nu5n

25 Monbiot, G. (2018). The UK government wants to put a price on nature – but that will destroy it. *The Guardian.* (Online), https://tinyurl.com/3sdu6cdj

26 Büscher, B. y Fletcher, R. (2016). *Nature is priceless, which is why turning it into 'natural capital' is wrong.* The Conversation. (Online), https://tinyurl.com/3b8unh3h

27 Lewsey, F. *Dasgupta Review: Nature's value must be at the heart of economics.* University of Cambridge. (Online), https://tinyurl.com/3x3tkakf

Tecnología x Naturaleza

1   The Harvard Animal Landscape Observatory. *Harvard University Davies Lab technology.* (Online), https://tinyurl.com/2p-8jvzcc
2   Pennisi, E. (2021). Getting the big picture of biodiversity. *Science, 374*(6750), pp. 926-931. DOI 10.1126/science.acx9637
3   World Resources Institute, Google. Dynamic World V1. (2022). *Earth engine data catalog.* (Online), https://tinyurl.com/c8hmye3c
4   Global Forest Watch. *About.* (Online), https://tinyurl.com/f8knvjmd
5   Conservation X Labs. *The Sentinel.* (Online), https://tinyurl.com/bd-hfm9ws
6   Lynggaard, C., Bertelsen, M.F., Jensen, C.V., Johnson, M.S., Fr.slev, T.G., Olsen, M.T., & Bohmann, K. (2022). Airborne environmental DNA for terrestrial vertebrate community monitoring. *Current Biology*, 32(3), pp. 701-707. DOI 10.1016/j.cub.2021.12.014
7   Wetterstrand, K. A. *DNA sequencing costs: Data from the NHGRI genome sequencing program.* National Human Genome Research Institute. (Online), https://tinyurl.com/4nmm5w34
8   Metinko, C. (2022). Funding starts to cascade into Web3 startups. *Crunchbase News.* (Online), https://tinyurl.com/2p8e6r8n
9   Zou, K., & Purdom. S. (2022). IPCC 6: Running out of time #97. *Climate Tech VC.*
10 Badgley, G., & Cullenward, D. (2022). *Zombies on the blockchain.* CarbonPlan. (Online), https://tinyurl.com/mv8wdb39
11 Rockefeller Philanthropy Advisors and Campden Wealth. (2020). *Global trends and strategic time horizons in family philanthropy 2020.* (Online), https://tinyurl.com/mucd3emm
12 Moss. Moss's Amazon NFT. (Online), https://tinyurl.com/yktw8yps

Combatir los incendios con las finanzas

1   United States Forest Service. (2015). *The rising cost of wildfire operations: Effects on the Forest Service's non-fire work.* United States Department of Agriculture. (Online), https://tinyurl.com/3vn94rrh
2   United States Department of Agriculture. (2017). *Forest service wildland fire suppression costs exceed $2 billion.* (Online), https://tinyurl.com/2p9h3dum
3   Deutz, A., Heal, G. M., Niu, R., Swanson, E., Townshend, T., Zhu, L., Delmar, A., Meghji, A., Sethi, S. A., & Tobin-de la Puente, J. (2020). Financing nature: Closing the global biodiversity financing gap. *The Paulson Institute, The Nature Conservancy, and the Cornell Atkinson Center for Sustainability.*
4   Martin, B. (2018). *Insuring coral reefs in Mexico.* Green Economy Coalition. (Online), https://tinyurl.com/2hsxck2h

5   Smith, M. (2021). How insurance is protecting the mesoamerican reef. *Scuba Diving*. (Online), https://tinyurl.com/2s4drcfm

6   Berg, C., Bertolotti, L., Bieri, T., Bowman, J., Braun, R., Cardillo, J., Chaudhury, M., Falinski, K., Geselbracht, L., Hum, K., Lustic, C., Roberts, E., Young, S., & Way, M. (2020). *Insurance for natural infrastructure: Assessing the feasibility of insuring coral reefs in Florida and Hawai'i.* Arlington, VA: The Nature Conservancy.

7   World Bank. (2022). *Insuring nature's survival: The role of insurance in meeting the financial need to preserve biodiversity.* Washington, DC: World Bank.

8   World Bank. (2022). *Wildlife conservation bond boosts South Africa's efforts to protect black rhinos and support local communities* [Press release]. (Online), https://tinyurl.com/3sa6vjn5

9   Bala, A. R., Behsudi, A., & Owen, N. (2022). Meeting the future. *Finance & Development, 59*(001).

10 Ministerio de Hacienda. (2022). *Chile makes a historic issue for US$ 2,000 million and becomes the first country to issue a bond linked to sustainability.* Government of Chile. (Online), https://tinyurl. com/2n76ac3s

11 Beattie, A. (2021). What Was the First Company to Issue Stock? *Investopedia.* (Online), https://tinyurl.com/3cedsm8y

La defensa indígena de la naturaleza

1   Rundle, H. (2019). Indigenous knowledge can help solve the biodiversity crisis. *Scientific American.* (Online), https://tinyurl.com/3sapejmz

2   Jones, B. (2021). *Indigenous people are the world's biggest conservationists, but they rarely get credit for it.* Vox. (Online), https://tinyurl.com/4aumhy49

3   Morrison, S., & Morrison, S. (2021). Why referring to New Zealand as Aotearoa is a meaningful step for travelers. *Condé Nast Traveler.* (Online), https://tinyurl.com/bdej5236

4   Fyers, A. (2018). The amount allocated to Treaty of Waitangi settlements is tiny, compared with other Government spending. *Stuff.* (Online), https://tinyurl.com/mr3z4c8f

5   Galbreath, R., & Brown, D. (2004). The tale of the lighthouse-keeper's cat: Discovery and extinction of the Stephens Island wren (Traversia lyalli). *Notornis,* 51(4), pp. 193-200.

6   Low, A., & Taylor, L. (2017). Waikawa Bay marina extension – Kaimoana management plan. *Mitchell Daysh Limited.*

7   Taiepa, T., Lyver, P., Horsley, P., Davis, J., Brag, M., & Moller, H. (1997). Co-management of New Zealand's conservation estate by Māori and Pakeha: A review. *Environmental conservation, 24*(3), pp. 236-250. DOI 10.1017/S0376892997000325

8   Taiepa, T., Lyver, P., Horsley, P., Davis, J., Brag, M., & Moller, H. (1997). Co-management of New Zealand's conservation estate by Māori and Pakeha: A review. Environmental conservation, 24(3), pp. 236-250.

9   New Zealand Department of Conservation. (1996). Tiritiri Matangi island. En: *Ecosystem restoration on mainland New Zealand.* Government of New Zealand. (Online), https://tinyurl.com/2ejfy87a

10 Fisher, D. (2022). 'We do not want to stand by': Prime Minister Jacinda Ardern's Waitangi speech and Covid response for Māori. *New Zealand Herald.* (Online), https://tinyurl.com/3c3jypmf

11 Gammage, B. (2011). *The biggest estate on Earth: How Aborigines made Australia.* Crow's Nest, NSW: Allen and Unwin.

12 Mallapaty, S. (2021). Australian bush fires belched out immense quantity of carbon. *Nature, 597*(7877), pp. 459-460.

13 Vernick, D. (2020). *3 billion animals harmed by Australia's fires.* WWF. (Online), https://tinyurl.com/2p92rw55

14 Shapiro, H. (2019). Ending Adivasi eviction: Protecting the forest by protecting land rights. *The Cornell Diplomat.* (Online), https://tinyurl.com/4jp24k3d

15 Godio, M. J., Chepkorir, M., Kitelo, P., & Kimaiyo, E. (2020). *Kenya case study: Forced evictions in the middle of COVID-19 pandemic leaves Sengwer community with no homes.* Forest Peoples Programme. (Online), https://tinyurl.com/y9kd65w7

16 McQue, K. (2022). Tanzania's Maasai appeal to west to stop eviction for conservation plans. *The Guardian.* (Online), https://tinyurl. com/a2h6hxxj

17 The Uluru Statement. (2017). *The Uluru statement from the heart.* (Online), https://tinyurl.com/me8djrkj

18 United Nations Environment Programme. (2017). *Indigenous people and nature: A tradition of conservation.* (Online), https://tinyurl.com/588enj5r

19 Veit, P., & Ding, H. (2016). *Protecting indigenous land rights makes good economic sense.* World Resources Institute. (Online), https://tinyurl.com/4rvr27xy

20 Alves-Pinto, H.N., Cordeiro, C.L., Geldmann, J., Jonas, H.D., Gaiarsa, M.P., Balmford, A., Watson, J.E., Latawiec, A.E., & Strassburg, B. (2022). The role of different governance regimes in reducing native vegetation conversion and promoting regrowth in the Brazilian Amazon. *Biological Conservation*, 267, p. 109473. DOI 10.1016/j.biocon.2022.109473

21 Baragwanath, K., & Bayi, E. (2020). Collective property rights reduce deforestation in the Brazilian Amazon. *Proceedings of the National Academy of Sciences, 117*(34), p. 20495. DOI 10.1073/pnas.191787411

22 Nia Tero. *Stories of action and ingenuity from around the globe.* (Online), https://tinyurl.com/4rpna62c

23 Schroeder, D., Chennells, R., Louw, C., Snyders, L., & Hodges, T. (2020). The Rooibos benefit sharing agreement – Breaking new ground with respect, honesty, fairness, and care. *Cambridge Quarterly of Healthcare Ethics, 29*(2), pp. 285-301. DOI 10.1017/S0963180119001075

24 Roy, E. A. (2017). New Zealand river granted same legal rights as human being. *The Guardian.* (Online), https://tinyurl.com/yx5x3xn6

25 Surma, K. (2021). *Ecuador's high court affirms constitutional protections for the rights of nature in a landmark decision.* Inside Climate News. (Online), https://tinyurl.com/yckjwss2

26 Safi, M. (2017). Ganges and Yamuna rivers granted same legal rights as human beings. *The Guardian.* (Online), https://tinyurl.com/335mp5zj

27 *India's Ganges and Yamuna rivers are 'not living entities'.* (2017.) BBC News. (Online), https://tinyurl.com/ycx934d7

28 Nelson, R. (2020). *Make prayers to the raven: A Koyukon view of the Northern Forest.* Chicago, IL: University of Chicago Press.

Conclusiones

1 Goodall, J. (2004). *Reason for hope: An extraordinary life.* Hachette.